KB274082

화교 디아스포라: 이주루트와 기억의 역사

저자

임채완 전남대학교 정치외교학과교수, 세계한상문화연구단장, 정치사회학 박사
여병창 청운대학교 중국학과 교수, 문학 박사
리 단 부경대학교 국제지역학부 중국학 전공 교수, 정치학 박사
최승현 전남대학교 국제학부 한중문화학 전공 교수, 역사학 박사
이성란 한남대학교 중국통상학부 강사, 경제학 박사

전남대학교 세계한상문화연구 5차 총서 ❷
화교 디아스포라: 이주루트와 기억의 역사

2013년 4월 25일 초판 인쇄
2013년 4월 30일 초판 발행

지은이 | 임채완 여병창 리 단 최승현 이성란
펴낸이 | 이찬규
펴낸곳 | 북코리아
등록번호 | 제03-01240호
주소 | 462-807 경기도 성남시 중원구 상대원동 146-8
　　　우림2차 A동 1007호
전화 | 02) 704-7840
팩스 | 02) 704-7848
이메일 | sunhaksa@korea.com
홈페이지 | www.bookorea.co.kr
ISBN | 978-89-6324-131-9 (93300)

값 17,000원

- 본서의 무단복제를 금하며, 잘못된 책은 구입처에서 바꾸어 드립니다.
- 이 총서는 2010년도 정부재원(교육과학기술부 인문사회연구역량강화사업비)으로 한국연구재단의 지원을 받아 연구되었음(NRF-2010-413-B00009).
- This work was supported by the National Research Foundation of Korea Grant funded by the Korean Government(NRF-2010-413-B00009).
- 이 책은 환경보호를 위해 재생종이를 사용하여 제작하였으며 한국출판문화산업진흥원이 인증하는 녹색출판 마크를 사용하였습니다.
- 이 도서의 국립중앙도서관 출판시도서목록(CIP)은 서지정보유통지원시스템 홈페이지(http://seoji.nl.go.kr)와 국가자료공동목록시스템(http://www.nl.go.kr/kolisnet)에서 이용하실 수 있습니다.
  (CIP제어번호: CIP2013013950)

전남대학교 세계한상문화연구 5차 총서 ❷

화교 디아스포라: 이주루트와 기억의 역사

Chinese Diaspora: The Migration Route and History in Memory

임채완 여병창 리 단 최승현 이성란 지음

북코리아

이 연구총서는 전남대학교 세계한상문화연구단이 2010년도 한국연구재단 대학중점연구소지원사업으로 선정된 연구과제인 "민족분산과 지구적 소통으로서 디아스포라 연구" 중 제1단계 "동북아시아 민족분산과 문화영토"라는 3년간의 연구과정 중 제1차년도에 해당되는 내용으로 지난 1년간 수행한 연구결과를 엮어 출판한 것이다. 향후 중점연구는 계속해서 제2단계 3년간 "동북아시아 디아스포라의 초국가적 성격", 제3단계 3년간 "디아스포라 공동체와 지구적 소통"이라는 연구주제로 총 9년에 걸쳐 수행될 예정이다.

주지하는 바와 같이 본 연구의 키워드인 '디아스포라'의 개념은 글로벌 시대 유행처럼 번지고 있는 초국적 민족이산과 인구의 이동현상을 포괄하는 보다 적극적이고 보편적인 개념으로 사용하고 있으며 활용범위가 점차 확대되고 있는 추세이다. 국내외 학계나 연구자들 사이에서도 인류의 초국가적 이동을 소위 '아래로부터의 지구화'를 추동하는 힘으로 인식하고 있는 바, 디아스포라를 새로운 지구화의 주체들로 평가하기 시작했다. 이처럼 디아스포라를 매개로 점점 국가간, 민족간 닫힌 장벽이 무너지고 있는 가운데 인류는 점차 세계주의적(Cosmopolitan) 보편성과 특수성이 상호 충돌하는 양상이 전개되고 있다.

이러한 시대적 배경과 더불어 본 연구단이 수행한 중점연구 제 1단계는 근·현대 동북아 디아스포라 공동체에 대한 역사적·문화인류학적 연구를 통해 이산의 경로와 문화영토를 학문적으로 재현하는 데 초점을 두었다. 이를 위해 근·현대 동북아 디아스포라(한인, 중국인, 일본인)들의 분산과정에서 형성된 디아스포라 이주루트(Diaspora Route)를 계보학(Genealogy)의 관점에서 지도화(Mapping)하고, 이주과정에서 형성된 그들의 경험과 기억을 '개별적 기억,' '집단적 기억과 영토의 재구성,' '(축제와 민속에 나타난) 문화의 재구성'이라는 세 가지 측면에서 접근하였다.

구체적으로 1단계 3년간의 연구수행 과정을 회고해 보면, 1년차는 동북아 민족 이산자들의 개별적인 월경 경험과 기억을 구술생애사 채록 등의 다양한 방법으로 자료를 수집하였다. 2년차는 1년차에서 연구한 디아스포라 민족분산에 관한 개인적 기억에 이어, 공간적 치환과정에서 경험한 집단적 기억을 재현하였다. 즉 이주자들이 거주국(Host Country)에서 어떻게 터를 잡고 재영토화 되었는지에 대하여 집거지 연구를 통해 조명하였다. 3년차는 동북아 디아스포라 공동체가 비교적 잘 보존된 연구대상 지역을 중심으로, 문화영토의 관점에서 축제와 민속문화자원을 수집하여 민속학적으로 해석하는 작업을 진행하였다. 이러한 연구결과를 토대로 이산의 땅에서 동북아 디아스포라 공동체 문화가 어떻게 집단적으로 향유되고 재현되고 있는지를 살피고자 하였으며, 3년간의 연구과정에서 수집된 연구성과물과 수집자료들을 아카이브 시스템으로 구축함으로서 후속연구에 활용할 수 있도록 배려하였다.

이번에 출판되는 제1단계 1차년도 총서는 『코리안 디아스포라: 이주루트와 기억』, 『화교 디아스포라: 이주루트와 기억의 역사』, 『일계인 디아스포라: 초국적 이주루트와 글로벌 네트워크』 등 총 3권으로 구성되어 있다. 향후 제1단계 3년간의 연구총서는 총 9권으로 구성하여 출간할 예정이다.

중점 연구 제1단계 1차년도는 "동북아 디아스포라의 민족분산과 문화영토"라는 연구과제를 수행하는 과정에서 수집된 주요 연구성과 및 수집자료를 살펴보면 다음과 같다.

먼저 1차년도 연구는 문헌연구를 바탕으로 국내를 비롯하여 중국, 러시아, 일본, 동남아 화교권인 싱가포르, 말레이시아 등 연구 대상지역을 방문하여 문헌연구와 더불어 기초자료 수집에 주력하였다. 중점연구 세부팀별로 자료수집성과는 다음과 같다.

첫째, 한인팀은 일본 동경에 있는 '재일한인역사자료관'을 방문하여 문헌조사와 함께 재일한인 관련 사진 180건을 수집하였으며, 중국 흑룡강성을 방문하여 조선족의 이주 경로의 탐색 및 구술생애사 8건 채록, 조선족 관련 사진 50건을 수집하였다.

둘째, 화인팀은 화교 관련 문헌연구를 수집하기 위해 국내외 온오프라인 검색을 통한 국문자료 223건, 중문자료 135건, 영문자료 15건 등 총 373건의 문헌자료를 수집했다. 또한 중국 북경과 '샤먼대학 남양연구원'을 방문하여 화교 관련 단행본 176권을 수집하였으며, 이주기억에 대한 구술생애조사도 병행하였다.

셋째, 일계인팀은 도쿄 요코하마에 소재한 일계인 '해외이주자료관(JICA)'과 오사카 시립박물관 및 고베 시립도서관을 방문하여 문헌자료수집, 일본 군마현 '오이즈미마치 일계인타운'의 현지조사를 통해 일계인 관련 사진자료 300건, 일계인 관련 문헌 및 기초자료 70건 등을 확보하였다.

끝으로 이 총서를 발간하기까지 물심양면으로 지원해주신 모든 분들에게 감사드린다. 먼저 중점연구사업의 일환으로 동북아 디아스포라 연구를 수행할 수 있도록 지원해주신 한국연구재단 관계자, 그리고 연구단이 주최

한 각종 국내 및 국제학술대회에 참석하여 유익한 조언을 마다하지 않은 국내외 디아스포라 전문가 및 학자, 마지막으로 연구단 홍보에 아낌없이 지원해주신 언론미디어 관계자 분들에게도 진심으로 감사드린다. 또한 불철주야로 연구단의 불을 밝히고 연구수행에 전념해준 공동연구원, 전임연구원, 연구보조원들에게도 진심으로 감사를 표하는 바이다.

2013년 4월
용봉골에서
전남대학교 세계한상문화연구단장 임채완

국제이주기구(IOM)에 의하면 현재 지구상에서 자신의 모국이 아닌 곳에서 살고 있는 사람은 약 2억 1천 4백 만 명이 넘으며, 33명 중 1명이 이에 해당한다. 이들은 이민, 노동, 망명, 결혼, 유학 등 다양한 목적으로 자의적이든 타의적이든 모국을 떠나 새로운 정착지에서 끊임없이 갈등하고 적응하면서 살아가고 있다. 특히 정보통신기술의 발달과 지구화의 심화에 따라 국가간의 교류가 활성화되고 상품과 자본, 인간의 이동이 초국가적으로 가능해짐에 따라 새로운 지구화의 주체로서 디아스포라(Diaspora)가 주목을 받고 있다.

글로벌시대 디아스포라는 모국과 거주국을 매개하는 초국적 행위자이면서 국가경쟁력을 강화하는 소중한 민족자산이다. 또한 국가의 품격 및 대외이미지를 높이는 민간외교관으로서의 역할도 담당하고 있다. 특히 화상·유대인상·인도인상 등에서 확인되듯이, 이들은 모국의 경제발전에 지대한 기여를 해오고 있다. 디아스포라는 국제사회에서 국가의 영향력을 확대해나가는데 유용한 자원으로 활용되고 있으며, 특히 다문화적이고 다언어적인 특성을 가지고 있어 각 국가들은 이들과의 네트워크를 형성하여 자민족의 경제·문화 영토를 세계로 넓혀가고 있다. 이와 같이 정치, 경제, 문화적 차원에서 디아스포라의 잠재적 가치가 확인되면서 학계에서도 이들에 대한 학문적 탐구가 이루어지고 있다.

이러한 시기에 국내외적으로 디아스포라연구의 선도적 역할을 수행하고 있는 전남대학교 세계한상문화연구단이 동북아지역에서 서로 떼려야 뗄 수 없는 관계를 형성하고 있는 한국, 중국, 일본 디아스포라들의 초국가적 이주와 적응, 문화 등에 나타난 특성을 규명하기 위해 세 권의 연구총서를 발간하게 되었다. 이에 재외동포 업무를 주관하는 책임자로서 임채완 단장과 연구단 소속 교수 및 연구원들에게 이 책의 출판에 대해서 심심한 축하를 보낸다.

총 3권으로 발간된 이번 총서는 『코리안 디아스포라 : 이주루트와 기억』, 『화교 디아스포라 : 이주루트와 기억의 역사』, 『일계인 디아스포라 : 초국적 이주루트와 글로벌 네트워크』 등으로 구성되어 있다. 이번 총서는 근·현대 동북아 디아스포라(한인, 화인, 일계인)가 당대 역사의 질곡 속에서 새로운 세계를 향한 '길'의 여정과 그 위에서 겪은 그들의 '경험'을 학술적으로 재현하는데 초점을 두고 기획된 것이다.

한국사회에서 디아스포라 혹은 재외동포를 연구하는 학자들이 지금까지는 주로 특정 국가의 재외동포 ― 코리안, 유대인, 인도인, 화인 등 ― 을 대상으로 그들의 문화, 역사, 경제, 정치, 교육 등에 대해 연구를 진행해왔다. 하지만 이 연구총서는 코리안, 화인, 일계인 등 동북아 디아스포라를 연구대상으로 하여 그들의 민족분산과 디아스포라적 경험에 대해 비교연구를 수행하고 있다는 점에서 디아스포라 연구의 영역을 확산시키는 중요한 계기를 제공하고 있으며, 동시에 디아스포라 연구의 수준을 한 단계 높였다고 평가된다.

이 총서는 무엇보다도 거주국에서 소수자로서 살아가야 하는 디아스포라의 삶과 경험을 기록하고 있다는 점에서 우리들에게 많은 시사점을 주고 있다. 한국사회는 1980년대 이후 경제가 급속히 성장하면서 아시아 각국의 노동자들이 들어왔으며, 1990년대부터는 국제결혼이 급격히 증가하면서 다문화가정이 늘어나고 있다. 2012년 현재 재외동포를 포함한 국내 체류 외국인은 140여만 명에 달한다. 이제 우리나라는 외국인 노동자·결혼이민자·외국인 주민자녀·외국 국적 동포·유학생·혼인 귀화자 등과 함께 더불어 살아가는 다문화사회로 진입하고 있다. 이러한 맥락에서 세 권의 총서는 디아스포라에 대한 우리 사회의 인식론적 패러다임을 전환하고 다민족·다문화시대에 걸맞은 소통과 융합담론을 활성화시키는 데 크게 기여할 것으로 생각된다.

끝으로 이 총서가 재외동포 및 이주민들에 대한 법적·정책적 지원 방안을 수립하고, 트랜스내셔널 시대에 맞춰 디아스포라 자원의 효율적 활용을 위한 전략을 수립하고, 디아스포라 연구의 지평을 확대하는 데 널리 활용될 수 있도록 적극 추천하는 바이다.

2013년 4월
재외동포재단 이사장 김경근

　2011년 신해혁명 100주년을 맞아 중국 전 지역은 물론 홍콩, 마카오, 대만, 그리고 화교 디아스포라가 거주하고 있는 세계 곳곳의 차이나타운에서 이를 자축하기 위한 다양한 활동이 대대적으로 벌어졌다. 아울러 각종 학술행사와 거의 모든 언론 및 방송매체들도 보도, 다큐멘터리, 드라마, 영화, 대담 등의 형식으로 신해혁명의 주역인 화교 및 화교사회를 집중 조명하였다. 대중화주의(大中華主義)의 부활과 21세기 세계 중심국가로서의 위상을 꿈꾸는 오늘날의 중국에 있어 이들 화교 디아스포라는 매우 든든한 후원군이자 동지이다.

　1840년 아편전쟁을 전후하여 본격화된 근대 화교디아스포라의 국제이주는 이른바 '보이지 않는 제국(帝國)'이라 일컬어지는 화교 네트워크의 근간이 되었다. 세계 곳곳에 모래알처럼 흩어져 있던 중국인, 그리고 국경의 붕괴와 통신망의 발달이 불러온 글로벌 시대의 도래는 전 세계 화교의 대 융합이란 전대미문의 화학반응을 일으켰다. 형체를 드러내지 않던 화교 디아스포라가 글로벌 시대의 개막과 동시에 국제무대의 선두주자로 부상하게 된 것이다. 일본 후지쓰 연구소의 조사보고에 따르면 화교는 아세안 각국의 상장기업 중 태국과 싱가포르의 81%, 말레이시아의 61%, 필리핀의 50%를 각각 장악하고 있다. 이들을 일명 '환태평양의 제후들'이라고 지칭하기도 한다.

　전남대학교 세계한상문화연구단은 2010년 한국연구재단 중점연구소로 선정되어 "동북아시아 민족분산과 문화영토"를 테마로 한 장기적인 연구프로젝트를 수행하고 있다. 이 연구프로젝트는 근·현대 동북아시아 민족이산의 역사적 연원과 유형을 디아스포라의 관점에서 밝힌 다음, 디아스포라의 이주루트와 문화영토, 모국연계성, 그리고 초국가적 소통기제를 설명하고 해석하려는 시도의 일환이다.

이 책은 총 3단계 9년에 걸쳐 이루어질 전체 연구프로젝트 중 제1단계 1차년도 과제인 "근·현대 해외화인의 이주루트와 '기억의 역사'"를 주제로 한 조사, 분석, 정리의 결과물이다. 다시 말해서 이른바 '환태평양의 제후들' 또는 '보이지 않는 제국(帝國)'의 근간인 근대 화교 디아스포라가 어떠한 경로를 거쳐 세계 구석구석으로 분산되었으며, 이 과정에서 그들이 경험하였던 역사적 사건들은 어떠한 모습으로 그들의 기억 속에 저장되고 있는지를 들여다본 단면들의 묶음이라고 할 수 있다.

책의 구성은 크게 다음과 같은 5개의 장으로 이루어진다.

제1장에서는 연구의 목적, 대상, 방법 등을 간략히 기술하였다. 이어 제2장에서는 국제이주와 관련하여 디아스포라의 개념에 대한 이론적 검토와 나름의 정의를 시도하였고, 더불어 화교 디아스포라의 국제이주 역사를 총 4개의 단계로 나누어 개괄하였다. 제3장은 이 책의 주요 구성부분 중 하나로 근대 화교 디아스포라의 이주루트를 주로 동북아, 동남아, 아메리카, 오세아니아 및 태평양군도, 아프리카, 유럽 등 수용지를 중심으로 분류, 정리하였다. 제4장에서는 앞 장에서 살펴본 이주루트를 따라 형성된 화교 디아스포라의 개별적, 집단적 기억들을 원적지, 이주과정, 거주국으로 나누어 각각 '배정이향(背井離鄉)', '죽음의 항해, 귀선(鬼船)', '정착과 박해, 그리고 타자(他者)의 역사'라는 키워드를 따라 추적하였다. 끝으로, 제5장에서는 연구결과를 개략적으로 요약, 정리하는 한편 연구의 한계와 향후 발전적 연구를 위한 견해를 제시하였다.

이 연구는 이주 관련 문서, 구술사료 등 1차 자료에 대한 문헌연구, 그리고 관계자 인터뷰, 현지조사 등 심층조사 결과의 충분한 활용을 기초로 할 때 원래의 취지에 부합하는 연구결과를 얻을 수 있다. 그러나 시간적, 공간적 제한으로 인해 소기의 성과를 거둘 수 없었다. 이 같은 한계는 이후 연구에서 점차 보완될 수 있으리라고 믿으며, 오늘의 이 결과물이 보다 진전된 연구의 밑거름이 되기를 기대한다.

끝으로 이 책이 출판될 수 있도록 물심양면으로 애써준 전남대학교 한상문화연구단의 모든 연구진과 행정요원 여러분께 깊이 감사드린다.

2013년 4월

공동저자 일동

| 차 례 |

III 화교 디아스포라의 이주루트 / 53

IV 화교의 디아스포라적 기억 / 169

V 맺음말 / 215

표 차례

그림 차례

I

머리말

1. 연구목적

본 연구는 근대성의 산물인 디아스포라에 대한 탈근대적 해석과 이를 통한 탈영토화 된 공간에서의 지구적 소통의 가능성을 모색하기 위한 장기적인 연구 프로젝트의 일환이다. 보다 세부적으로는 동북아에 기원을 둔 해외 한인, 화인(화교), 일계인의 디아스포라적 이주과정을 추적함으로써 이들의 탈 근대적 존재와 정체성이 동북아 공동체 구축에 어떠한 대안적 모델을 제시해줄 수 있는 지를 고구(考究)하고자 하는 것이다.

디아스포라의 현재적 기원은 근대국민국가의 탄생과 더불어 시작되었다고 할 수 있다. 근대성이 국민국가를 중심으로 제도화되는 과정에서 배제와 차별의 구조, 즉 중심과 주변으로 이분되는 지리적 · 사회적 공간의 구획과 인간에 대한 다양한 형태의 인식상의 경계를 만들어냈다.[1] 앤더슨(Benedict Anderson)은 디아스포라의 삶을 볼모로 내몬 단일민족국가는 '상상의 공동체(imagined community)'에 불과하다고 주장하기도 하였다. 또 사이드(Edward W. Said)는 근대 국민국가의 틀로부터 내던져진 디아스포라야말로 세계분할과 학살로 점철된 근대 특유의 역사적 소산이며, 궁극적으로는 '근대 이후'를 살아갈 인간의 존재 양식이라고 여겼다.

초국가시대의 디아스포라는 근대 민족국가의 비극적 역사에서 배태되어 정착국의 근대적 '경계짓기'와 타자화 기제에서 차별과 박해를 받고 살아온 근대성의 결과인 동시에, 소수자로서 '차이'의 인정과 다중정체성(multiple identities)이라는 탈근대성을 희구하며 살아가고 있는 존재이다. 즉 디아스포라의 존재적 의의는 정착지에서의 경계 짓기와 배제로 인해 모국에 대한 상상과 함께 '귀환의 신화'를 꿈꾸는 동시에 초국가적이고 탈영토화된 장소에서 끊임없이 월경하는 사유와 정체성을 지니며 살아간다는 점이다. 요컨대, 초국가적이고 탈영토적인 사회영역에서 자리 잡은 디아스포라는 근대적

---

1 이상봉, "디아스포라와 로컬리티 연구: 재일코리안을 보는 새로운 시각," 『한일민족문화연구』 18 (2010), p.107.

경계와 지구적 소통을 동시에 경험하면서 살고 있다.

이와 같은 디아스포라는 인류의 역사와 현실의 다양한 공간에서 이미 보편적인 현상으로 여겨진다. 예를 들어, 그리스인, 유대인, 인도인, 중국인, 한인, 일계인 디아스포라가 전 지구적으로 분포되어 있으며, 인종의 시장이라 불리는 미국을 비롯한 유럽, 오세아니아, 아프리카 등도 빈번한 이주와 일상적인 디아스포라 현상이 상존하고 있는 지역들이다.

현재 세계 곳곳에 거주하는 중국계 인구는 8,000만에 육박하는 가장 규모가 큰 디아스포라 집단이다. 문헌 기록에 의하면 그들의 해외 이주는 이미 기원전부터 시작되었으며, 근대에 들어와 본격화되었다. 현재의 화교 디아스포라는 대부분 근대적 이민의 산물로 근대화의 혼란과 제국주의 식민지 개척의 과정에서 생존을 위해, 또는 계약 이민을 통해, 또는 노예의 신분으로 매매되어 사방으로 흩어져 나갔던 당사자들이거나 그 후손들이다. 오늘날 이들의 막대한 경제력과 광범위한 인적 네트워크는 새삼 전 세계의 주목을 받고 있으며, 개혁 개방 이후 중국은 이들의 역량을 적극적으로 활용하여 자국의 국제적 위상 제고를 도모하고 있다.

이 연구의 목적은 이러한 근대 이후 화교들의 이산과정에서 형성된 디아스포라 이주루트(diaspora routes)를 유형화하고, 이 루트를 따라 형성된 디아스포라적 경험과 기억을 재현하는데 있다. 구체적으로 근대 화교 디아스포라의 초국적 이주를 가능케 한, 혹은 강제한 배경은 무엇이었는지, 화교 디아스포라의 이주가 어떤 경로를 통해, 어떤 공간에 걸쳐 이루어졌는지, 화교 디아스포라가 거주국의 '경계짓기'와 타자화 기제로부터 발생되는 차별과 박해 속에서 어떠한 방식으로 정착하고 성장하였는지, 이주의 역사가 한 개인 혹은 집단의 기억 속에 어떻게 투영되고 있는지 등을 추적하고자 한다. 나아가 이를 통해 화교의 역사적·문화적 기원과 그 성격에 접근하고자 한다.

2. 연구대상

1) 화교 화인

이른바 중국이라는 영토적 경계를 벗어나 해외에 거주하는 중국인을 일반적으로 화교라고 지칭한다. 그러나 우리가 흔히 사용하는 화교라는 대상을 지칭하는 명칭은 '화교' 이외에도 매우 다양하다. 그 중에서 주로 이용되는 것들은 화교, 화인, 화예(華裔), 화족(華族), 그리고 화교 디아스포라 등이다.

엄밀히 따지면 '화교'는 법률적 범주의 명칭으로 현행 법률에서는 "화교는 해외에 거주하는 중국공민(中國公民)이다."라고 규정하고 있다. 전 세계의 중국계 인구 가운데 법률적으로 화교라고 규정된 자는 전체의 10%에도 이르지 못한다.

화교라는 명칭의 기원에 대해서는 몇 가지 이견이 있다. 첫째는 1898년 일본 요코하마에 건립된 화교학교에서부터 유래하였다는 견해이다. 둘째는 1883년 정관응(鄭觀應)이 이홍장(李鴻章)에게 보낸 편지를 근거로 그 이전부터 사용되었을 것이라는 견해이다. 셋째는 1878년 청의 초대 주미공사이던 진난빈(陳蘭彬)의 상소에 보이는 교민(僑民)이란 명칭을 근거로 1878년에 이미 이러한 개념이 등장하였을 것이라는 견해이다. 그 구체적인 시기가 언제이던, 이 같은 명칭의 등장은 해외 거주 중국인에 대한 중국의 입장변화를 상징한다. 즉 중국정부가 화교의 정치, 경제적 활용가치에 눈을 돌리기 시작하였음을 보여주는 것이다.

화교는 초기에 혈통적 개념과 법률적 개념을 동시에 내포하고 있었다. 이는 일찍이 중국정부가 혈통주의에 근거한 국적법(國籍法)을 제정하는 것으로부터 비롯되었다. 국적법에 따르면 중국 혈통을 가진 모든 자는 출생지 여부를 떠나 중국의 국적에 속하며, 부모 가운데 한 쪽이 중국인이면 출생지 여부를 떠나 그 자녀는 중국인이다.

그러나 국적법은 새로 독립하는 동남아시아 각국과 화교들 사이의 모순과 충돌을 불러왔다. 이러한 상황은 제3세계에서 중국의 영향력을 저하시키는 외교적 부담으로 작용하였고, 결국 중국은 1950년대 이후 동남아 각국과 「이중국적 문제에 관한 조약」을 체결하였다. 이로써 해외 특히 동남아에 거주하고 있던 중국계 이민자들은 중국과 현지 국가 중 하나의 국적을 선택해야했고, 그 결과 전체의 90% 이상이 현지 국적을 택함으로써 화교는 법률적 개념으로 축소되었다.

1980년대에 이르러 화교는 '외국에 정착, 거주하는 중국 국민'이었다. 즉 중국 국적 외에 어떠한 국적도 가지고 있지 않은 중국의 국민을 지칭하게 되었다.

이에 반해 화인은 중국 혈통을 가진 모든 자에 대한 범칭이다. 또한 외국 국적을 가지고 있는 해외 거주 중국인에 대한 호칭이다. 특히 해외 거주 중국인 문제에서 거론되는 화인이란 중국 국적을 가진 화교와 비교되는 외국 국적 화교, 곧 외적화인(外籍華人)을 가리킨다. 따라서 만약 해외 거주 중국인이 자발적으로 거주국 국적에 가입하거나 거주국 국적을 취득할 경우 국적법에 따라 중국 국적을 자동으로 상실하게 되어 화교가 아닌 외적화인이 된다. 중국의 학계에서는 화교와 외적화인을 한데 묶어 국적과 상관없이 화교화인(華僑華人;overseas Chinese)이라 칭하고 있다. 화교화인은 또 해외화인(海外華人)이라고도 부른다.

하지만 한국의 학계에서는 일반적으로 국적과 상관없이 이상의 모든 개념과 대상을 한 데 묶어 화교라고 통칭한다. 또한 사전적으로 광의(廣義)의 화교는 본국(중국)과 민족적, 법률적, 정치적 측면에서 유기적인 연관을 유지하고 있는 중국인 또는 그 자손을 의미한다. 이 책에서 사용하는 화교라는 명칭은 바로 이러한 광의의 화교를 지칭한다.

2) 디아스포라

디아스포라(Diaspora; 그리스어 διασπορά)는 '흩뿌리거나 퍼트리는 것'을 의미하는 그리스어에서 유래하였다. 특정 인종(ethnic) 집단이 기존에 살던 땅을 떠나 다른 지역으로 이동하는 현상을 일컫는다. 한자어로는 파종(播種) 또는 이산(離散)이라고도 한다. 난민 집단의 형성과도 일정정도 관련되어 있지만, 난민들은 새로운 땅에 계속 정착하였을 수도 있고 아닐 수도 있는 것과 달리 디아스포라는 본토를 떠나 항구적으로 나라 밖에 자리 잡은 집단을 의미한다. 난민 외에도 노동자, 상인, 관료 등의 신분으로 이주한 사례도 디아스포라에 해당한다.

디아스포라가 처음으로 언급된 것은 구약성경 신명기 28장 25절의 추방에 대한 내용인 "그대가 이 땅의 모든 왕국에 흩어지고……"이다. 히브리어 성경이 그리스어로 번역되면서(Kantor, 1992 : 81), 기원전 607년 바빌로니아인들이 이스라엘에서, 기원후 70년 로마 제국이 유대 지방에서 유대인들을 쫓아내는 부분에서 디아스포라라는 낱말이 쓰여 이 말이 지금의 의미를 얻게 되었다.(Kantor, 1992 : pp.53; 105~106) 이로써 '디아스포라'는 이스라엘의 유대인 민족 집단이 해외로 흩어진 역사적 현상과 그들의 문화적 발전 혹은 그들 집단 자체를 의미하게 되었다.(Barclay, 2004 : p. 1) 이후 아시리아인들이 피정복민에 대해 장래 이들이 자기네 몫의 땅을 요구하지 못하도록 하기 위해 사민정책(徙民政策)을 펴면서 디아스포라의 용례가 확대되었다.(Galil & Weinfeld, 2000 : pp. 96~97)

디아스포라가 가지는 의미의 범주에 대해서는 여러 의견이 있어왔다. 예를 들어, 윌리엄 사프란(William Safran)은 디아스포라와 이주 공동체를 구별하고자 했다. 그는 디아스포라를 구성원들이 특정한 조건을 공유하는, '고국에서 추방된 소수 공동체(expatriate minority communities)'로 정의했다. 사프란이 주장한, 구성원들이 공유하는 '특정한 조건'은 첫째로 구성원들이나 구성원들의 조상이 원래 살던 본원지에서 두 개 이상의 주변지역이나 외국으로 흩어지고, 둘째로 본원지에 대한 집합적인 기억과 신화를 보유하며, 셋째로 그들이 현재 살고 있는 곳에서 완전히 받아들여지지 않아 사회에서 소외되어 있다고 느끼고, 넷째로 그들의 본원지를 조건이 만족되면 되돌아 가야할 진정한 고향으로 여기며, 다섯째로 집단적으로 본원지의 안녕과 번영을 위해 본원지를 유지하거나 복구하는데 힘써야 한다고 믿으며, 여섯째로 그들의 본원지와 관계를 유지함으로써 민족적 공동체 의식과 단결을 명확히 하는 것이었다.

로빈 코헨(Robin Cohen)은 사프란이 주장한 디아스포라의 여섯 가지 조건을 수정, 확장하여 디아스포라에 존재하는 9가지의 공통요소를 제시하였다. 구체적으로, 개인의 자발적 선택과는 무관한 비극적 이산, 노동·상업·식민 활동을 통한 집단이주, 집합적 기억과 모국에의 신화, 조국에 대한 이상화, 귀환운동의 존재, 장기간에 걸친 강한 종족적 집단의식의 유지, 거주국 사회와의 불편한 관계, 다른 사회에 거주하는 동일 종족집단과의 연대의식, 다원주의적 거주국에서라면 독창적이고 풍요로운 삶을 살 수 있을 가능성 등이다.

나아가 코헨은 이상과 같은 요소들을 바탕으로 디아스포라의 유형을 박해·도피형(victim or refugee), 제국·식민형(imperial or colonial), 노동·고용형(labor or service), 상업·통상형(trade or commerce), 문화형(cultural) 등으로 구분하였다.[2]

3) 화교 디아스포라

화교를 국적과 상관없이 중국이라는 영토적 경계를 넘어 해외에 거주하는 중국계 이주자를 포괄하는 개념이라고 할 때, 이 책에서 주로 다루고자 하는 것은 화교의 디아스포라적 정체성이다. 앞에서 살펴보았듯이 디아스포라는 비극적이고 강제적인 이산, 노동·상업·식민 활동을 통한 집단이주, 집단적 기억과 모국에 대한 이상화, 종족적 집단의식의 유지, 거주국 사회와의 불화, 다른 사회에 거주하는 동일 종족집단과의 연대의식 등의 의미들로 표현된다. 곧 근대적 이산 배경과 모국과 거주국 사이의 경계에 놓인 다중정체성으로 대표되는 화교 디아스포라가 이 책의 주요 탐구 대상이다.

---

2 Robin Cohen. 1997. *Global Diaspora: An introduction*. London: UCL Press. pp. 4~6.

화교 디아스포라는 코헨이 제시한 다섯 가지 디아스포라 유형 중 어떤 유형으로 분류할 수 있을까? 대부분의 디아스포라 집단에서 공통적으로 나타나는 현상이지만 코헨의 분류방식을 적용해보면, 근대 화교 디아스포라는 크게 제국·식민형, 노동·고용형, 상업·통상형 디아스포라라는 중층적 유형으로 분류될 수 있다. 이와 같은 중층성은 근대 화교 디아스포라 집단의 형성이 전쟁, 정치적 혼란, 거듭되는 자연재해 등으로 인한 열악한 생존조건이라는 송출요인(push factor)과 흑인노예해방, 자본주의적 생산방식의 발전, 서구 제국주의 열강의 식민지 개척에 따른 노동력 수요 급증 등 수용요인(pull factor)의 상호작용이 빚어낸 결과임을 반영한다.

3. 연구방법

이 연구는 근대 화교 디아스포라의 분산과정에서 형성된 디아스포라의 이주루트를 계보학(genealogy)적 관점에서 지도화(mapping)하고, 이 길을 따라 형성된 그들의 경험과 기억에 접근해가는 과정이다.

인간은 시간과 공간을 떠나 존재할 수 없는 존재이다. 역사가 시작과 끝을 가진 인간의 이야기라고 할 때, 역사의 3요소는 시간, 공간, 인간이다. 이 3요소 중에 무엇에 중점을 두느냐에 따라 역사의 구성과 체계가 달라진다. 디아스포라의 역사는 시간적으로 근대를 지향하며 영토적 공간은 모국을 떠나 있되, 출신민족의 혈통을 가진 자들의 이야기이다. 따라서 디아스포라 발생의 시간적 출발점을 찾아가고, 그들이 강제된 공간적 환경 속에서 어떻게 변화하고 적응하면서 자신의 존재를 유지하여 왔는지를 유형화하려는 '계보학(genealogy)'적 작업을 요청하게 된다.

이를 위해 본 연구는 국내외의 각종 이주 관련 자료를 활용한 문헌연구, 화교 디아스포라의 주요 집거지에 대한 현지방문조사, 참여관찰을 통한 구술 사료의 발굴, 수집 등의 연구방법을 활용한다.

1) 문헌연구

연구는 먼저 국내 및 중국 북경(北京), 하문(厦門) 등의 화교 관련 주요 연구 기관 및 박물관 등을 방문하여 화교 디아스포라의 해외이민사, 역사적 경험에 대한 각종 기록, 그리고 이주루트에 관한 논문·도서·사진·통계자료 등을 광범위하게 발굴, 수집하였다. 나아가 이들 자료에 대한 분석을 통해 얻어진 결과를 화교 디아스포라의 발생 배경, 이주루트, 정착과정 등 연구의 기본구조를 설계하는 기초자료로 활용하였다.

2) 현지방문조사

문헌연구를 통해 설계된 기본구조를 바탕으로 현지화교 디아스포라의 이주와 정착 과정을 직접 엿볼 수 있는 현지방문조사를 실시하였다. 현지방문조사는 우선 현실적 조건을 감안하여 동남아 및 국내의 주요 화교분포지역을 중심으로 화교 디아스포라의 이주 배경, 이주경로 및 거주국에서의 정착 현황 등을 조사하였다.

먼저, 동남아 지역은 2012년 2월 19일부터 25일까지 7일 간에 걸쳐 싱가포르와 말레이시아 조호바루(johore baru), 쿠알라룸푸르(Kuala Lumpur) 등을 방문하여 화교 디아스포라 1, 2세대를 대상으로 이주 배경, 과정, 정착 현황에 대한 면담조사와 집거지 공간조사를 진행하였다. 이어서 2012년 3월 6일부터 10일까지 인천, 부산 등 국내의 주요 화교 집거지에 거주하는 화교들을 대상으로 마찬가지로 이주 배경, 과정, 정착 현황에 대한 면담조사와 집거지 공간조사를 실시하였다.

3) 구술사료 수집과 발굴

　사례연구를 위해 보완적 차원에서 심층면접을 진행하고 다양한 구술 사료를 수집·발굴하였다. 디아스포라의 구술 사료는 일반적으로 구술증언(oral testimony)과 구술생애사(oral life history)로 구성된다. 구술증언은 한 개인이 과거의 특정 사건이나 경험을 현재로 불러내어 서술하는 것이고, 구술생애사는 한 개인이 태어나면서부터 현재까지 살아온 경험을 현재로 불러내어 서술하는 것으로 그 안에 특정 사건이나 경험에 대한 구술증언도 포함될 수 있다. 이 연구에서는 제한적이나마 수집 가능한 근대 화교 디아스포라의 구술 사료들을 통해 그들이 이주 및 정착과정에서 직면한 중요한 기억들을 들여다보고자 하였다.

II

국제이주와 화교 디아스포라

1. 국제이주와 디아스포라

현대사회는 이른바 '세계화' 또는 '지구화'의 시대로 명명된다. 2010년 현재, 전 세계 인류의 3.1%에 해당하는 약 2억 명 이상의 인구가 국경을 초월하는 초국적 이주를 통해 해외에 정착하여 살고 있다. 캐슬과 밀러(Castles & Miller)는 이러한 현대사회를 "이주의 시대"라고 표현한다.[1] 아래 그림에서 볼 수 있는 것처럼 전 세계적으로 거의 모든 지역과 국가에 이민 인구가 분포되어 있으며, 이 중 상당 지역은 해당 지역 전체 인구의 10% 이상의 이민 인구를 수용하고 있다.

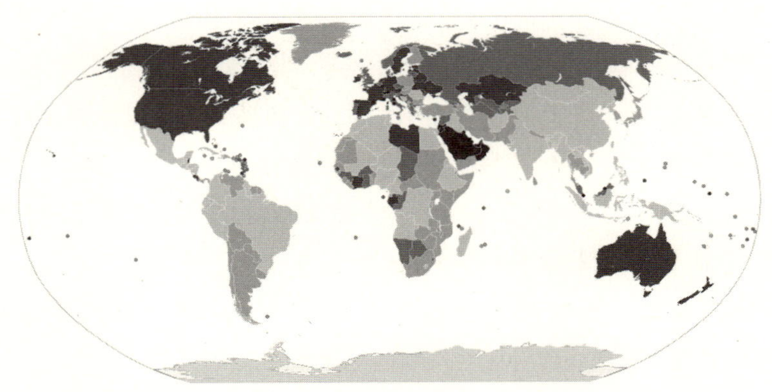

〈그림 1〉 국가 별 전체 인구 대비 이민 인구 비중

출처 : *The UN's World Population Policies 2005 data*

---

1   Castles, Stephen/ Miller, Mark J., *Age of Migration, 4/e: International Population Movements in the Modern World*, Guilford, 2009.

스토커(Stalker(2002: 15))의 지적처럼 지구상의 어떤 민족도 한 장소에서만 붙박여 있었다고 할 수 없다. 국제이주(international migration)는 인간이 한 국가에서 다른 국가로 이동하는 과정이다.

일반적으로 이주를 촉진 또는 억제시키는 요인은 크게 경제적 요인, 사회적 요인, 지리적 요인, 정치적 요인 등 네 가지로 나눌 수 있다.(Greene & Pick, 2006; 신정엽 외, 2011: 283~286) 이 중에서 먼저 송출국과 유입국의 경제적 상황은 국제이주를 결정짓는 가장 우선적인 요인이라고 할 수 있다. 구체적으로, 송출국의 경제적 요인은 경제침체, 실업증가, 저소득, 낮은 생활수준 등이며, 유입국의 경제적 요인은 경제호황, 풍부한 고용기회, 수준 높은 삶의 질 등이다. 둘째는 사회적 요인으로 연령 및 학력, 문화와 언어의 유사성, 사회적 연결망, 만성적인 이동 경향성 등이 포함된다. 세 번째는 지리적 요인으로 송출지와 유입지의 이동거리, 지형, 기후, 바다와의 접근성 등이다. 네 번째는 정치적 요인으로 일상적이지는 않지만 세계 도처의 많은 사례에서 볼 수 있듯이 송출국에서의 강제 또는 강요에 의해 발생하는 강제적 인구이동(forced migration)이 있다. 강제적 이주의 배경으로는 전쟁, 식민지, 정치적 박해, 종교 및 인종갈등 등이 존재한다. 이러한 이주는 한 개인에게만 적용되거나 가족 또는 민족 집단 전체에 적용되기도 하며 합법 및 불법 이주자 또는 난민이나 망명자로 다른 국가에 유입된다.

디아스포라의 국제이주는 송출국과 유입국의 정치·경제·사회적 요인, 즉 송출요인과 수용요인에 의해 설명된다.[2] 송출국에서는 빈곤, 낮은 임금, 높은 실업률, 정치적 탄압 등의 송출요인이 존재하고 유입국에서는 인력난, 폭넓은 취업기회, 높은 임금과 삶의 질 등의 수용요인이 존재한다.

---

2 국제이주의 이론에 대한 자세한 내용은 김경학. 『국제이주와 인도인 디아스포라』(서울: 집문당, 2006); 설동훈. 『노동력의 국제이동』(서울대학교 출판부, 2001); 전형권, "국제이주에 대한 이론적 재검토: 디아스포라 현상의 통합모형 접근"『한국동북아논총』제13권 제4호(한국동북아학회, 2008) 등 참조

2. 화교 디아스포라의 이주

현실에 존재하는 모든 사물은 시공간과 유리되어 독립적으로 존재할 수 없다. 따라서 디아스포라로서의 화교가 어떠한 역사성 속에서 형성, 발전되었는지에 대한 규명은 필연적으로 중국인의 해외이주에 대한 역사적 고찰을 전제로 한다. 이를 통해 그들이 모국을 떠나 해외로 떠나게 된 이주요인과 다른 시기의 이주자들과 구분되는 이주특징을 보다 구체적으로 발견할 수 있을 것이다.

1) 화교 디아스포라의 기원

중국인의 국제이주 역사는 언제까지 거슬러 올라갈 수 있을까? 이에 대해서는 많은 이견들이 존재한다. 먼저 그 기원을 진한(秦漢) 시기 한(漢) 민족의 형성기로 보는 견해가 있다. 그러나 이는 일부 문헌 기록에 의한 추측일 뿐으로 한(漢) 민족이 농업을 주된 생계수단으로 하는 정착형 집단이었다는 점에서 설득력이 약한 견해이다.

이 외에『한서(漢書)・지리지(地理志)』,『양서(梁書)・왕승유전(王僧孺傳)』,『대당서역구법고승전(大唐西域求法高僧傳)』등의 기록을 토대로 중국과 남양(南洋) 각국 간의 무역활동이 시작되는 한대(漢代) 또는 위진(魏晉), 수대(隋代)까지 소급하는 견해가 있다. 그러나 이는 모두 화교사회 형성의 근거로 보기에는 미흡하며, 설령 이 시기에 중국인의 해외이주가 이루어졌다고 인정하더라도 이를 '중국인'이라는 정체성을 가진 집단적 이민의 형태로 인정하기는 어렵다.

현재 가장 보편적인 견해로는 화교사의 상한선을 당대(唐代)라고 여기는 것으로 그 이유는 다음과 같다. 첫째, 해외화교들을 지칭하는 용어 중 '당인(唐人)'이라는 표현이 있다. 둘째, 한대 이후 개척된 해상실크로드('通夷海道')를 통해 남해 해상무역이 전례 없이 발달하였고, 외국상인들이 끊임없이 드나

들어 번박사(蕃舶使)라는 기구를 설치하여 출입국에 대한 제도적 관리를 시작하였다. 셋째, 두환(杜環)의 『경행기(經行記)』 등에서 대식(大食, 오늘날의 사우디아라비아, 이란 일대) 등 지역에 화인들이 살고 있었다는 기록이 있다. 그러나 당인(唐人)은 원래 외국인들의 중국인에 대한 칭호로, 당대 이후에야 비로소 중국인 스스로 자신들을 당인이라고 부르게 된 것이다. 마찬가지로 근대의 당산(唐山), 당인가(唐人街) 등도 당대에 이미 존재했던 명칭이 아니라 후세에 이르러 정착된 용어라고 보는 것이 타당하다. 아울러 당대에 대규모의 화교들이 해외로 이주하였음을 입증할 만한 근거가 현재로서는 매우 희박하다. 따라서 결과적으로 멀게는 선진 시기부터 당대에 이르기까지 해외로 이주한 중국인들을 화교들의 선조로 볼 수는 있지만 이를 직접적인 화교사의 상한선으로 삼기는 어렵다.

진벽생(陳碧笙)은 화교사의 상한선을 송대(宋代)로 보고, 그 이유로 첫째, 연해지역의 개발과 인구의 급속한 증가; 둘째, 상품화폐경제의 발전; 셋째, 계급구조의 변화; 넷째, 조선과 항해 기술의 발달 등 크게 4가지 근거를 제시한다. 즉 이러한 송출요인과 수용요인의 작용은 당대(唐代)가 아니라 남송(南宋) 이후 시작되었으며, 따라서 화교사의 시간적 상한을 송대(宋代)로 봐야 한다는 것이다.[3]

이상의 논의를 통해 화교 역사의 출발점을 결정하는 주요 요인을 크게 두 가지로 요약할 수 있다. 그것은 첫째, 해외 이주의 주체가 스스로 중국인으로서의 자의식을 가지고 있었는가의 여부; 둘째, 내적 송출요인과 외적 수용요인이 작용한 지속적이고 대규모적인 이주였는지 여부이다. 이 책에서는 이 두 가지 기준을 근거로 위에서 제시한 진벽생(陳碧笙)의 견해에 따라 송대를 화교 이주 역사의 상한선으로 하여 화교 디아스포라의 이주 역사와 현황을 살펴보고자 한다.

---

3   陳碧笙, 「關于華僑史分期的几个問題」, 『華僑史』 第2期, 1983.7, pp. 7~10.

2) 화교 디아스포라의 이주 역사

화교는 본질적으로 중국에서 이주해나가 장기적으로 외국에서 사는 사람들이다. 따라서 화교사회의 형성과 발전은 불가피하게 모국과 거주국 양측의 영향을 받을 수밖에 없다. 화교의 이주역사는 송대(宋代)를 상한선으로 하고, 동시에 중국의 사회, 경제적 발전 과정에 의한 송출요인과 유입국의 상황에 의한 수용요인 등을 고려하여 크게 다음 네 개의 시기로 구분할 수 있다.[4]

첫 번째 시기는 12세기 초 남송 건염(建炎) 원년부터 16세기 후반 명(明) 융경(隆慶) 연간의 해금(海禁) 해제 즉 '융경개관(隆慶開關)'에 이르기까지 약 4~5백 년 동안이다.

당시 중국은 상품화폐경제의 전례 없는 발달과 남방 토지의 대대적인 개발로 경제 및 문화 등 방면에서 아시아 최고의 선진국이었다. 이에 반해 동남아 각지는 여전히 원시공동체와 봉건영주제가 혼재된 상태에 머물러 있어 중국과는 경제적으로 상당한 격차를 보였다. 이러한 사회, 경제적 배경하에서 중국 상인 및 선원들이 점차 동남아 각지로 대거 진출하게 되었고, 그 중 일부가 제1세대 화교로 정착하였다. 이들은 초기에는 대부분 수마트라, 자바 등 중서(中西) 교통무역의 중심지에 집중적으로 거주하였으나 이후 점차 인도차이나반도의 안남(安南), 점성(占城), 진라(眞臘), 샴(暹罗; Siam), 푸감(蒲甘; Bugam), 말레이반도의 조호르(柔佛; Johore), 말라카(満剌加; Melaka)[5] 등 지역으로 널리 퍼져 나갔다. 또한 동양항로의 발견에 따라 필리핀 제도의 루손, 바타네스, 세부, 술루, 그리고 보르네오의 브루나이 등 지역으로도 화교의

4　陳碧笙은 화교사 시기 구분에 대한 여러 견해를 종합, 분석하여 이를 토대로 화교사를 크게 4개의 단계로 구분하였다. 여기서는 그의 견해를 주로 참고하여 각 단계 별 화교역사를 요약, 정리하였다.

5　安南, 占城, 眞臘, 暹羅, 蒲甘, 柔佛, 満剌加 등은 베트남을 포함한 인도차이나 반도의 옛 지명들이다. 이들 고대 지명은 현재는 쓰이지 않거나 한자 이외에 다른 기록이 없어 불가피한 경우 한자 지명을 그대로 사용하며, 영문 지명을 찾을 수 있는 경우 영문 지명을 병기하기로 한다.

이주가 확대되었다.

당시의 화교는 대부분 경제적 원인으로 출국한 이들이었으나 정치적 원인으로 인한 해외이주도 적지 않았다. 예를 들어, 송 멸망 이후 많은 송의 대신들이 안남, 점성 및 샴 등 지역으로 탈출했으며, 송宋 경우(景祐) 3년(1056)에는 안남이 융주(邕州)에 침입하여 수많은 포로를 잡아가기도 하였다. 이밖에 원대(元代) 왕대연(汪大淵)의 『도이지략(島夷誌略)』에는 자바, 북보르네오, 수마트라, 타이, 캄보디아 등지에 중국인들이 거주하고 있었다는 기록이 있다. 또한 1292년 쿠빌라이 칸은 복건(福建), 강서(江西), 호광(湖廣)에서 병사 3만을 모아 동남아 원정길에 올라 지금의 인도네시아 자바에까지 이르렀으나 만여 명의 부상병만을 남기고 회군하였고, 이는 결과적으로 대규모의 이민을 발생시키는 계기가 되었다. 또한 명대(明代)의 정화(鄭和)는 영락제(永樂帝)의 명을 받아 1405년부터 1433년까지 7차례에 걸친 해양 원정에 나

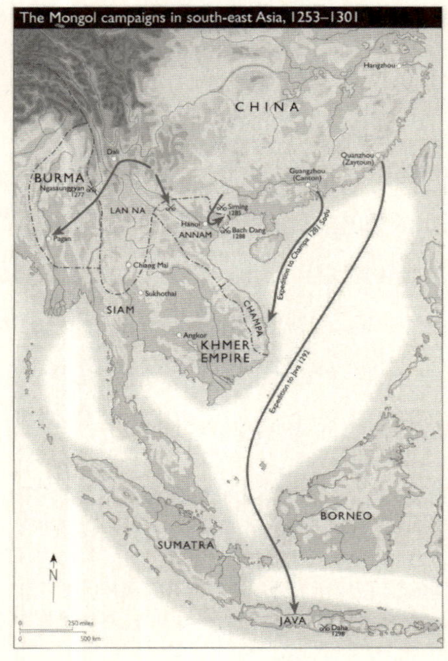

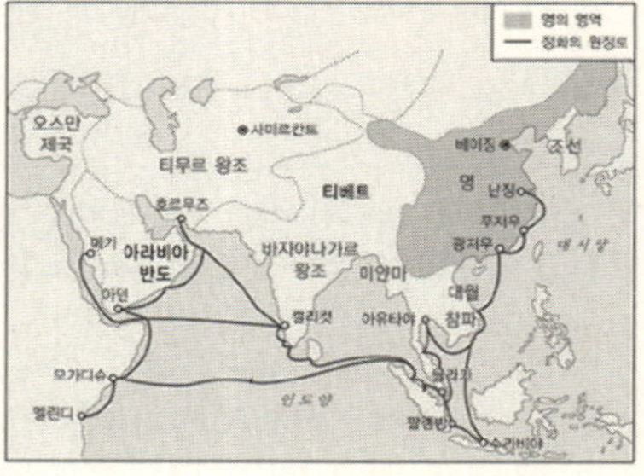

〈그림 2〉 원(元)의 동남아 원정노선   〈그림 3〉 정화(鄭和)의 원정노선

서 참파(지금의 베트남), 샴, 말라카, 자바, 인도양의 캘리컷, 코친, 실론(지금의 스리랑카) 등 동남아시아, 페르시아 만, 아라비아 반도, 아프리카 동부해안의 국가들을 차례로 방문했다. 이때 정화의 항해에 따라나섰던 병졸들 가운데에서 해외에 잔류하게 된 이가 적지 않았다.

두 번째 시기는 16세기 후반 해금이 해제된 이후 1840년 아편전쟁까지의 약 300년 동안이다. 이 시기는 중국에 자본주의의 맹아가 출현한 시기로 이민 인구가 이전에 비해 대폭 증가하였고, 다음 시기에 본격화되는 강제이민이 발생하기 시작하였으며, 개별적 차원의 이민이 줄고 대규모의 집단적 이민이 늘어났다는 점에서 과도기에 해당한다고 볼 수 있다. 당시 동남아 일부 지역이 서구 열강의 식민지 혹은 무역중계지로 화하면서 중국과 동남아 지역 간에는 두 가지 층위의 경제발전 상의 차이가 출현하기 시작했다. 하나는 이전 시기에 이미 출현하기 시작한 중국의 봉건지주경제와 동남아 지역의 봉건영주경제의 차이이고, 다른 하나는 중국의 봉건지주경제와 서구 식민국가로부터 유입된 상업자본주의경제 간의 차이이다. 이러한 차이, 특히 상업자본주의라는 새로운 생산방식의 강력한 수용요인은 화교의 해외이주에 중요한 동력을 제공하였다. 앞서도 언급하였듯이 이 시기에는 포획되어 팔려나간 변형 노예, 해적, 보다 나은 생활환경을 찾아 비밀리에 출국하는 상인, 노동자 등을 포함하여 해외로 출국하는 사람들이 크게 늘어났다. 또한 화교의 분포 범위도 더욱 확대되어 동쪽으로 조선, 일본에서 서쪽으로 인도 동부 해안까지, 북쪽으로 미얀마(Myanmar) 이라와디 강(Irrawaddy) 상류로부터 남쪽 인도네시아 제도까지 동아시아의 거의 전역에 화교의 발길이 닿지 않은 곳이 없었다. 이 중에서도 특히 필리핀, 타이, 인도네시아, 베트남, 일본, 조선 등에는 곳곳에 화교의 대규모 집거지가 형성되었다. 대략적인 통계에 따르면 17세기부터 19세기 중엽에 이르기까지의 화교 인구는 스페인령 루손 2~3만 명, 네덜란드령 자카르타 일대 약 10만 명, 타이 약 44만 명 등 약 100만 명에 이르고 있었을 것으로 추정된다.

이 시기 동남아로 진출한 화교들은 현지 원주민들보다 자본주의 문화를 더 일찍 접촉하였기 때문에 자신들의 상공업 기술에 서방의 현대적인 관리 기법을 접목하여 상공업 부문에서 현지인들이 따라잡지 못할 성과를 이룩하였다. 하지만 이러한 경제적 성과는 동남아의 민족주의가 고조되던 시기에 현지 원주민 및 식민주의자와의 갈등을 불러일으켰으며 화교는 이른바 동방의 유태인으로 간주되고, 국가와 본토 관념이 결핍된 탐욕스러운 존재로 비하되었다. 그 결과, 16세기를 시작으로 서방 식민주의자들의 국가폭력에 의해 동남아에서 화교들에 대한 대규모의 학살이 무수히 자행되었는데, 이 중 만 명을 초과하는 대학살만 4차례에 달한다. 대표적인 예로, 18세기 중엽의 앙케(Angke, 紅溪) 대학살을 들 수 있다. 저가 노동력의 필요에 의해 온갖 수단을 동원하여 화교들을 강제 입국시켰던 네덜란드 식민당국은 이후 1684년 청 정부의 해금(海禁) 해제조치로 화교 인구가 급증하면서 화교의 유입을 엄격히 제한하였다. 이에 따라 허락받지 않고 입국한 화교들을 체포하거나 사형에 처하기도 하였다. 1740년 7월, 네덜란드 식민당국은 의심스러운 화교들을 신분증의 유무에 관계없이 모두 구금하라는 명령을 하달하였다. 며칠 뒤, 바타비아(Batavia, 자카르타의 옛 이름)에서 수많은 화교들이 압송 중 살해되어 시체가 바다에 버려졌다는 소문이 퍼졌다. 두려움과 분노로 떨던 화교들이 몽둥이와 곡괭이를 들고 저항하였고, 이에 당황한 네덜란드 당국은 도시 안팎의 모든 화교들을 제거하기로 결정하고 감춰둔 무기를 수색한다는 핑계로 집집마다 돌아다니며 화교들을 학살하였다. 화교 집거구역 곳곳에서 불길이 치솟고, 대부분의 건물이 잿더미가 되었다. 식민당국은 또 원주민들을 선동하여 화교들을 공격하게 하였으며, 결국 자카르타의 화교들은 식민당국의 편에 선 극소수를 제외하고는 거의 대부분 학살되었는데, 3일간에 걸친 대학살을 통해 희생된 화교의 수가 만여 명에 달하였다.[6]

한편 이 사건 이전인 1603년 스페인 식민당국이 필리핀 화교 2만여 명을 학살하는 일이 발생하는 등 동남아 각지에서 1만 명 이상이 희생된 화교 학

---

6   위의 책, pp. 75~79.

살사건만 이 두 경우를 포함 모두 4건에 달하였다.

세 번째 시기는 1840년 아편전쟁(阿片戰爭)의 발발로부터 1949년 중화인민공화국(中華人民共和國) 수립 전후까지의 100년이 넘는 기간이다. 아편전쟁은 중국사회가 반식민지반봉건사회로 접어든 출발점이며, 중국 역사에서 근대시기가 시작되는 기점이다. 또 중화인민공화국의 수립은 중국이 근대에서 현대로 전환되는 기준이 되는 시점이다. 이 기간을 전후하여 대량의 화공(華工)7이 출현함으로써 중국인의 해외이주가 절정에 달하였고, 현대 화교 사회의 주류를 이루는 근대 화교 디아스포라의 형성이 본격화되었다.

〈그림 4〉 출국을 위해 승선을 기다리는 화공들

---

7 19세기 이후 자유의지 또는 계약 매매의 형태로 팔려 출국하거나, 납치, 유괴의 방식으로 강제 출국하여 해외에서 육체노동에 종사했던 중국인 노동자를 포괄적으로 지칭하는 고유명사로 오늘날 해외 화교의 대부분은 그들의 후예라고 할 수 있다. 이들을 일컫는 명칭으로 쿨리, 또는 돼지새끼(猪仔)라는 표현이 있으나 전자는 중국과 인도의 저가 하층노동자를 특정하여 부르는 명칭이고, 후자는 화공을 비하하여 부르는 광동 일대의 방언으로 이 책에서는 특별한 경우를 제외하고는 화공(華工)이라는 용어를 사용하기로 한다.

당시 중국의 내부 상황은 매우 열악하였다. 내전은 계속되고 있었고, 홍수와 가뭄 등 자연재해도 끊이지 않았으며, 정치는 혼란스러웠고, 경제는 붕괴될 위기에 처해 있었을 뿐만 아니라 민초들의 생활은 극히 곤궁하였다.

중국의 동남연해안 지방은 매 시기 줄곧 해외이민의 중심지였다. 일찍이 청대 전기에 이 지역은 이미 최대의 인구밀집 지역이었고, 이로 인한 경지면적의 감소와 식량난이 심각해지면서 복건(福建) 남부, 광동(廣東) 동부를 중심으로 많은 사람들이 도처로 이주하였다. 청대 후기에 이르러 광주(廣州), 조경(肇慶) 일대도 대량의 이주민으로 인해 이미 인구밀집지역이 되었다. 그러나 과거의 주요 인구 수용지였던 대만(臺灣), 절강(浙江) 남부, 강서(江西), 광서(廣西)는 이미 더 이상 새로운 인구를 받아들일 수 없게 되었다. 이들 중 일부 지방은 인구과밀로 사회적 혼란과 생태파괴가 빈번해지기도 했다. 19세기 중엽부터 장강(長江), 황하(黃河) 양대 강 유역의 인구는 전쟁과 북방으로의 이민 등으로 그 밀집현상이 완화될 수 있었으나 동남연해안 일대는 바다를 건너 떠나는 길밖에 없었다. 동남연해안지역의 이민이 모종의 송출요인의 작용 하에서 이루어진 것이었다면 그 주요 요인은 바로 이 지역의 고질적인 인구밀집현상이었다고 할 수 있다.

한편 이 시기 세계 곳곳은 식민지 투자가 확대되고 자원 약탈이 심화되고 있던 시기였다. 식민지 종주국들은 동남아에서의 광산 개발과 고무농장의 확대, 미주 및 호주에서의 금광 발견, 미국 중앙 태평양 철로와 러시아 시베리아 철로의 구축 등으로 인해 원활한 노동력의 수급을 절실히 필요로 하였다. 그들은 서구(西歐) 각국이 흑인노예무역을 금지하면서 노동력 확보가 어려워지자 인구과잉 현상을 나타내고 있던 중국으로 눈을 돌렸고 소위 계약이민이라 불리는 새로운 형태의 노예무역인 쿨리무역을 본격화하였다. 이 시기 해외로 이주한 인구 규모는 백만 명에 달했으며, 이로 인해 제2차 세계대전 이전의 화교 인구가 천만 명까지 육박하게 되었다. 더불어 화교들의 활동 범위 또한 아시아로부터 아메리카, 오세아니아, 유럽, 아프리카로 확대되었다. 오늘날 전 세계에 분포되어 있는 화교 디아스포라는 대부분이 바로 이들 자신이거나 그 후예들이라고 할 수 있으며 이들은 중국사회가 격변기에 처할 때마다 적극적인 참여를 통해 정치, 경제, 문화 등 다방면에서 고루 활약함으로써 '혁명의 어머니'라는 칭호를 부여받기도 하였다.

1840년부터 1949년 사이에 해외로 이주한 중국인은 이전 시기에 비해 폭발적으로 증가했을 것이라고 본다. 그러나 당시의 이민자가 도대체 얼마나 되는지에 대해서는 정확한 통계가 없다. 다만 당시의 각종 문건, 서신, 출입국 관련 공문 등을 통해 추측해볼 수 있을 뿐이다. 진한생(陳翰笙, 『"猪仔" 出洋』)은 18세기에서 20세기 사이 해외로 실려나간 중국인 돼지새끼(猪仔) 수는 최소한 600~700만 이상일 것으로 보고 있다. 한편 주걸근(朱杰勤)은 19세기 중엽에서 20세기 중엽까지 해외 이주 쿨리의 수를 약 100만으로 추측한다. 이 둘은 당시 해외 이주 중국인 수 추정 통계의 최저치와 최대치를 반영하고 있다고 볼 수 있다. 진택헌(陳澤憲)은 국외 각지 당국에서 공표한 계약화공 입국자 수와 무역 관련 자료, 그리고 관련 연구 결과를 종합하여 1801년부터 1925년까지 중국인 이민자 수를 약 300만으로 추정하였다. 이 같은 통계는 상대적으로 타당성이 있다고 할 수 있다. 그러나 이 또한 약탈, 납치 등 통계가 어려운 이민의 경우가 반영되지 않았고, 해협식민지(Straits Settlement)[8] 등 일부 중요 자료가 누락되었다는 점에서 당시 이민의 전체 수치를 나타내는 것이라고 보기 어렵다. 해협식민지 정부에 따르면 1881년부터 1930년 사이 싱가포르를 포함한 해협식민지의 중국인 이민자 수가 830여만 명에 달하며, 싱가포르를 경유하여 기타 지역으로 실려 간 쿨리가 500여만 명 이상이다.[9] 더군다나 이 통계마저도 그 전후의 이민자 수를 포함하지 않은 것이다. 진택헌을 포함한 여러 연구자들의 조사 결과를 바탕으로 볼 때, 1840년부터 1880년까지 최소 150만에서 200만 명이, 1930년부터 1949년 사이에는 약 300만 이상이 해외로 이주한 것으로 추정된다. 이를 종합해보면 1840년부터 1949년까지 세 번째 이민 단계 동안 해외로 이주한 화교 디아

---

8 싱가포르, 페낭, 말라카 세 지역을 포함하며, 중국인들은 이를 三州府라고도 부른다.
9 華金山 編, 『福建華僑史話』, p. 146.

스포라의 총수는 약 1,500만 명 정도였을 것으로 추정된다.

네 번째 시기는 1949년 중화인민공화국 수립 이후 현재까지 약 60년이 넘는 기간으로, 이 시기는 거주국에서의 화교의 사회정치적 지위가 변화되어 현지 민족 중의 하나로 성장한 시기이다. 중화인민공화국 수립 이후 약 30여 년 동안은 사회주의체제라는 내적 요인과 새로 독립한 동남아 각국이 화교의 입국을 제한하는 외적 요인이 맞물려 중국인의 대규모 이주가 기본적으로 중단되었다. 비록 한 세대에 걸쳐 새로운 이주민이 충원되지 않았지만, 기존 화교 인구의 자연증가를 통해 화교 인구는 지속적으로 증가하였으며 동서양 간 경제발전의 차이와 미국, 캐나다, 호주 등 국가의 국가이민정책(國家移民政策)의 조정으로 여전히 적지 않은 중국인이 친인단체 또는 유학 등의 방법을 통해 해외로 이주하였다.

3) 화교 디아스포라 개관

각 국가 별 인구센서스 결과를 바탕으로 한 통계에 의하면 2011년 현재 해외에 살고 있는 화교의 총수는 약 4,600만 명 정도로 추산된다. 이밖에 홍콩, 마카오의 약 650만, 대만의 약 2,100만 등 약 2,750만 명을 포함하면 중국대륙 이외의 지역에서 생활하고 있는 전체 화교 인구는 약 7,400만 명에 이른다.

〈표 1〉 대륙/국가 별 화교 인구 수 및 인구 총계

대륙/국가	화교 인구 수	대륙/국가	화교 인구 수
Africa	1,653,500	Europe	2,862,000
Ghana	6,000 - 20,000	Russia	998,000
South Africa	350,000	France	700,000
Egypt	100,000	United Kingdom	500,000
Zambia	80,000	Italy	209,000

대륙/국가	화교 인구 수	대륙/국가	화교 인구 수
Angola	50,000~70,000	Spain	145,000
Madagascar	60,000	Netherlands	76,960
Nigeria	50,000	Germany	76,000
Ethiopia	45,000	Austria	30,000
Mauritius	38,500	Hungary	2~30,000
Algeria	35,000	Serbia	20,000
Réunion	25,000	Ireland	16,533
Mozambique	12,000	Sweden	14,134
Kenya	10,000	Denmark	10,247
Tanzania	10,000	Bulgaria	10,000
Botswana	6,000	Portugal	9,689
Namibia	3,000~4,000	Finland	8,257
Cameroon	2,000	Czech Republic	4,986
Senegal	2,000	Romania	2,249
Seychelles	1,000	Turkey	1,000
Asia	33,420,909	Americas	7,125,540+
Indonesia	8,800,000	United States	3,800,000
Thailand	8,000,000	Canada	1,300,000
Malaysia	6,960,900	Peru	1,300,000
Singapore	2,808,300	Brazil	151,649
Myanmar	1,620,000	Panama	135,000
Philippines	1,150,000	Cuba	114,240
Vietnam	1,000,000	Jamaica	70,000
Cambodia	700,000	Argentina	60,000
South Korea	696,861	Costa Rica	45,000
Japan	655,377	Suriname	40,000
Kazakhstan	300,000	Mexico	23,000
India	189,470	Dominican Republic	15,000

대륙/국가	화교 인구 수	대륙/국가	화교 인구 수
Laos	185,765	Nicaragua	12,000
United Arab Emirates	180,000	Chile	10,000
Brunei	43,000	Trinidad &Tobago	3,800
Israel	23,000	Guyana	2,722
North Korea	10,000	Belize	1,716
Pakistan	10,000	Puerto Rico	—
Sri Lanka	3,500	Haiti	230
Iran	3,000	Oceania	905,000+
Kyrgyzstan	1,813	Australia	866,200
Mongolia	1,323	New Zealand	147,570
		Fiji	34,712
		Samoa	30,000
		Papua New Guinea	20,000
		Tonga	3,000
		Palau	1,030
화교 인구 총계		45,960,000	

출처 : 위키페디아(http://en.wikipedia.org/wiki/Overseas_Chinese) / 검색일 : 2012.06.30

　　화교 디아스포라가 가장 많이 분포되어 있는 지역은 아시아로 전체의 약 80% 이상을 차지하며 최근에는 그 수가 점차 늘어나고 있는 추세이다. 화교 인구의 국가 별 분포는 인도네시아, 타이, 말레이시아, 싱가포르, 미국, 필리핀, 베트남, 미얀마 등의 순으로 다수를 차지한다. 거주국 전체 인구 중 화교의 비율은 싱가포르가 76%로 최다이며, 다음으로 말레이시아 30.5%, 이 외에 10% 이상을 점하고 있는 나라들은 브루나이(23%), 타히티(20%), 사이판(12%), 타이(11%) 등의 순이다.

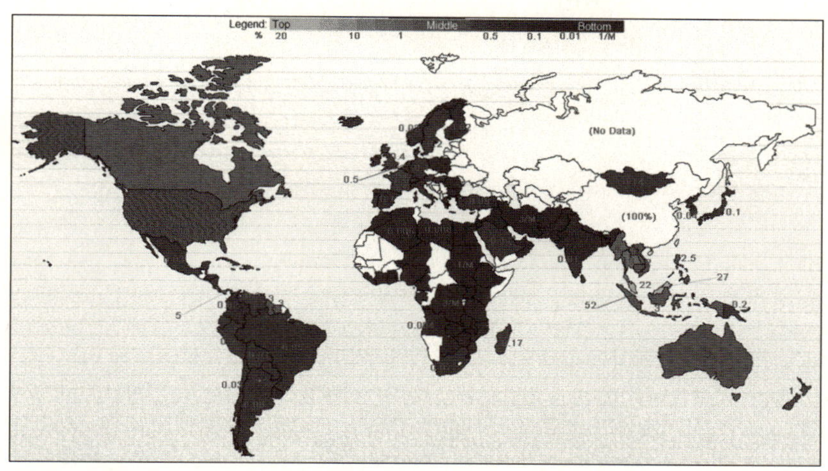

〈그림 5〉 거주국 전체 인구 중 화교의 비율

이상 화교의 역사에 대한 개괄을 통해 화교 이주의 특징을 다음 세 가지로 요약할 수 있다. 첫째는 출신지의 집중으로 전체 화교 중 광동 출신이 약 60%, 복건 출신이 약 30%로 대다수를 차지하고 있다. 둘째는 현재 전 세계에 분포되어 있는 전체 화교의 90%가 세 번째 시기인 19세기 중반 아편전쟁 이후부터 중화인민공화국 수립까지의 기간 동안 출국한 화교이거나 그 후예들이라는 것이다. 셋째는 화교의 거주 지역이 세계 약 140여 개 국에 이를 만큼 광범위하지만 그 중 약 80%가 동남아에 분포하고 있는 것을 포함하여 일부 지역에 집중되어 있다는 것이다. 이는 대다수 화교의 이주가 자발적인 자유의지가 아닌 식민지 개발의 필요에 의한 타율적, 강제적 이주였음을 반증한다. 이 같은 화교의 이주 특징을 비교적 전면적으로 반영하고 있는 것이 다름 아닌 화공의 계약이민에 기원을 둔 근대 화교 디아스포라라고 할 수 있다.

III

화교 디아스포라의 이주루트

본 장에서는 근대 화교 디아스포라가 어디에서 출발하여 어디로 이동해 갔는지 그 이주루트를 분류하여 지도화 하고, 이 길들을 통해 이루어진 화교 디아스포라의 이주와 정착 과정을 살펴보고자 한다. 이를 위해서는 먼저 화교 디아스포라의 이주루트를 각각의 특징에 따라 분류할 필요가 있다. 그렇다면, 화교 디아스포라의 이주루트를 무엇을 기준으로 분류할 것인가? 화교 디아스포라의 경우 각각의 이주루트를 분류하는 적절한 기준을 정하는 것은 매우 복잡한 문제이다.

앞에서 언급하였듯이 역사의 3요소는 시간, 공간, 인간이다. 곧 역사란 시간과 공간 속에서 살아가는 인간의 이야기이다. 따라서 디아스포라의 이주역사 또한 이 세 가지 요소와 분리될 수 없는 것이며, 이러한 견지에서 디아스포라의 이주루트를 분류하는 기준도 인간과 시·공간이라는 세 가지 요소를 고려할 수밖에 없다.

구체적으로, 먼저 인간이라는 요소를 기준으로 하는 이주루트는 해외 한인의 경우를 예로 들면, 조선족 이주루트, 고려인 이주루트, 재일한인 이주루트 등으로 분류할 수 있다. 그러나 화교의 경우 이처럼 이주지역, 이주시기, 이주성격 등의 공통적인 특징을 가지는 집단 구분이 없어 이 같은 분류방식을 적용하기 어렵다. 이밖에 이주요인이나 디아스포라 유형을 기준으로 식민지개척이주루트, 강제이주루트, 노동이주루트, 통상이주루트 등으로 지칭할 수 있는 분류방법이 있다. 하지만 화교 디아스포라는 일부 통상이주로 분류될 수 있는 동북아지역의 경우를 제외하고는 대부분이 식민지이주, 강제이주, 노동이주라는 중층적 이주 유형에 공통적으로 속하고 있어 이러한 분류 기준으로는 각 이주루트의 특징을 반영하는 데 한계가 있다.

다음으로 이주시기(시간적 요소)를 기준으로 하는 이주루트는 일반적인 시기 구분법을 적용하여 전근대 이주루트, 근대 이주루트, 현대 이주루트 등으로 분류할 수 있다. 그러나 머리말에서 이미 밝혔듯이 화교 디아스포라 이주의 시간적 범위를 근대 시기로 제한하기로 하였으므로 이러한 시간적 요소를 고려한 분류는 사실상 그다지 의미가 없다. 또 설령 시간적 분류가 가능하더라도, 각 시기 내부의 이주 성격 및 루트 별 특징을 구분, 반영하기가 거의 불가능하다.

끝으로 공간적 요소를 기준으로 하는 이주루트는 주로 송출지[1]와 수용지 또는 지리적 조건을 고려한 이동방식을 중심으로 사읍(四邑)[2] 루트, 산두(汕頭)루트, 하문(厦門)루트, (이상 송출지를 기준하는 루트) 한반도 이주루트, 말레이반도 이주루트, 남아프리카 이주루트, (이상 수용지를 기준으로 하는 루트), 월강 루트, 반도 루트(이상 지리적 조건을 고려한 이주방식을 기준으로 하는 루트) 등으로 분류할 수 있다.

이주루트라는 용어는 본질적으로 공간적 개념을 내포하고 있다. 그러므로 공간적 요소를 기준으로 한 분류는 다른 요소의 기준에 비해 상대적으로 합리적이라고 할 수 있다. 그러나 "바닷물 닿는 곳에 화교가 있다", "한그루 야자나무 밑에 세 명의 화교가 있다", "연기 나는 곳에 화교가 있다"는 속담에서 보듯 화교 디아스포라 이주는 주로 동남연해안 지역의 주요 송출지로부터 거의 전 지구적 범위에 걸쳐 매우 폭넓고 다발적으로 이루어졌으며 그 분포지역 또한 대단히 광범위하다.

따라서 공간적 요소를 고려한 이주루트의 분류는 비교적 복잡한 문제로 몇 가지 관련 사항에 대한 사전 검토를 필요로 한다. 즉 송출지를 중심으로 분류할 것인지, 수용지를 중심으로 분류할 것인지, 송출지와 수용지를 연결

---

1   해외 이민을 떠났던 사람들은 주로 廣東과 福建 두 성 출신이었다. 廣東의 이민이 총수의 60%를 차지하였으며, 福建이 약 30% 전후였다. 廣東省의 송출지는 주로 珠江 삼각주와 潭江 유역에 있는 현재의 廣州, 番禺, 順德, 中山, 東莞, 開平, 台山, 新會, 恩平 등의 市, 縣 출신이었으며, 潮汕 平原 지역의 汕頭, 澄海, 普寧 등과 興梅客家地區의 興寧, 梅縣, 大埔, 豊順 등과 海南島에 집중되었다. 福建省은 지금의 泉州, 福州, 漳州, 龍嚴과 厦門 지역에서 주로 이민을 떠났다.(朱國宏,「中國人口的國際遷移的歷史考察」,『歷史研究』1989年, 第6期) 이외에 산동 혹은 동북3성(省)에서 조선으로 가거나 시베리아를 거쳐 유럽, 소련으로 가는 이민이 있었는데 숫자는 그리 많지 않았다. (李長傅,『中國植民史』, 商務印書館, 1937年, p. 284) 한편 화교의 해외 이주는 주로 아편전쟁 이후 개방된 이른바 5대 통상 항구를 통하여 이루어졌다. 따라서 이들 5대 통상항구를 송출지에 포함시키기도 한다.

2   광동성 강문(江門) 시 관할 행정구역인 신회(新會), 태산(台山), 개평(開平), 은평(恩平) 등 4개 지역을 가리키며 화교 디아스포라의 대표적인 송출지 중 하나이다.

하는 루트로 분류할 것인지, 지리적 조건에 따른 이동방식에 근거하여 분류할 것인지 등의 문제가 고려되어야 한다.

먼저 이동방식에 근거한 분류는 화교 디아스포라의 해외이주가 동북아 지역 등 극히 일부를 제외하고는 대부분 배를 이용하여 바다를 건너는 방식으로 이루어졌다는 점에서 한계가 있다. 또한 이주루트에 대한 사전 조사 결과에 따르면 대표적인 송출지와 수용지를 잇는 루트가 수만 개에 달할 뿐만 아니라, 이들의 이주 및 정착 과정도 상당부분 유사하여 각 루트의 이주 상황들이 대부분 중복된다는 점에서 송출지와 수용지를 연결하는 루트의 구분은 사실상 의미가 없다.

그렇다면 송출지와 수용지 중 무엇을 기준으로 해야 할 것인가? 이에 대해서는 두 가지 점을 참고할 필요가 있다. 하나는 이주루트를 통해 살펴보고자 하는 것이 이주 후의 정착 상황이나 재이주까지를 포함하고 있다는 점, 그리고 또 하나는 근대 화교 디아스포라의 이주는 자발적 이주보다는 제국주의 식민지 개발을 위한 강제 이주 또는 쿨리무역이라는 일종의 노예 무역의 방식을 위주로 하고 있다는 점이다.

이상과 같은 상황과 서술상의 편의를 함께 고려하여 근대 화교의 이주루트를 주로 수용지를 중심으로 동북아, 동남아, 아메리카, 유럽, 아프리카, 오세아니아 등 일반적인 지역 범주에 따라 구분하고자 한다.

근대 화교의 주요 출신지는 주로 광동(廣東), 복건(福建) 두 지역으로, 이 중 광동 출신이 전체의 약 60%, 복건 출신이 약 30% 정도를 차지하였다. 이 중 광동성의 주요 교향(僑鄉)[3]은 주강(珠江) 삼각주와 담강(潭江) 유역에 있는 현재의 광주(廣州), 번우(番禺), 순덕(順德), 중산(中山), 동완(東莞), 개평(開平), 대산(台山), 신회(新會), 은평(恩平) 등; 조산(潮汕) 평원 지역의 산두(汕頭), 징해(澄海), 보녕(普寧) 등; 그리고 흥매객가지구(興梅客家地區)의 흥녕(興寧), 매현(梅縣), 대포(大埔), 풍순(豊順) 등과 해남도(海南島) 등이다. 복건성은 지금의 천주(泉州), 복주

---

3   해외로 이주하여 화교가 된 사람들이 비교적 많은 성(省)급 이하의 지역.

(福州), 장주(漳州), 용엄(龍巖)과 하문(厦門) 지역이 대표적인 교향(僑鄕)이었다.[4]

화교의 이주는 대부분 서양의 양행(洋行)들이 운영하는 일종의 인력중개회사를 통해 이루어졌다. 인력중개회사는 필요한 인력의 수급을 위해 이미 해외에서 정착하여 살고 있던 이른바 구객(舊客)[5]들을 각자의 교향(僑鄕)에 대리인 자격으로 파견하였다. 이들 구객은 다시 현지 사정에 밝은 이른바 객두(客頭)[6]를 고용한 후 이들을 통해 유혹, 납치 등의 수단으로 새로운 인력 즉 신객(新客)을 모집하였다. 객두는 모집해온 신객들을 우선 객잔(客棧)[7]에 머물게 한 다음, 배표 구입, 취업 보증 등의 일정한 절차를 거쳐 수수료를 받고 양행에 넘겼다. 배표는 윤선공사의 위임을 받은 선두행(船頭行)에서 구입하는데, 선두행은 선박의 대리업자로서 윤선공사 혹은 그 대리점과 결탁하여 배표의 판매를 독점하였다. 이들은 배표를 직접 팔거나 객두나 객잔에 넘겨 신객에게 판매했다. 일부 자비 이민자는 선두행에서 직접 배표를 구입했지만 대부분의 가난한 신객들은 구객, 객두, 혹은 객잔을 통해 실제 가격보다 더 비싸게 구입했다.

양행들은 모집된 사람들에게 강제로 계약서를 받아낸 후 이들의 가슴에 목적지를 써넣고 배에 태워 해당 국가로 실어 날랐다.[8]

구객, 객두, 객잔, 선두행 등을 거쳐 승선한 신객들은 주로 아편전쟁 이후 개항된 5개 통상 항구를 통해 출국하였는데, 일반적으로 근거리 원칙에 따라 조주(潮州)와 가응(嘉應) 출신은 산두(汕頭)에서, 장주(漳州), 천주(泉州), 복주(福州) 출신은 하문(夏門)에서, 광주(廣州), 혜주(惠州) 출신은 마카오와 홍콩을 거쳐 해외로 이동하였다.[9]

---

4 朱國宏, 「中國人口的國際遷移的歷史考察」, 『歷史研究』, 1989年, 第6期.

5 이민지에서 사업을 경영하면서 간혹 출신 고향을 오가며 노동자를 모집하는 사람들을 가리킨다.

6 전문적으로 이민자를 모집하는 사람으로서 여비가 없는 사람에게 비용을 대주기도 하고 이민자들에게 우편물을 전달하거나 환전을 대신해주는 업무를 겸하기도 한다.

7 신객을 위해 배표를 구입하거나 기타 수속을 대행하는 곳으로, 당시는 여관으로서 역할보다 이민 거간꾼으로서의 역할을 주로 하는 곳이었다.

8 陳翰笙, 『華工出國史料』第4輯, p. 6~7.

9 朱杰勤, 「十九世紀中葉在印度尼西亞的契約華工」, 『東南亞硏究』, 1961年 第2期, p. 56.

신객이라 불리는 계약화공이 주류를 이루는 근대 화교 디아스포라의 이주는 동남아시아지역에 전체의 약 65%가 집중되었고, 아메리카지역에 약 30%, 기타 오스트레일리아, 아프리카, 유럽, 동북아시아, 남아시아 등 지역에 나머지 약 15%가 분산되었다.

1. 동북아 이주루트

중국인의 본격적인 동북아 이주는 19세기 말 청(淸)-조선 간『상민수륙무역장정(商民水陸貿易章程)』과『한중통상조약(韓中通商條約)』, 청(淸)-일본 간『중일수호조규(中日修好條規)』등 통상 관련 조약의 체결 이후부터 시작되었다. 이 시기 동북아지역에서의 중국인의 해외이주는 주로 산동반도에서 인천, 신의주를 통해 한반도로 진입하는 한반도루트와 광동, 복건 등지에서 오키나와(沖繩)를 경유하여 고베(神戶), 요코하마(橫濱), 나가사키(長崎) 등으로 향하는 일본루트를 통해 이루어졌다.

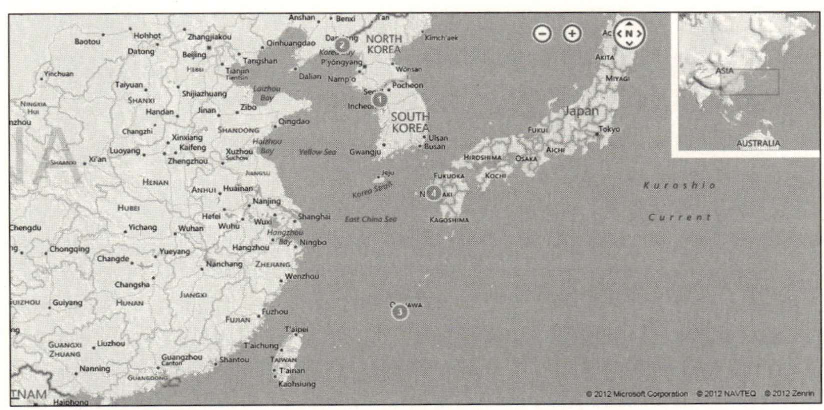

〈그림 6〉 동북아 지역 화교의 주요 이주 통로
① 인천, ② 신의주, ③ 오키나와, ④ 나가사키

1) 한반도 루트

법무부 「출입국, 외국인정책본부」(http://www.immigration.go.kr)의 2012년 5월 통계자료 「체류외국인 국적별 현황」에 따르면 현재 국내에 체류 중인 중국인은 총 696,975명[10]으로, 이들은 대부분 1992년 한·중 수교 이후 약 20년에 걸쳐 '대한민국'으로 이주해 온 이른바 '신화교(新華僑)'라고 할 수 있다. 이 외에 중국 국적이 아닌 '대만(중화민국)' 국적으로 집계된 인구가 27,443명으로 따로 분류되어 있는데, 이들이 바로 근대 시기 '한반도'로 이주해 온 이른바 '구화교(舊華僑)'이다.[11] 여기서 우리가 중점적으로 살펴보려고 하는 이른바 '한반도 이주루트'는 바로 이들 구화교의 이주경로이다.

중국인의 한반도 이민은 일찍이 진한(秦漢) 시기 때부터 그 흔적을 찾아볼 수 있다.[12] 하지만, 이른바 '중화민족'라는 집단적 자의식을 가진 화교의 이주는 1882년 6월 임오군란(壬午軍亂)을 계기로 조선에 파견된 청국군인 3천 명과 군수품 보급을 위해 동반한 군역상인(軍役商人) 40여 명의 입국으로부터 시작되었으며, 같은 해 8월 조선과 청국 간에 체결된 『조청상민수륙무역장정(朝淸商民水陸貿易章程)』을 통해 본격화되었다.[13]

중국 근대사의 기록에 따르면 청(淸) 태종(太宗) 숭덕년(崇德年)에 조선은 청국과의 경제교류를 위해 조청(朝淸) 변경지역인 신의주, 회령, 경원 등지에서

---

10 이는 중국에서 이른바 '조선족'이라 지칭되는 한국계 중국인 471,257명을 포함한 숫자로, 순수한 중국인은 225,718명이다.

11 현재 한국에 거주하고 있는 화교는 크게 두 집단으로 나눌 수 있다. 하나는 19세기 말부터 한국으로 이주하여 지금까지 한국에 정착하고 있는 중화민국 국적의 '구화교'이고, 다른 하나는 1992년 한·중 수교 이후 새로운 이민물결을 따라 한국으로 이주한 중화인민공화국 국적의 '신화교'이다. 여기서는 이 중 '구화교'만을 논의의 대상으로 한다. 그 이유는 첫째 19세기 후반 이주한 화교는 현재의 '한국'에 국한되지 않고 한반도 전역으로 이주하였으므로 1992년 한중수교 이후의 신화교와 구분되어야 하기 때문이고, 둘째 구화교가 상업형 이민에 해당하는 '디아스포라'적 특성을 가지고 있다고 보기 때문이다.

12 BC11세기 은(殷) 말의 기자(箕子)로부터 중국인이 한반도 이주가 시작되었으며 이후 위만조선(衛滿朝鮮), 한사군(漢四郡) 설치 등을 통해 계속되었다.(楊昭全, 孫玉梅, 『朝鮮華僑史』, 中國華僑出版公司, 1991)

13 최승현, 『韓國華僑史硏究』, 香港社會科學出版社有限公司, 2003년, pp.3~17.

매년 1~2회의 물물교환 형식의 교역을 진행하는 『북도개시제(北道開市制)』를 실시하였다. 1881년 1월, 조선은 러시아의 남하와 일본의 침입을 저지하기 위해 청국에 『북도개시제』를 폐지하고, 별도의 통상조약을 맺을 것을 제안하였고, 임오군란을 계기로 1882년 8월 『조청상민수륙무역장정』이 정식 체결되었다. 장정의 체결로 청국은 인천 개항장에 조계(租界)를 설정하고 가옥 임대와 토지 소유의 권리를 가지게 되었으며, 경성(京城, 서울)을 비롯한 내륙 지방에서 합법적인 상업 활동을 보장 받을 수 있었다.

이로부터 화교의 수가 급격히 증가하기 시작하여 1883년 209명이던 화교 인구가 1908년 9,978명으로 약 25년간에 걸쳐 50배 가까이 증가하였다. 이후 한일합방 직전인 1909년 6,568명으로 다소 감소하였다가 1910년 곧바로 11,818명으로 회복되었고 계속적으로 꾸준한 증가세를 보여 1931년 만보산사건(萬寶山事件)[14]을 기화로 격심한 배화풍조(排華風潮)로 인한 대규모 귀국사태가 나타나기 전인 1930년에는 67,794명까지 늘어나 1910년에서 1930년까지 20년 동안 5.8배가 증가하였다. 그 후로도 한반도의 화교인구는 광복 직전인 1942년 82,661명에 달했다.[15] 그러나 근대시기 이래 계속되던 중국인의 한반도 이주는 1948년 대한민국 정부수립과 함께 공식적으로는 중단 상태에 놓이게 되었다. 이 기간 동안 중국인들의 한반도 이주의 특징은 새로운 경제적 활로를 찾기 위한 경제이민이었다. 이들은 조선 개항 후 대부분 인천에서 상업과 농업에 종사하였고, 이외에 공업에 종사하거나 광산노동자로 일하는 쿨리 등도 포함되어 있다.

한편 인천은 화교의 한반도 진출입에서 주요 통로였던 만큼 유동인구가 상당히 많았다. 예를 들어, 1927년 5월 12일자 『동아일보』에는 경기도 보

---

14 1931년 중국 길림성(吉林省) 만보산 지역의 관개수로 공사를 둘러싸고 한·중 두 나라 농민 사이에 일어난 분쟁으로 한국인이 중국인에게 피해를 받았다는 한국 신문의 보도에 한국 국민이 격노하여 전국의 화교를 공격하였다. 후에 이 사건이 두 종족 사이의 갈등을 조성하기 위한 일본의 간계였음이 드러나자 한국과 중국 양 측 지도자의 주선으로 곧 해결되었다.

15 박정동, 「한국화교(인천화교)의 경제활동 및 사회적 지위에 관한 연구」, 인천발전연구원, 2005년, pp. 17~22.

안과가 인천으로 들어온 중국 노동자 수를 집계한 결과 4월 중에만 5,825명
이 들어왔으며 누계로는 2만을 넘을 것으로 예상하였다는 기사가 실려 있
다.[16] 1927년 인천화교가 2,077명이었다는 것을 감안하면 10배 가까운 중
국인이 당시 이 지역에 머물거나 이곳을 거쳐 이동하고 있었던 것이다. 인
천지역은 화교이주네트워크의 주요 결절점(結節點)으로 늘 이와 같은 유동인
구를 내포하고 있었다고 할 수 있다. 1931년 중국 총영사관은 산동(山東)의
연대(烟臺), 위해(威海)에서 해로로 인천에 도착한 후 다시 경성까지 이동하는
중국인의 상황을 보고하고 있는데, 그에 따르면 연대, 위해에서 인천까지는
여권 없이도 하루밤낮이면 도달할 수 있었다. 1934년 조선총독부 경무국(警
務局)은 산동성 지부(芝罘), 위해, 청도, 요녕성 요동반도의 대련 등으로부터
매달 10회 인천으로 입항하는 공동환(共同丸), 이통환(利通丸), 회녕환(會寧丸),
경안환(慶安丸) 등의 선박을 이용하여 평균 1,000~2,000명이 건너온다고 보
고하고 있다. 인천뿐만 아니라 진남포(鎭南浦)를[17] 통해서 입경(入境)하는 이
들도 많았다. 이러한 이주양상은 당시 한반도로 진입하는 화교의 보편적인
이주루트를 보여주고 있다.

또한 당시 한반도 북부의 국경지역에도 양쪽을 자유롭게 오가는 중국인
이 급속히 증가하고 있었다. 1930년 신의주(新義州) 영사관 공보는 그 관할구
역인 평안북도와 중국 요령성 사이에 신의주, 안동 간 철교 외에도 여름에
는 배, 겨울에는 얼음을 통해 어디서든 여권 없이도 자유롭게 왕래할 수 있
어 파악되지 않는 인구이동이 수시로 이루어지고 있다는 사실을 기록하고
있다.[18]

---

16 「四月中에만五千八百여명-중국란리가원인. 仁川으로 온 中人勞働者」, 『東亞日報』,
  1927년 5월 12일. 이 부분을 비롯하여 화교의 한반도 이주와 관련된 내용들은 김승욱 「20
  세기 초(1910~1931) 인천화교의 이주 네트워크와 사회적 공간」(『중국근현대사학회』,
  2010년, pp. 21~48)의 내용을 참고하거나 옮겨 인용한 것이다.
17 일제 강점기 때의 평안남도 남포를 가리킨다.
18 「新義州華僑之工商事業及經濟狀況人數之增減」, 『外交部公報』(中國第二歷史檔
  案館 編, 『南京國民政府 外交部公報』, 江蘇古籍出版社, 1990) 第2卷 第8號, 1930
  년 8월, pp. 70~71.

근대 시기 한반도로 이주한 화교의 대부분은 산동성(山東省) 출신으로 약 90%를 차지한다. 그 외에 하북성(河北省) 출신이 약 3%이고, 동북지역 출신이 약 2%이다. 해외 화교의 주류를 형성하는 광동성(廣東省) 출신은 1%에도 미치지 못하며, 그 외 호북(湖北), 산서(山西), 절강(浙江), 사천(四川) 지역 출신이 나머지를 차지하고 있다.[19]

산동화교의 한반도 이주는 기본적으로 양 지역의 송출요인과 수용요인의 작용으로 빚어진 결과다. 산동성은 높은 인구밀도와 소농경제의 몰락, 제2차 봉직전쟁(奉直戰爭)과[20] 이후의 계속되는 전란, 봉천(奉川)계 군벌 군무독판(軍務督辦) 장종창(張宗昌)에 의한 무거운 세금, 1920년대 중반 이래 은화(銀貨) 폭락과 물가상승 등의 사회경제적 송출요인을 가지고 있었으며 수한(水旱), 황해(蝗害) 등 자연재해가 거듭되고 있었다. 더불어 일본제국주의의 산미증산계획(産米增殖計劃)에 의한 수리공사, 철도, 도로 등 각종 대형건축 및 정비 사업에서의 노동력 수요 등이 수용요인으로 작용하였다. 이러한 송출요인과 수용요인의 상호작용, 그리고 약 400Km 밖에 되지 않는 지리적 근접성으로 인하여 산동인구의 대규모 한반도 이주가 이루어졌다.

그런데 여기서 주목해야 할 점은 양자가 어떻게 연결되었는가 하는 것이다. 이는 다름 아닌 이동의 질적 변화와 이동루트의 다변화를 가져다준 기선(汽船), 철도 등 새로운 운송수단의 발달이었다. 제2차 아편전쟁 이후 1860년 천진(天津), 1861년 영구(營口), 연대(烟臺)가 차례로 개항되면서 기선항로가 개설되었고 동북, 화북지역에는 철도가 부설되었다. 이는 이 지역과 한반도를 이어주는 연결고리로 이곳 주민들을 다른 지역으로 데려다 주는 중요한 이주수단이 되었다.

당시 화교들은 기선, 철도 등 운송수단을 복합적으로 활용하여 해역뿐만

---

19 박현옥 · 박정동, 「한국화교(인천화교)의 경제활동 및 사회적 지위에 관한 연구」, 『IDI연구보고서』, 인천발전연구원, 2003년, p. 23.

20 정권의 패권을 놓고 중국 군벌(軍閥) 사이에서 벌어진 전쟁으로 일본의 지원을 받는 장작림(張作霖)의 봉천파(奉天派)와 영국, 미국의 지지를 받는 직례파(直隸派) 사이에서 1922년과 1924년 두 번에 걸쳐 일어났다.

아니라 산동, 요동반도 등의 반도 공간, 그리고 압록강, 두만강을 연한 육지 국경지대를 포괄하는 다양한 루트를 통해 한반도로 진입하였다. 특히 국경 지대를 통한 이주는 단순한 이주루트로 표현하기 어려운 양상을 띠고 있었다. 아래 그림은 산동, 요동반도 및 동북지방에서 한반도로 이어지는 주요 이주루트를 지도 위에 표시한 것이다.

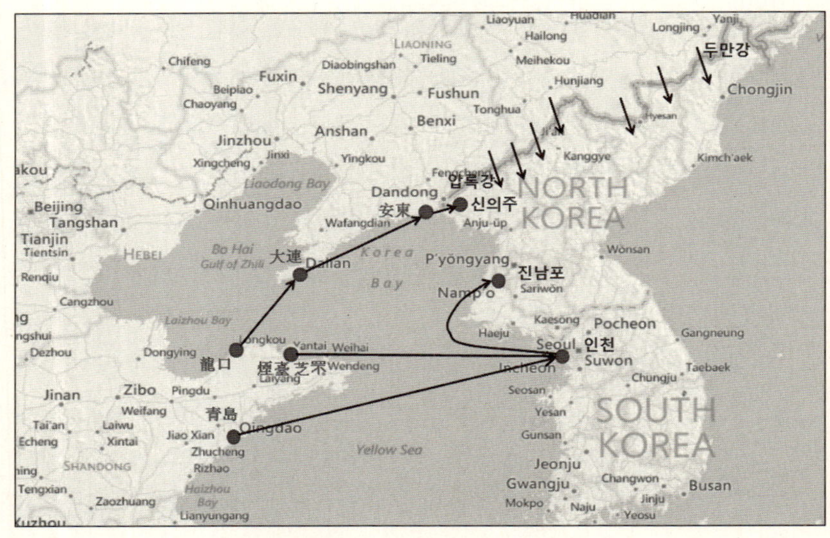

〈그림 7〉 산동화교의 한반도 이주루트

위 그림에서 알 수 있는 바와 같이, 주로 산동에서 출발하는 화교들의 한반도로의 이동은 크게 연대-인천-진남포, 청도(青島)-인천-진남포, 용구(龍口)-대련(大連)-안동(安東)-신의주, 그리고 중국 동북지방에서 압록강, 두만강을 건너는 노선 등 크게 4가지 루트를 이용하였다. 이들 각 이주루트를 네트워크 이론의 노드(Node) 모형을 활용하여 도식화하면 다음과 같다.

① 연대(烟台)-인천, 진남포 노선

연대 북쪽 지부(芝罘)의 '연대항'에서 기선을 타고 해로를 따라 인천, 진남
포로 진입하는 노선이다.

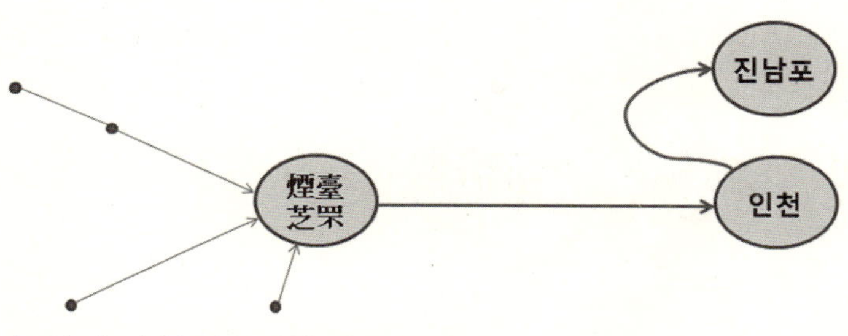

〈그림 8〉 연대(烟台)-인천, 진남포노선

② 청도(靑島)-인천, 진남포 노선

산동 내륙 각 지역에서 교제철도(膠濟鐵道)[21]를 이용하여 육로로 청도(靑島)
에 도착한 뒤, 청도에서 기선을 타고 해로를 따라 인천, 진남포로 이동하는
노선이다.

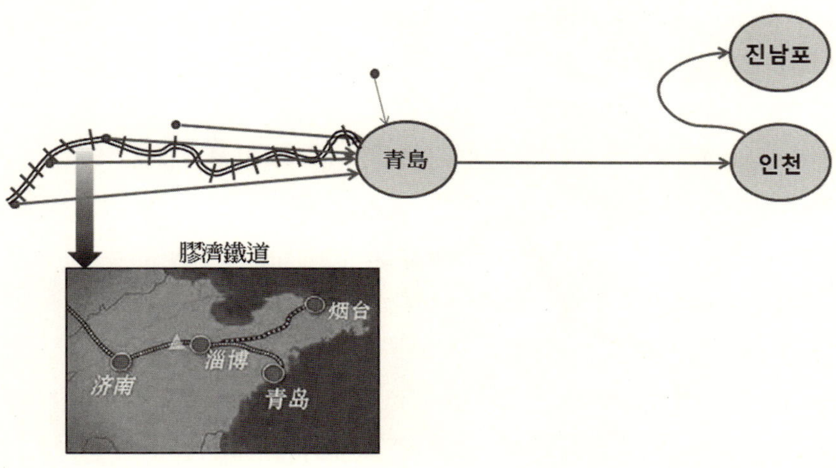

〈그림 9〉 청도(靑島)-인천, 진남포노선

---

21 산동성 해안과 내륙을 연결하는 주요 간선철도 중 하나로 1904년 개통되었다.

③ 용구(龍口)-신의주 노선

용구를 출발하여 육로, 해로를 따라 대련(大連), 안동(安東) 등으로 건너간 후, 다시 육로로 맞은편의 신의주로 진입하는 노선이다.

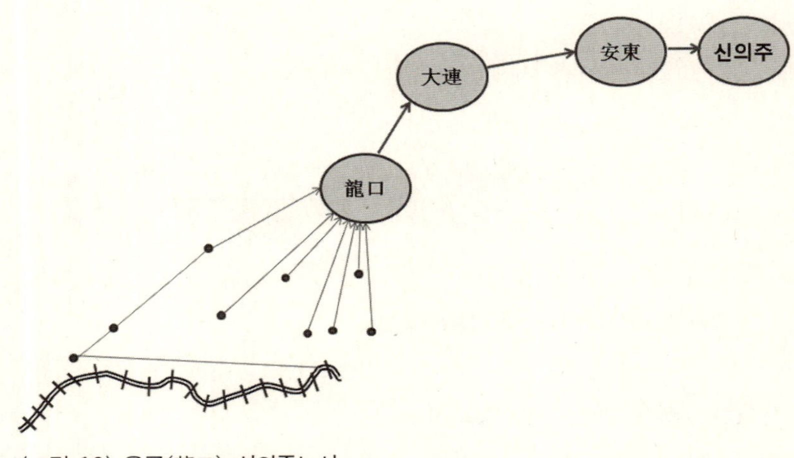

〈그림 10〉 용구(龍口)-신의주노선

④ 압록강, 두만강 월강 노선

산동반도에서 동북지역으로 이동한 이민자들이 압록강, 두만강을 건너 한반도로 진입하는 노선이다.

〈그림 11〉 압록강, 두만강월강노선

산동 화교가 한반도로 이주하는 노선은 앞서 살펴본 경우 이외에 중국 내 인구밀도가 낮은 남만주(南滿洲), 내몽고(內蒙古) 일부 지역 등 동북지역으로 먼저 이주하였다가 이후 다시 압록강, 두만강을 건너 한반도로 이주하는 경우가 있었다.

당시 중국은 청 정부의 이주 정책으로 인해 국내 이동인구가 크게 늘어나는 추세였다. 만주(滿洲) 삼성(三省)인 봉천성(奉天省), 길림성(吉林省), 흑룡성(黑龍省)의 경우, 1907년 1,700만 명 미만이었던 인구수가 10년 후인 1917년에 2,000만 명 이상으로 늘어나 약 26%의 증가율을 보였다. 또한 1929년 이전 과거 20년 동안 남만주에 정착한 한족(漢族)은 약 1,000만 명이었는데, 1929년 1년 동안 이주한 인구수만 100만 명에 가까웠다.

높은 인구밀도와 경지면적 축소로 인한 생활고, 거듭되는 자연재해로 인해 동북지역으로 대거 이주해갔던 산동인들은 동북지역의 인구 증가와 정치적, 사회적 혼란을 피해 초기 청국 정부의 지원으로 비교적 안정적인 화교사회가 정착된 한반도로 재이주의 길에 나서게 되었다. 즉 중국의 국내 이동 정책은 결국 만주로 이동한 화북(華北)지방 출신의 중국인들이 한반도로 재이주하게 하는 결과를 초래하였던 것이다.

한편 우선 가까운 항구나 국경 인접지역에 정착하였던 화교들은 거주 허용지역이 확대되고, 사회 경제적 조건이 변화됨에 따라 초기 거주 지역에서 점차 내륙으로 거주 범위를 확대해나가게 되었다. 인천, 진남포, 신의주 등 지역은 한반도로 진입하는 화교들의 이동루트 상에 위치한 가장 핵심적인 결절점이었다. 화교들은 이곳을 거쳐 다시 경성, 부산, 평양, 원산, 북청 등 한반도 각 지역으로 퍼져나갔다. 아래 그림은 인천을 거점으로 퍼져나간 한반도 화교의 대표적인 재이주루트를 지도로 나타낸 것이다.

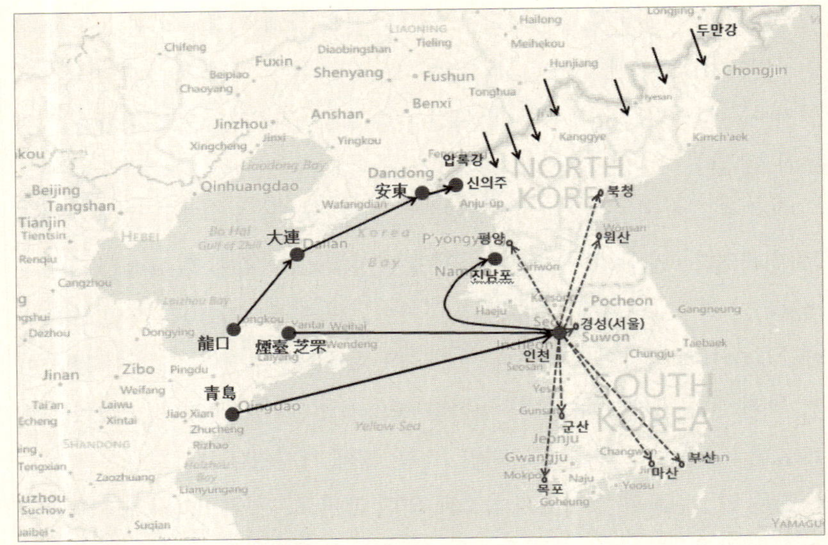

〈그림 12〉 한반도 화교의 재이주루트

→ : 1차 이주루트

⟶ : 재이주루트

2) 일본 루트

최근 일본에 체류하고 있는 중국인 인구 비율이 오랜 기간 일본 거주 외

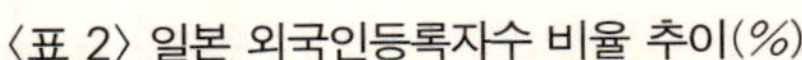

〈표 2〉 일본 외국인등록자수 비율 추이(%)

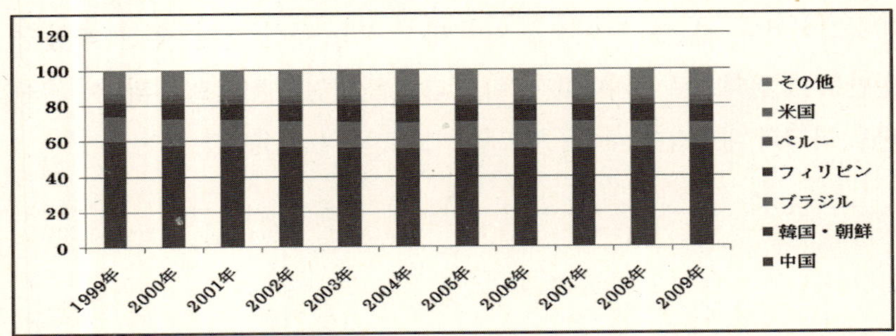

출처 : 일본 법무성 입국관리국 통계

국인의 최대 구성 부분이었던 한인(韓人, 한국인 + 조선인)의 수를 넘어섰다. 이는 개혁개방 이후 꾸준히 증가해온 중국인의 일본이주가 절정에 달하고 있음을 보여주는 것이며, 동북아 이민 지형의 새로운 판도를 보여주는 지표라고 할 수 있다.

일본 법무성 2011년 '등록외국인통계표'에 따르면 중국 국적 체류자 총수는 674,879명이며, 이들 중 본적지로 가장 많은 지역은 요녕성(105,127명)이었다. 다음으로는 흑룡강성을 비롯하여 복건성, 산동성, 길림성, 강소성 순으로 이어지며, 이 외에도 대만, 북경, 상해 출신 등이 일본으로 건너온 것으로 나타났다.

⟨표 3⟩ 본적지별 체류자수

본적지	체류자 수	본적지	체류자 수	본적지	체류자 수
요녕성	105,127	산동성	59,353	북경시	23,506
흑룡강성	77,753	길림성	56,909	상해시	56,843
복건성	64,028	강소성	41,066	대만	40,608

체류목적으로는 유학이 가장 많은 편이며, 다음으로는 영주자, 특별영주자[22], 일본인의 배우자, 영주자의 배우자, 정주자 등 순으로 다음 표와 같이 분포되었다.

⟨표 4⟩ 체류목적별 체류자수

체류목적	체류자 수	체류목적	체류자 수	체류목적	체류자 수
유학	127,435	특별 영주자	2,597	영주자의 배우자 등	8,078
영주자	184,216	일본인의 배우자 등	51,184	정주자	30,498

---

22 戰前부터 "계속 일본에 거주하고 있는", 과거에 일본 국민이었던 구 식민지 출신자로서 샌프란시스코 강화조약에 의해 일본 국적을 상실한 자 및 그 자녀(대상), 1991년 11월 1일에 시행된 '일본국과의 평화조약에 기초하여 일본 국적을 이탈한 자 등의 출입국관리에 관한 특례법'에 의해 정해진 재류(在留) 자격, 혹은 그 자격을 보유하는 자 혹은 1945년 9월 2일 이전부터 계속해서 일본에 거주하고 있는 한국, 조선인 및 중국인(대만출신자)과 그 자손(금후 태생할 자녀를 포함함)이 대상이 된다.

특히 특별영주자의 분포를 봤을 때, 가장 많은 곳이 효고현이었으며, 이하 도쿄도, 오사카부, 카나가와현, 사이타마현 순으로 나타났다.

〈표 5〉 특별영주자의 분포

거주지	체류자수(명)	거주지	체류자수(명)
효고현	858	카나가와현	234
도쿄도	557	사이타마현	96
오사카부	385		

중국인이 일본으로 이주한 역사의 기원을 진대(秦代)의 서복(徐福)[23]으로까지 소급하는 견해가 있으나, '중국'이라는 정체성을 간직한 근대 화교 디아스포라로서의 일본화교는 16세기에 기원을 두고 있다고 보는 것이 일반적인 견해이다. 16세기 말, 일본에서는 나가사키(長崎), 히라토(平戶) 등 항구를 통해 중국, 네덜란드, 포르투갈, 영국 등과의 통상이 이루어졌다. 특히 1571년 나가사키 개항 이후, 일본을 방문하는 외국상인의 수가 증가하여 나가사키 시민과 자유롭고 활발하게 교류할 수 있었다. 특히 중국인은 민족, 습관이 일본인과 가까워서 친근감을 느껴 환영받았고, 곳곳에서 잡거하거나 일본 여성과 통혼하여 영주하는 사람도 적지 않았다. 당시의 통계에 따르면 1689년 나가사키의 인구가 51,395명이었는데, 이 중 중국인의 수가 약 1만 명으로 5명 중 1명이 중국인이었다.

---

23 徐福은 문헌상으로 서복 또는 서불(徐市)이라는 이름으로 나타난다.('徐市'는 '서불'이라고 읽는다. 이하 서불) 서불은 기원전 255년 제(齊) 나라에서 태어서 진(秦) 나라의 방사(方士)로 일했다. 기원전 219년 진시황(秦始皇)에 불로초를 구하러 바다로 나가겠다고 상소를 올려 그로부터 기원전 210년까지 두 차례에 걸쳐 동해로 나간 것으로 알려져 있다. 기원전 210년 불로초를 구하기 위한 두 번째 원정을 위해 진황도(秦皇島)를 떠난 후 귀환하지 않았다. 진황도를 떠난 그의 행적은 지금의 한국을 거쳐, 일본까지 폭넓게 이어진다.(필자 주, 『위키백과』 참조)

17세기 에도시대 초기 도쿠가와(德川)막부는 그리스도교의 금지와 탄압, 밀수입의 단속을 위해서 쇄국정책을 취해 외국무역을 제한했다. 일본에서 화교가 증가하기 시작한 것은 에도시대의 막말기(幕末期)로 추정된다. 17세기 이후 개국 전까지 나가사키는 일본과 네덜란드, 그리고 중국과의 유일한 공식 무역항이었으며 화교의 거주지였다. 당시 외국상인의 행동은 감시 하에 놓여 있었으며, 외부와의 접촉이 일체 금지 되어 있었다. 네덜란드인은 나가사키 데지마(出島)에 만들어진 상관(商館)에, 당상(唐商, 당나라 상인)들은 나가사키의 당관십삼헌부옥(唐館十三軒部屋)에 거주하고 있었다. 이 시기 화교를 비롯한 외국 상인들은 주로 계절성 무역을 경영하였으며 이러한 무역을 변동무역(弁銅貿易)이라고 불렸다.

1715년의 정덕신례(正德新例)에 의한 네덜란드, 중국 선박에 대한 내항 제한이나 18세기 이후의 생사(生絲)를 비롯한 수입품의 국산화로 인하여 청일무역은 감소추세를 보였다. 나아가 막부(幕府)와 중국 측 변동상인(弁銅商人) 단체에 의한 무역의 독점상태는 1858년에 덕천(德川)막부가 미국, 네덜란드, 러시아, 영국, 프랑스 5개국과 '안정5개국조약(安政五ヶ國條約)'을 체결하여 요코하마(横浜), 고베(神戸), 하코다테(函館)의 3개 항을 자유무역항으로 지정한 이른바 안정개국으로 인하여 종료되었다. 일본이 개국했다는 정보를 접하고 구미 상인들이 잇달아 일본으로 향했는데, 그때 중국인들은 '매변(買弁)'24이나 하인의 신분으로 이들을 수행하였다.

아편전쟁 후, 구미 상사는 중국을 거점으로 삼아 폭넓게 장사를 했다. 일본에 도착한 구미 상인들은 외국인거류지에 상관이나 택지를 마련했으나 중국은 일본과 정식 조약을 체결하지 않았기 때문에 중국인은 거류지에 살 수 없었고, 거류지에 인접한 지역에 주거지를 마련하였다. 이러한 과정에서 점차 잡화상, 음식점, 한약방 등이 세워지고, 이것이 현재 요코하마, 고베, 나가사키 차이나타운의 근간이 되었다.

---

24 중국에 있는 외국상관들이 중국인상인과의 거래 시 중개역할자로 고용한 중국인.

1871년 청(淸)정부와 체결한 '중일수호조규(中日守護條規)'는 중일관계가 근대적인 조약을 기초로 한 새로운 단계에 접어들었음을 상징하는 사건이었다. 이 조약으로 인해 일본화교 사회에는 그 성질과 규모에 있어 커다란 변화가 발생하였다. 즉 무조약국(無條約國) 교민에서 정식 수교국 교민의 지위를 갖게 됨으로써 법률의 보호 하에서 무역업에 종사할 수 있게 되었다. 이를 계기로 시모다(下田), 하코다테, 가나가와(神奈川), 나가사키, 니가타(新潟), 효고(兵庫)가 개항되면서 일본에서의 화교 인구가 급증하게 되었다.

메이지시기 이후, 나가사키를 중심으로 한 화교무역은 조금씩 한신(오사카, 고베 등을 중심으로 한 지역)지구로 옮겨갔다. 오사카는 주로 북방(北幇)의 화교들이 중국의 화북, 동북지구를 중심으로 무역을 경영하였으며, 고베는 광동방(廣東幇)이나 복건방(福建幇)이 중심이 되어 화남, 홍콩, 남양과의 무역, 그리고 삼강방(三江幇)은 중국의 화중지역과의 무역을 진행하였다. 일본의 개국으로 인한 상해로의 항로 개통과 함께 화교는 나가사키를 창구로 하여 후쿠오카(福岡), 규슈(九州) 등의 지역으로 분산되었으며, 이후 고베, 요코하마, 하코다테 등으로 활동거점을 확대해 나갔다. 그 때까지 화교 무역의 중심이었던 나가사키는 고베나 요코하마 등 지역의 개항으로 인하여 무역의 역할이 후퇴되었다. 화교무역의 중심이 나가사키로부터 고베, 오사카(大阪), 요코하마 등 지역으로 옮겨간 것이다.

고베나 오사카 등과 같이 요코하마의 화교는 1859년 6월 개항 이후, 구미인(歐美人)의 매변이나 용인(傭人)의 신분으로 건너갔다. 그들 대부분은 구미인과 일본인 사이의 무역 중개역할로서 요코하마에 갔을 것으로 보인다. 요코하마 개항 이후 1871년 청일수호조약이 체결되어 중국인이 공식적으로 일본에 입국할 수 있게 되었다. 이 결과 요코하마의 화교 수는 1874년 1,300명에서 1983년 2,700명까지 증가하였다. 요코하마 화교의 일부는 대만의 설탕 등을 수입하는 한편 일본의 해산물 등을 수출하는 무역에 종사하고 있었다. 그러나 1923년의 관동대지진은 요코하마의 화교에게도 타격을 입혀 그 무역상의 상당수가 한신지역으로 이동하였다. 이들은 지진 복구 이후에도 거의 대부분이 요코하마로 복귀하지 않았다.

제2차 세계대전 이전의 화교인구는 1931년의 만주사변 직전까지 약 3만 명에 이르렀지만, 만주사변 이후 일본정부가 재일화교에 대해 정치적, 경제적으로 탄압하게 되면서 귀국하는 화교가 증가하였다. 1937년 중일전쟁이 전면전에 돌입한 이후 화교는 행동의 자유를 빼앗겨 관헌의 엄격한 감시 하에 놓이게 되었을 뿐만 아니라 가택 수색이나 감금 등이 전쟁이 끝날 때까지 계속되었다. 1949년 중화인민공화국 수립 이후, 미국에 종속적인 위치에 놓여 있던 일본은 대만의 국민당정부를 지지하는 한편 대륙의 공산당정부를 인정하지 않았다. 이에 따라 중화인민공화국과의 국교가 단절되었고, 대륙 출신자의 귀국이 금지되었다. 이와 함께 중국인의 일본 이민도 더 이상 이루어질 수 없었다.

1972년의 중일국교정상화가 실현된 이후, 양국 간의 경제활동이 비약적으로 발전하여 조국 귀환 등 인적 왕래가 가능하게 되었다. 이를 계기로 젊은이들을 중심으로 진학, 취업을 목적으로 한 도항이 잇달아 개혁개방정책 이전부터 일본에 거주했던 화교의 수를 초월하게 되었다. 특히, 1989년의 '천안문사건'은 젊은이들에게 민주주의 의식을 불러일으켜 풍요롭고 자유로운 서방국가로의 출국을 촉진시켰다.

한편 요코하마, 고베 등 차이나타운에서 생활하는 중국인은 상당수가 제2차 세계대전 이전에 이주한 사람들의 자녀나 손자이며 선대의 사업을 이어받은 2세, 3세가 많다. 이들은 70년대 초 국교 정상화 이후 내일한 '신화교'와 구별하여 '노화교'라고 지칭된다.[25] 1972년 말, 일본 노화교는 약 48,000명이었으며, 이중 약 절반은 대만계, 나머지 절반은 대륙계였다. 대륙계는 복건, 광동, 그리고 기타 지역이 각각 1/3을 차지하였다.[26] 노화교는

---

25 일반적으로 1972년의 중일국교수립 이전에 일본으로 이주하여 정주한 화교(원문 華人)를 '노화교', 그 후 주로 1979년 '개혁개방' 이후 일본으로 이주하여 정주한 화교(원문 華人)를 '신화교'라고 부른다.(譚璐美 · 劉傑, 「新華僑 老華僑」, 『文藝春秋』)

26 원래는 광동, 절강, 복건 등 중국본토가 출신지의 대부분을 차지했으나 전후는 대만에서도 많은 화교들이 요코하마로 건너왔다. 전자는 대륙계, 후자는 대만계라고 불린다.(寺

고베, 교토에서 그 비율이 높다. 차이나타운을 보면 광동 출신이 15%, 대만 출신 11%, 복건 출신이 6%이며, 신화교의 비율은 도쿄, 요코하마에서 높게 나타난다.[27]

아래 그림은 화교 디아스포라의 주요 출발지(중국)와 도착지(일본)를 지도로 표시한 것이다.

〈그림 13〉 일본 화교의 주요 출발지
① 상해, ② 대련, ③ 절강, ④ 복건(복주/복청), ⑤ 대만, ⑥ 광동, ⑦ 홍콩

井美由紀, 「横浜中華街−華人の歴史と商賣の変化−」, p. 7)

27 요코하마중화가의 역사는 요코하마 개항부터 시작되는데, 청일전쟁, 관동대지진, 내지잡 거시대, 중일전쟁, 제2차 세계대전이라는 큰 재앙이나 전쟁에 의한 영향을 경험했다. 이 때문에 개항 당시 유럽인의 중개역할로 동행했던 중국인의 자손은 현재 중화가에는 거의 거주하고 있지 않다. (위의 논문, p. 8)

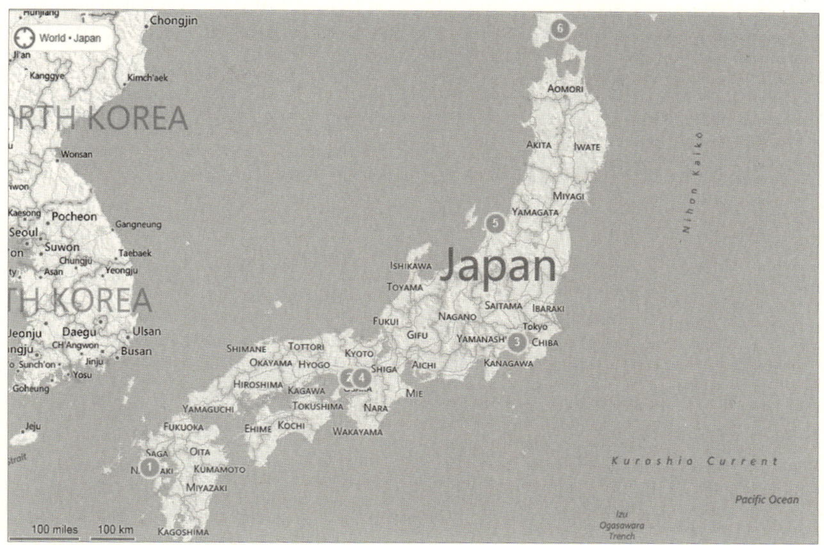

〈그림 14〉 일본 화교의 주요 도착지
① 나가사키, ② 고베, ③ 요코하마, ④ 오사카, ⑤니가카, ⑥ 하코다테

위 그림의 각 주요 출발 및 도착지를 근거로 하여 근대 시기 중국인들의 일본 이주루트를 정리해보면 크게 다음 몇 가지로 나누어 볼 수 있다.

① 상해(上海)–나가사키–고베/상해–요코하마 노선

상해에서 일본으로 이동하는 노선은 크게 두 방향이 있다. 하나는 먼저 나가사키로 이동한 후 나가사키에서 다시 고베로 이동하는 노선이고, 또 하나는 상해–요코하마 간 정기항로를 이용한 이주노선이다.

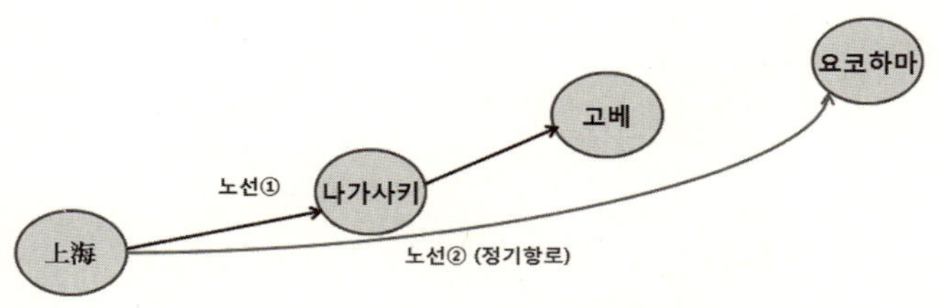

〈그림 15〉 상해(上海)–나가사키–고베/상해–요코하마 노선

첫 번째 노선의 경우, 상해에서 나가사키로 가는 항로를 이용하여 나가사키로 이주하였던 중국인들이 1868년 고베 개항에 따라 나가사키에서 다시 고베로 이동함으로써 상해네트워크를 중심으로 한 중국 상인의 세력권이 넓어졌다. 두 번째의 경우, 1875년부터 상해—요코하마 간의 정기항로가 개설된 후 유럽인의 통역이 아닌 개인적인 도항자도 늘어났다.

② 대련(大連)—오사카 노선

대련—오사카 간의 항로는 진남포, 인천, 시모노세키, 고베 등을 경유하는 항로가 각각 있었으며 도항시간은 약 64시간이었다. 이 노선은 주로 산동이나 동북지방 출신 화교들의 이동루트였다.

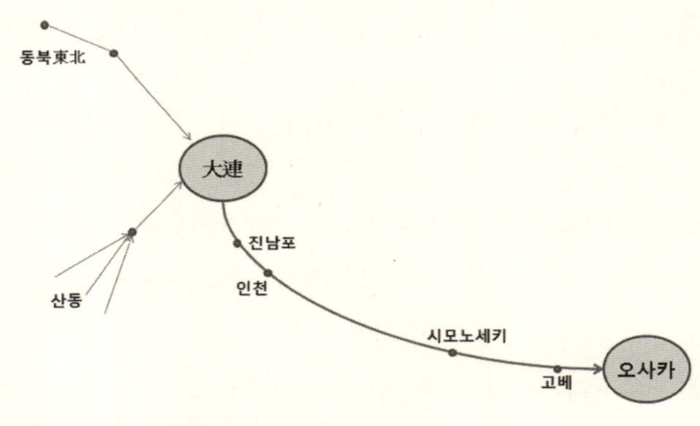

〈그림 16〉 대련(大連)-오사카 노선

③ 절강(浙江)—요코하마 노선

절강성의 영파(寧波) 등 항구에서 뱃길로 직접 요코하마까지 당도하는 항로이다.

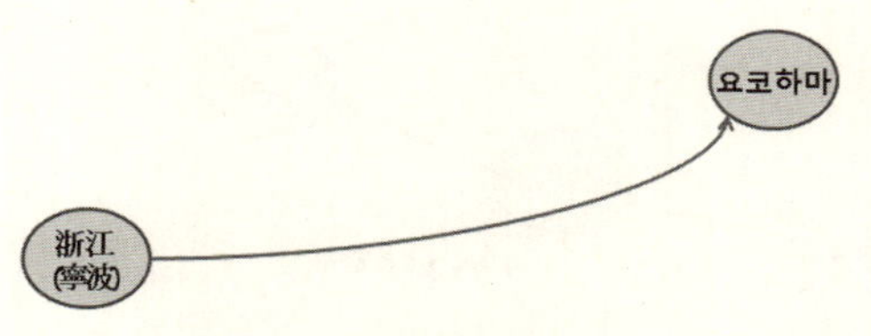

〈그림 17〉 절강(浙江)-요코하마 노선

④ 복건성 복청(福淸)-나가사키, 고베, 요코하마, 니가타, 하코다테 노선

일본 화교 중에는 특히 복건성 복청(福淸)시 출신이 많으며 도쿄, 고베, 교토, 하코다테 등의 복건화교건친회 리더는 대부분 복청 사람들이다.

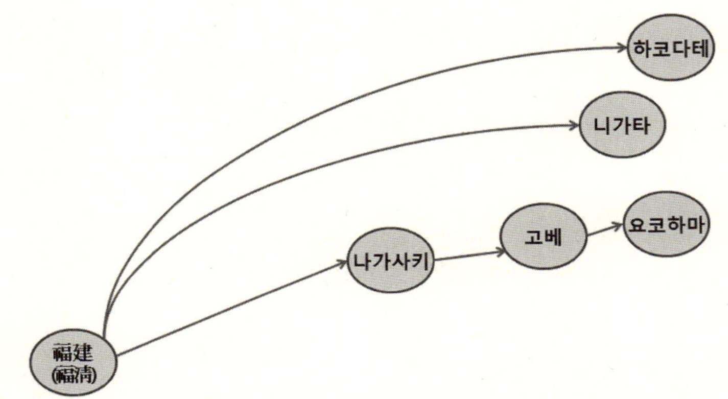

〈그림 18〉 복건성 복청(福淸)-나가사키, 고베, 요코하마, 니가타, 하코다테 노선

⑤ 복건성 복주(福州)-나가사키-고베, 하코다테 노선

복건성 출신 화교들은 복청 외에도 복주에서 나가사키를 경유하여 고베 혹은 하코다테로 이주하는 경우가 있었다.

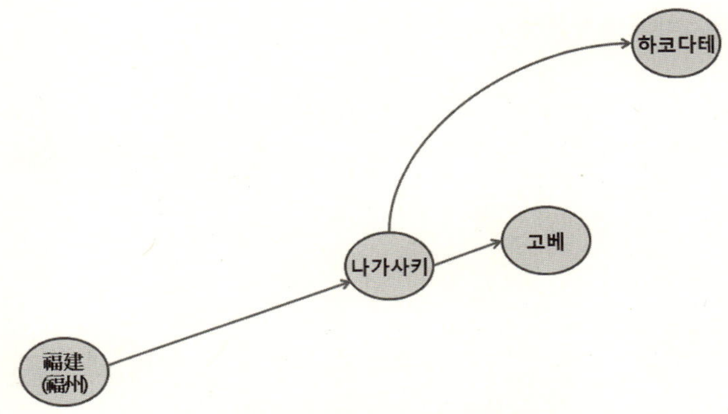

〈그림 19〉 복건성 복주(福州)-나가사키-고베, 하코다테 노선

⑥ 대만–고베, 요코하마 노선

대만에서 고베 또는 요코하마로 이동하는 루트로, 특히 이를 통해 요코하마로 설탕의 유입이 이루어졌다.

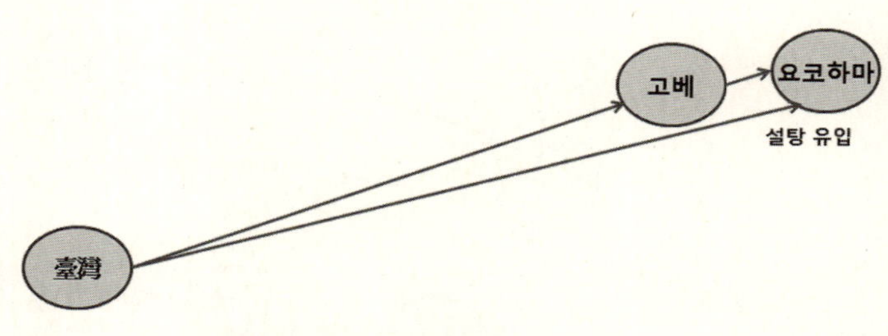

〈그림 20〉 대만–고베, 요코하마 노선

⑦ 광동–고베, 요코하마 노선

광동에서 고베 또는 요코하마로 이동하는 노선이다. 1868년 고베가 개항되고 외국인 거류지 주변에 화교들이 하나둘 모여 살기 시작하면서 난킨마치(南京町)가 생겼다고 전해진다. 20세기 초반에 이주해 온 화교들은 주로 고베, 요코하마 등 항구에서 요식업을 운영하거나 부두 노역자로 일하는 영세민이 많았다. 이로부터 나가사키의 신치츄카가이(新地中華街)와 함께 일본의 3대 차이나타운(中華街)인 고베 난킨마치, 요코하마 츄카가이(中華街) 등 주요 화교 집거지가 형성되었다.

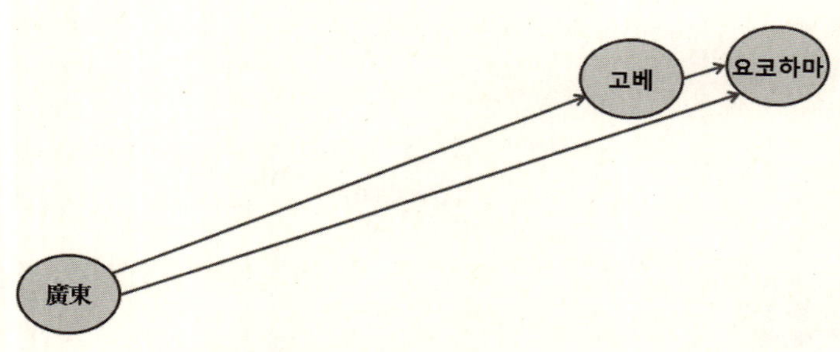

〈그림 21〉 광동–고베, 요코하마 노선

⑧ 홍콩–고베, 요코하마 노선

홍콩에서 고베 또는 요코하마로 이동하거나 고베를 경유하여 요코하마로 이동하는 노선이다. 이후 요코하마로 정착하였던 화교들은 관동대지진 이후 약 4,000명이 다시 고베로 이주하였다(横浜中華街発展協同組合, 2005).

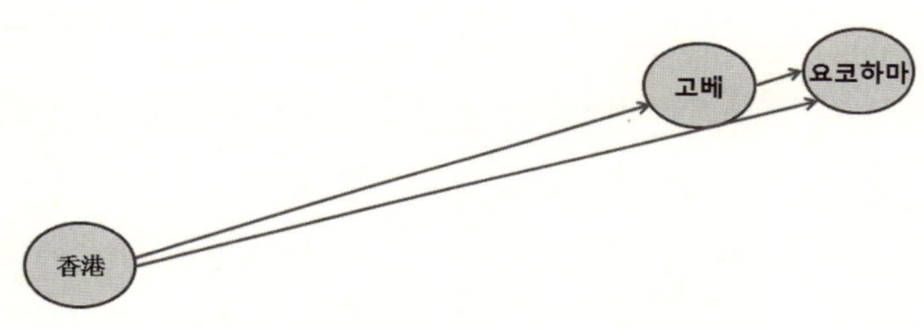

〈그림 22〉 홍콩–고베, 요코하마 노선

2. 동남아 이주루트

동·서양 문화의 전면적 접촉으로 서양 신흥열강의 중국에 대한 충격을 가장 먼저 경험한 것은 동남아화교였다. 이 시기, 동·서양의 직접적인 대립이 시작되면서 화교는 서양 해양문화에 대한 최초의 직접적 감지자로서, 이에 대한 뼛속 깊은 체험과 직접적 감수성을 숙명적으로 지니고 있었다.

화교가 동남아에서 거대한 정치, 경제적 영향력을 가진 집단으로 거듭나게 된 것은 19세기 중엽 이래 대규모의 계약화공이 동남아 각지로 이주하게 된 이후부터였다. 당시 부패하고 시대에 뒤떨어진 청 왕조가 통치하고 있던 노쇠한 중화제국은 후왕박래(厚往薄来)하던 명대의 오만한 유풍(遺風)을 그대로 유지하면서, 자신의 이익을 침해하는 외부의 위협에는 무관심하였기 때문에 유럽 열강의 침략 대상으로 전락하였다. 한편 동남아 각국은 자국의 안전과 이익을 좇아 유럽열강에 투항하였다. 이에 따라 중국의 광대한 중하층 민중들이 도탄에 빠지게 되면서 내륙에서는 반역의 대열에 가담하는 이들이 날로 늘어나고, 연해의 민중들은 생계를 찾아 고향을 등지게 되었다.

1935년 산두(汕頭) 부근 지역에서 905개의 가정을 직접 방문하여 조사한 자료에 따르면, 고향을 떠나 해외이주의 길에 들어선 주요 원인은 경제적 곤란 때문이었다. 기타 원인은 아래 표와 같다.

〈표 6〉 동남아 화교의 이주원인

이주원인	가구 수	비율	이주원인
경제압박	633	69.95	부정행위
동남아와의 관계	176	19.45	사회불안
天災	31	3.43	가정 불화
사업 발전	26	2.87	기타

출처: 陳達, 『南洋華僑與閩粤社會』, 商務印書館, 1939년, p. 48.

화교의 동남아로의 이동은 위와 같은 송출요인과 더불어 외적인 수용요인이 작용한 결과이다. 이 같은 외적 수용요인은 서구 열강이 동남연해안 지역에서 중국인 노동자(華工)를 유인, 포획하여 식민지 개발을 위한 노동력으로 충당하고자 했던 소위 '도인정책(盜人政策)'과 관련이 있으며, 이는 계약 화공제와 쿨리(coolie; 苦力)[28]무역을 통해 구체화되었다.

계약화공제는 17세기 서구 열강이 저가의 중국인 노동력을 이용하여 원시자본을 축적하고 고부가가치 생산물을 수탈하려는 과정에서 탄생하였다. 이는 먼저 네덜란드령 동인도 지역에서 시작되어 말레이반도 지역으로 점차 확대되었으며 19세기 중엽 아편전쟁 이후 절정에 달했다. 한편 이 기간 동안 성행했던 것이 이른바 '돼지새끼(猪仔)'무역(쿨리무역)이다. 쿨리무역은 두 차례의 아편전쟁을 통해 본격화되었다. 영국과 프랑스 연합군이 광저우를 점령하고 있는 동안 인력을 약탈하는 현상이 크게 늘어나 중국 동남연

---

28 제2차 세계대전 전의 중국과 인도의 노동자. 특히 짐꾼·광부·인력거꾼 등을 가리킨다. 1862년 미국의 노예해방 이후, 해방된 흑인노예를 대신하는 노동력으로서, 청 왕조의 금령(禁令)에도 불구하고 영국 등 외국상관이나 중국인 매판(買辦)의 손을 거쳐 홍콩·마카오를 중심으로, 서인도·남아프리카·아메리카·호주 등에 대량으로 팔려나갔다.

해안 지역에서 납치, 유괴 등이 빈발하였다. 이 과정에서 생겨난 용어가 바로 '돼지새끼'이며, '돼지새끼'는 유괴되고, 매매되며, 노예취급을 받는다는 세 가지 특징이 있다. '돼지새끼'는 유괴당하거나 납치되어 혹은 가축처럼 팔려나가 식민지 계약노예로 전락하였다. 쿨리무역은 계약화공제의 발전이 낳은 산물로 1820년대에 생성되어 1840년대에서 1870년대에 걸쳐 계속되다가 1880년대를 지나면서 점차 쇠퇴하였다.

서구 열강은 아편전쟁으로 개항한 중국의 통상항구 하문(夏門)에 거점을 마련하고 쿨리무역을 본격화하였다. 먼저 1846년 영국 상관 덕기양행(德記洋行; Messrs. Tait & Co.)과 합기양행(合記洋行) 등이 이곳에서 노동자들을 모집하기 시작하였다. 모집 된 노동자들은 일단 마카오 등지로 옮겨진 후 무장한 서양인이 지키는 '바라쿤'(Barracoon; 猪仔館, 쿨리수용소)에 갇혀 자의에 의해 출국한다는 계약을 맺도록 강요당했다.

노동자는 통상적으로 양행(洋行)과 근로기간, 임금 등에 관한 계약을 체결하고 해외로 출국했기 때문에 이들을 계약화공이라고 불렀다. 당시 영국 계약법은 "모든 계약의 성사에는 반드시 계약체결과 승낙이라는 두 가지 요소가 충족되어야 한다."[29]고 규정하고 있다. 이에 따르면 당시의 고용주와 계약화공 사이에는 계약의 체결과 승낙이라는 두 가지 기본 요소가 모두 구비되어 있었으므로 계약관계가 성립되는 셈이었다. 역사적으로 계약화공의 초기 형태는 이로부터 합법적인 근거를 확보하게 되었다. 동남아로 이주한 중국인은 대략 세 가지 부류로 나뉜다. 첫 번째는 약탈, 매매된 노예이고, 두 번째는 강제로 끌려온 계약화공이며, 세 번째는 자발적으로 이주하였으나 이민경비를 내지 못해 저당 잡힌 계약화공이다. 이 셋 중 첫 번째 노예매매를 제외한 나머지 두 부류가 계약화공에 속한다. 계약화공은 이민 과정에서 진 빚 때문에 노동에 종사한 경우인데, 이들을 외상노예라고도 한다. 이들은 빚을 다 갚을 때까지 가혹한 노동에서 벗어날 수 없었으며, 일반 자유 화

29　荷倫(R. W. Holland), 『英國契約法』, 1943년판, p. 3.

공과는 달리 직업선택의 자유 없이 고용주의 각종 횡포에 시달려야만 했다.

양행들은 쿨리의 매매가 고수익을 보장하였기 때문에 화공 모집을 위해 사기, 협박, 납치 등 수단과 방법을 가리지 않았는데, 이로 인해 강력한 저항에 부딪혔다. 1852년 쿨리무역선에서 일어난 폭동으로 쿨리무역의 거점이 광동 산두(汕頭)로 옮겨졌고, 이후 마카오, 금성문(金星門) 등으로 확대되었다. 이어 1859년 광동 남해(南海), 번우(番禺) 두 현이 해외이주를 공인하는 공고문을 게시한 이후 광동 순무(巡撫)가 외국인과 계약을 맺는 해외이민을 금지하지 않겠다고 고시하면서 쿨리무역이 합법화되었고 그 중심지도 광주(廣州)로 이동하게 되었다.

1957년~1860년에 걸친 제 2차 아편전쟁을 통해 영국과 프랑스가 청 정부와 『북경조약(北京條約)』을 체결한 이후 쿨리무역이 공식 승인되자 홍콩, 광주, 산두, 하문 등지에 인력회사를 설립, 적극적으로 노동자들을 모집하기 시작하였다. 또한 네덜란드, 미국 등도 이와 유사한 조약을 체결하면서 계약화공의 해외이주가 급증하였다.

쿨리무역은 거의 노예무역과 다를 바 없었다. 상당수 계약화공이 이동과정에서 사망하였으며, 설령 살아남더라도 이주 후에도 비참한 생활이 이어졌다. 결국 영국은 1854년과 1855년 쿨리무역을 일종의 노예무역으로 간주하여 쿨리무역을 금지한다는 포고문을 발표하고 홍콩의 쿨리 무역에 대한 감시를 강화하였다. 이로 인해 쿨리의 매매행위가 급감하였으며, 또 다른 쿨리무역의 중심지였던 마카오 역시 영국, 프랑스의 압력을 받아 1873년 12월 마카오총독의 금지령이 발표되었고 이로써 1874년 쿨리무역은 공식적으로 종결되었다. 하지만 쿨리무역은 변형된 형태로 중화민국 초기까지 지속되었다. 민국(民國)시기의 이민 형식은 계약노동형식의 이민이 아니라 대부분이 자유이민으로 앞서 이민을 떠났던 사람의 가족이 이민을 떠나는 경우가 많았다.

1차 대전은 또 다른 인구 유입 요인을 만들었는데, 프랑스는 혜민공사(惠民公司)와 계약을 맺고 천진(天律), 홍콩, 청도(靑島) 등지에서 노동자를 모집했다. 하지만 경제대공황, 항일전쟁과 제2차 세계대전으로 중국의 이민은 주춤했다가 2차 대전 종전 후 내전으로 인해 다시 증가했지만 중화인민공화국의 수립 이후 해외이민은 일단락되었다. 통계에 따르면, 19세기 초부터 1930년대까지 약 100년 간 해외로 나간 화공의 수가 1,000만 명에 달했다.[30]

오늘날 동남아는 전체 화교의 약 80% 가까운 인구가 거주하고 있는 지역으로, 이곳에 거주하고 있는 화교들은 근대 시기 자본주의 경제의 발달과 함께 본격화된 이른바 쿨리무역을 통해 이주한 노동자의 후예들이다. 이 같은 쿨리무역은 아편전쟁 이후 개방된 하문(廈門), 산두(汕頭), 광주(廣州), 홍콩, 마카오 등 이른바 5개 통상 항구를 거점으로 본격화되었다.

당시 중국 각지에서 모집 또는 납치된 쿨리들은 주로 5개 통상 항구에서 출발, 싱가포르를 경유하여 동남아 각지로 퍼져 나갔다. 동남아에서 쿨리들이 거쳐 갔거나 정착한 지역은 매우 광범위하나 주로 말레이 반도, 방카-블리퉁, 수마트라, 보르네오 등지로 집중되었다.

〈그림 23〉 동남아지역 주요 화교 수용지
① 말레이반도, ② 방카, ③ 블리퉁, ④ 수마트라, ⑤ 보르네오

---

30 彭家禮,「十九世紀開發西方殖民地的華工」,『世界歷史』, 1980年 第一期, p. 3.

계약화공의 동남아 이주는 중국 동남연해안의 다섯 개 통상항구로부터 위의 지도상에 표시된 대표적인 수용지로 이어지는 루트를 통해 이루어졌다. 여기에서는 계약화공의 주요 동남아 이주루트를 말레이반도(Malay Peninsula) 루트, 방카(Bangka) 루트, 보르네오(Borneo) 루트 등 크게 세 부분으로 나누어 살펴보고자 한다.

1) 말레이반도 루트

중국에서 말레이반도를 향한 이주는 대부분의 다른 이주루트와 마찬가지로 중국 동남연해안 일대의 주요 송출지에서 싱가포르(Singapore), 말라카(Melaka), 쿠알라룸푸르(Kuala Lumpur), 페낭(Penang) 등 말레이반도 각지의 주요 해안지역으로 이어지는 루트를 통하여 이루어졌다. 아래 지도는 이와 같은 말레이반도의 주요 화교 수용지의 위치를 표시한 것이다.

〈그림 24〉 말레이반도 주요 화교 수용지
① 싱가포르, ②말라카, ③ 쿠알라룸푸르, ④ 페낭

싱가포르와 말레이시아는 동남아 화교의 주요 거주국이다. 화교인구는 싱가포르 전체 인구의 약 2/3, 말레이시아 전체인구의 약 1/3을 각각 차지한다.

싱가포르, 말레이시아는 동남아 여타 국가들에 비해 비교적 뒤늦게 독립했지만 발전 속도는 가장 빠르고, 경제적으로도 가장 발달한 나라들이다. 이처럼 싱가포르와 말레이시아 경제가 신속하게 발전할 수 있었던 가장 중요한 요인 중 하나는 개발 초기 많은 계약화공들의 유입이었다. 18세기 말부터 20세기 초까지 약 100년간에 걸쳐 이들 지역으로 이주한 100만여 명에 달하는 계약화공이 '영국령 말레이반도'의 개발과 건설에 공헌하였다.

말레이반도 계약화공의 이주는 19세기 초 영국의 해협식민지 개발과 함께 시작되었다. 19세기 초의 말레이반도는 아직 개발되지 않은 처녀지이었다. 여기에는 풍부한 농업자원과 광물자원이 있었다. 하지만 인구가 적어 노동력이 극히 부족하였다. 이에 영국 식민정부는 17세기경부터 이미 말라카로 이주하여 정착하고 있었던 중국인들의 노동력에 주목하고, 화공의 유입을 통한 현지 개발에 나서게 되었다.

초기 말레이반도로 이주한 중국인은 주로 복건성 남부지역의 장주(樟州), 천주(泉州), 하문(廈門), 영춘(永春), 복청(福淸) 등 지역과 광동성 서부지역의 조주(潮州), 해륙풍(海陸豊), 보녕(普寧), 게양(揭陽), 가응주(嘉應州), 대포(大埔) 등 지역 출신이다. 이들 지역은 토지가 척박하고, 자연재해가 많으며 내란이 끊이지 않았던 지역으로 농민들은 생존을 위해 위험을 무릅쓰고 남양(南洋)으로 이주하였다. 18세기 초에는 이미 많은 화교들이 말레이반도로 이주하여 정착하였는데 화교 인구가 증가함에 따라 새로운 직업인 '수객(水客)'이 탄생하였다. 수객이란 일찍이 해외로 이주하여 여러 차례 고향으로 귀환한 이주자를 말한다. 그들은 현지 거주국의 사회 상황, 출입국 수속, 취업 등에 대해 잘 알고 있었기 때문에 이를 활용하여 고향의 친인척들을 현지 거주국으로 이주시키는 안내자 역할을 했다. 말레이반도식민정부는 수객을 적극 활용하여 대규모 계약화공을 유입하는 한편 무이자 혹은 저리대출, 저가의 경작지 제공, 상품 관세의 면제 등 갖가지 우대정책을 통해 영국 자본의 말레이반도 투자를 유도하였다. 영국인들은 말레이반도에서 대형 농장을 세우고 커피, 향신료, 고무 등 농작물을 재배하였을 뿐만 아니라 탄광, 철광 등 광산을 개발하였다. 이러한 공업, 농업 개발에 필요한 노동력은 대부분 계약화공제를 통해 공급되었다.

아편전쟁 이후 중국과 서구를 잇는 항로의 요충지에 위치한 싱가포르와 페낭은 계약노동자 매매, 운송의 중간기착지로 영리를 목적으로 하는 바라쿤이 잇따라 세워졌다. 이들 지역을 거점으로 삼은 쿨리 브로커들은 산두, 하문, 홍콩, 마카오 등지 브로커들과의 네트워크를 통해 시장의 수요를 조사한 후, 복건, 광동지역에 중국인대리인을 파견하여 노동자를 모집하였다.

말레이반도의 계약화공제는 초기에는 단순한 노동 중개활동에 불과하였으나 이후 개발이 본격화됨에 따라 노동력 수요가 급증하면서 하나의 산업으로 발전하였고, 점차 인신매매의 성격으로 변질되었다. 1876년, 중국에서 쿨리 한 명에 들어가는 비용은 모집비, 식비, 숙박비, 선박비 등을 합쳐 약 12원~13원 정도였는데, 싱가포르에서의 판매가격은 약 20원에서 24원이었다. 돈은 먼저 고용주들이 지급했고 쿨리들은 6개월 동안 무상으로 일을 해야 했으며 식사만 제공되었다. 혹은 일 년 동안 일을 하면서 고용주들은 월급에서 먼저 지급했던 돈을 삭감하였다.[31] 대체적으로 전자는 조주에서 온 쿨리들에게 적용되었으며, 후자는 광주에서 온 쿨리들에게 적용되었다. 1890년경에는 쿨리 한 명이 수마트라 혹은 보르네오에 도착하는 비용은 30원이었으나 일인당 판매가격은 80원에서 90원에 달했다.[32]

1854년에 출판된 『인디아스메거진(印度群島雜誌)』에는 말레이반도에 들어온 계약화공의 수가 1840년부터 1841년까지 5,063명, 1852에서 1853년까지 11,414명, 1877년 16,668명이라고 기록되어 있다. 이는 전체 중국 이민의 숫자이다. 1877년 싱가포르에 들어온 중국인 9,776명 중 2,653명은 배

---

31   F. Swettenham: B가샤노 Malaya. 瑞天威, 『英屬馬來亞』, P. 233.
32   石楚耀譯, 『中國的移民』, 『南洋硏究』, 第5卷 第4期.

삯을 지불하지 못한 신객으로 입국한 중국인 총수의 27%를 차지하였다. 하지만 이 같은 신객의 수가 계약화공 전체의 규모를 나타내지는 못한다. 왜냐하면 일부 고용주는 직접 중국에 가서 사전에 계약화공들의 배표를 대신 사주었기 때문에 배표가 있다고 해서 모두 자비라고 볼 수는 없었다. 마찬가지로 배 삯을 지급하지 못한 신객은 거의 모두 계약을 체결한 화공이고, 극히 일부가 '자비'로 온 것이었다.[33]

1881년부터 1915년까지 말레이반도로 이주한 계약화공의 수는 아래 표와 같다.

〈표 7〉 1881~1915년 말레이반도 이주 화공 통계표

연도	싱가포르, 페낭	말라카	연도	싱가포르, 페낭	말라카
1881	32,473		1898	20,459	608
1882	33,601		1899	22,233	1,288
1883	31,663		1900	27,033	494
1884	29,088		1901	22,408	
1885	32,180		1903	18,768	271
1886	45,717		1904	17,045	357
1887	51,859		1905	14,864	187
1888	44,451		1906	18,675	467
1889	32,666		1907	24,089	134
1890	26,204		1908	13,604	96
1891	17,538	491	1909	13,379	790
1892	–	311	1910	23,935	
1893	38,326	194	1911	24,345	427
1894	22,302	478	1912	13,600	103
1895	–	922	1913	14,198	
1896	29,825	680	1914	2,648	
1897	17,268	233	1915	–	
총계	(싱)776,444	(말)8,878	매년 평균	(싱)25,047	(말)444

출처: 해협식민지 연도 보고, 陳達,『中国移民』第5章

33　陳達,『中國移民』, 第5章.

말레이반도에 도착한 화공은 주로 농장이나 주석광산 개발에 종사하였다. 20세기 초의 상황으로부터 볼 때, 농업에 종사하는 계약화공이 전체의 1/3을 차지하였고, 광산업 종사자가 약 1/4, 막노동 종사자가 약 1/4을 차지하였다.

〈표 8〉 1904~1914년 해협식민지 계약화공 분류표

직업 유형	연도 별 계약화공 수										
	1904년	1905년	1906년	1907년	1908년	1909년	1910년	1911년	1912년	1913년	1914년
광부	3,936	4,474	9,738	13,304	12,359	7,601	4,805	4,974	2,717	5,073	898
농업 노동자	6,037	5,200	5,454	81,37	4,497	5,820	18,862	7,064	7,574	5,904	512
일반 노동자	4,505	3,912	1,790	2,330	1,667	1,320	1,221	710	2,920	3,992	1,304
목공	849	871	1,462	1,037	766	610	626	764	1,205	1,249	379
기술공	774	503	574	637	719	243	450	23	410	291	63
하인, 종업원	467	305	245	403	167	123	59	1,933	35	40	–
선원, 어민 등	285	127	48	228	268	239	196	314	143	14	–
기타	192	182	53	83	74	115	96	40	30	11	–
총계	170,45	145,74	19,364	26,159	20,517	16,071	26,315	25,822	15,034	16,574	3,156

출처: 해협식민지 연도 보고, 陳達, 『中国移民』 第5章

말레이반도의 계약화공들은 주로 광동성(廣東省), 복건성(福建省) 일대의 민(閩), 월(粵) 지역에서 모집되어 하문(廈門), 산두(汕頭), 홍콩, 마카오 및 해남 등의 항구를 출발 싱가포르, 말라카, 쿠알라룸푸르, 페낭 등지로 직접 이동하거나, 혹은 싱가포르를 경유하여 말레이반도 각 지역으로 다시 퍼져나갔다. 일부는 페낭 등지에서 말레이반도 이외의 지역, 즉 수마트라, 보르네오 등지로 팔려나가는 경우도 있었다. 아래 그림은 말레이반도 화교 디아스포라의 주요 집결 및 송출 항구를 크게 3개 권역으로 나누어 표시한 것이다.

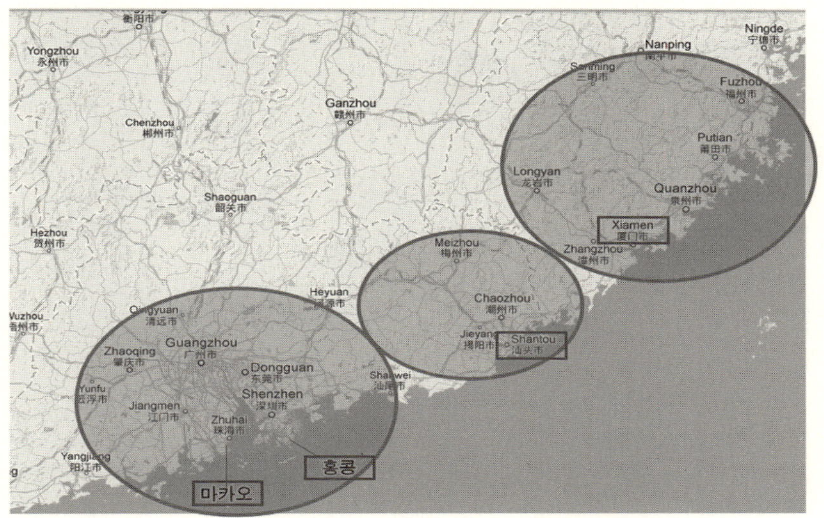

〈그림 25〉 중국 동남연해안 지역 주요 화교 집결 및 송출 항구(◯ 표시 안)

　위의 각 권역에서 하문, 산두, 홍콩, 마카오 등 송출 항구로 집결하는 화교들은 대부분 인근의 각 시 또는 현에서 이동하는 사람들로 각 권역 별 주요 화교 출신지와 송출 항구를 노드 모형으로 나타내면 다음과 같다.

　① 하문 인근 주요 화교 출신 지역

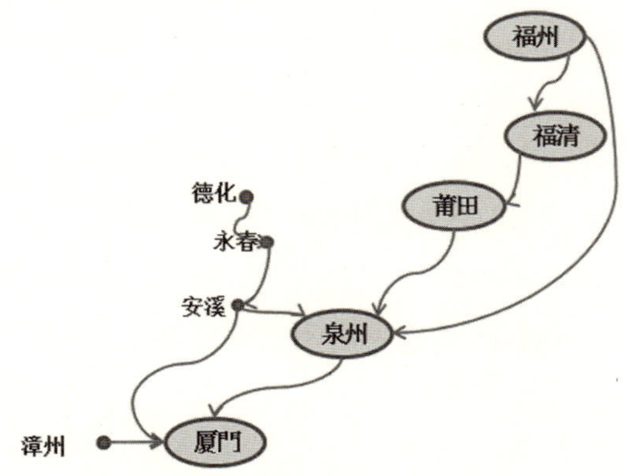

〈그림 26〉 하문 인근 주요 화교 출신 지역

② 산두 인근 주요 화교 출신 지역

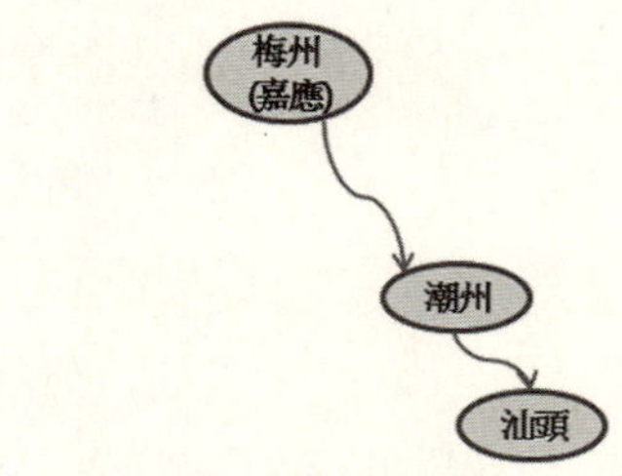

〈그림 27〉 산두 인근 주요 화교 출신 지역

③ 홍콩, 마카오 인근 주요 화교 출신 지역

〈그림 28〉 홍콩, 마카오 인근 주요 화교 출신 지역

말레이반도로 이동하는 화교들은 대체적으로 하문에서 싱가포르 정기노선을 이용하여 직접 이동하거나 홍콩을 경유하여 싱가포르를 포함한 말레이 반도 각지로 이동하는 노선, 산두에서 홍콩, 마카오 등지를 경유하여 말레이반도로 이동하는 노선, 광주(廣州), 혜주(惠州)에서 홍콩, 마카오를 거쳐 이동하는 노선 등의 루트를 이용하였다. 말레이반도 루트의 주요 이주 노선을 노드 모형으로 도식화하여 나타내면 다음과 같다.

일단 말레이반도의 페낭, 쿠알라룸푸르, 말라카 등 해안 각지로 진입하였던 말레이반도 계약화공들은 이후 식민지 개발의 심화에 따른 노동력 수요의 확대와 현지 경제 상황의 변화 등 각종 요인에 의해 페낭 부근의 페락(Perak) 일대, 쿠알라룸푸르 부근 셀랑거(Selangor) 일대, 말라카와 쿠알라룸푸르 중간 지역의 네그리셈빌란(Negeri Sembilan) 일대, 그리고 파항(Pahang), 말라카(Melaka) 등지의 광산 및 농장지구로 재이주하게 되었다. 아래 그림은 이같은 재이주루트를 노드 모형을 통해 도식화한 것이다.

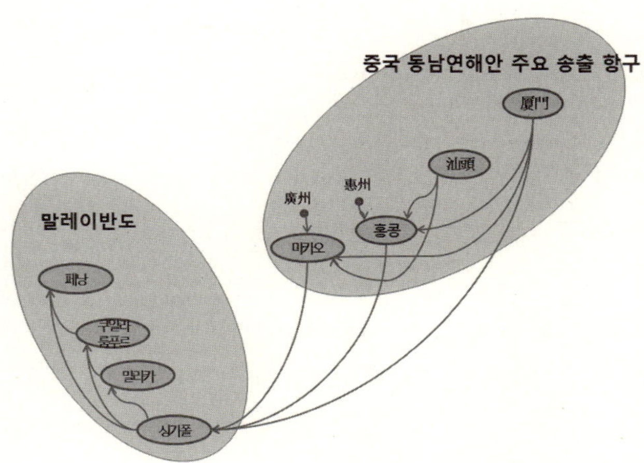

〈그림 29〉 화교 디아스포라의 말레이반도 주요 이주루트

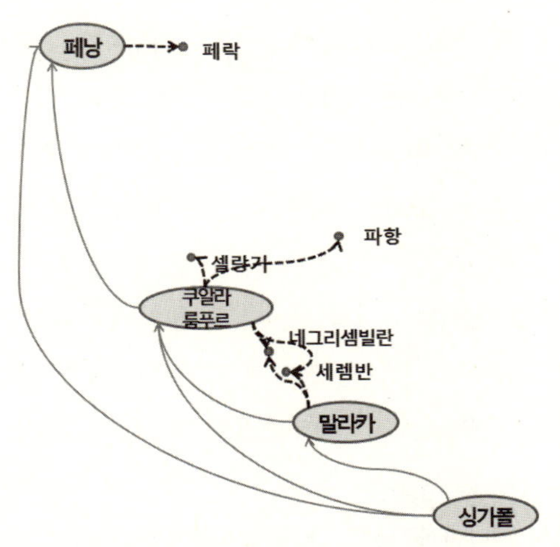

〈그림 30〉 화교 디아스포라의 말레이반도 재이주루트

→ : 1차 이주루트

⇢ : 재이주루트

위와 같은 경로를 통해 페락, 셀랑거, 네그리셈빌란, 파항 등지의 광산이나 농장지대로 이동하여 정착한 계약화공들의 상황을 살펴보면 대략 다음과 같다.

먼저 페락 주석광산의 중국인 광부는 1818년 400여 명에 불과했으나 1848년 이후 급속히 증가하여 1862년에는 20,000~25,000명에 이르렀고 1872년에는 40,000명 이상으로 늘어났다. 다시 10년 후인 1882년에는 50,000여 명으로 증가하였으며, 1887년에는 더욱 늘어나 페락의 중국인 광부수가 80,000여 명에 달하였다. 당시 이 지역의 광부는 대부분 광동 출신이었다.

셀랑거 지역 중국인 노동자 수는 1824년 전체 거주 인구 약 1,000명 중 200여 명이었다가 1834년에는 300여 명으로 늘어났다. 이곳의 중국인 노동자는 주로 가응(嘉応, 현재의 광동 매주(梅州)시)과 혜주(惠州)의 객가(客家)인들이었다. 또한 1857년 쿠알라룸푸르 클랑강(Klang river) 상류에 위치한 암팡(Ampang)의 주석광산 개발에 중국인 노동자 87명이 동원되었다. 그러나 약 두 달 후 열병과 호환(虎患)으로 인해 대부분 사망하고 18명만이 살아남게 되어 다시 150명의 중국인 노동자를 모집하여 노동력을 보충하였다. 1859년 쿠알라룸푸르를 통해 최초의 주석 수출이 이루어진 이후 1871년 셀랑거의 중국인 노동자 수가 12,000명으로 늘었고, 1884년에는 28,000명으로 증가하였다.

1828년 네그리셈빌란의 링기강(Linggi river) 유역에 위치한 세렘반(Seremban) 등지의 주석광산에는 약 1,000여 명의 중국인 광부가 있었다. 그러나 1820년부터 1830년까지 셀랑거와 네그리셈빌란 두 지역의 주석 산량이 크게 줄었고, 이 기간 동안 많은 중국인 광부가 억압과 착취에 저항하는 과정에서 죽거나 도주하여 1830년에는 약 400명만이 남게 되었다. 이들 중국인 광부들은 대부분은 말라카에서 온 사람들이었다. 세렘반 일대 광산의 중국인 광부 수는 1860년 약 5,000명, 1874년 약 15,000명 등으로 계속 늘어나 1890년에는 제레부(Jelebu) 지역에만 약 18,000명이 있었다. 이 같은 중국인 노동자 인구의 증가는 당시 주석산업의 발전을 반영하고 있다.

파항에서는 19세기 초부터 주로 광서(廣西) 출신의 중국인 노동자가 주석 광산 개발에 참여하였다. 이후 영국 광산회사의 투자가 지속적으로 이루어지면서 중국인의 수가 점차 늘어나 1888년 중국인 광부의 수가 3천여 명에 이르렀다.

이 밖에도 1847년부터 1859년까지 약 3,500명의 중국인 광부가 영국령 말라카의 약 40여 곳에 이르는 광산에서 주석광산 개발에 종사하였다.

말레이반도의 중국인들은 주석광산 외에 주로 갬비어(Uncaria Gambier)[34], 사탕수수, 카사바(cassava)[35], 고무, 차 등 열대식물 재배농장에서 일했다.

통계에 따르면, 당시 싱가포르 갬비어, 후추 농장 노동자들의 분포 상황은 아래 표와 같다.[36]

〈표 9〉 싱가포르 갬비어, 후추 농장 중국인 노동자 수 통계표

연도	농장 수	중국인 노동자 수	연도	농장 수	중국인 노동자 수
1836	250	2,250	1848	800	7,200
1839	350	3,150	1850	400	3,600
1840	477	4,293	1855	543	4,887
1841	500	4,500			

위의 통계 수치로 볼 때 싱가포르의 갬비어, 후추농장의 전성기는 1848년 전후였음을 알 수 있다. 당시 이곳으로 건너온 사람들의 대부분은 조주 출신이었으며, 나머지는 광부(廣府), 복건 출신들이었다. 이밖에 말라카, 네그리셈빌란, 셀랑거 등 지역에서도 1840년 이후 갬비어농장이 점차 늘어나

---

34 타닌산 관목식물중 하나로 제혁 유피재료, 방직물 염료, 침전제, 설사약 등의 제조에 쓰이는 식물이다.

35 대극과(大戟科)에 속한 낙엽 관목. 높이는 1.5~3미터이고, 잎은 손꼴 겹잎이며, 노란 단성화(單性花)가 핀다. 녹말이 많이 들어 있는 커다란 덩이뿌리는 알코올이나 요리용 녹말을 얻기 위한 원료로 이용된다.

36 潘醒農, 「回顧新加坡柔佛潮人甘密史」.

기 시작하여 1890년에는 말라카 일대 농장 중 1/3은 갬비어만을 재배하는 농장일 정도였다.

영국은 페낭을 점령한 후 18세기 말 이곳의 후추농장 개척을 위하여 대규모의 중국인 노동자를 고용하기 시작하였다. 이후 광동, 복건 지역에서 건너 온 중국인 노동자 수가 만 명을 넘었으나 이후 고된 노동, 무더운 날씨와 풍토, 호환 등으로 인해 수많은 노동자가 죽거나 도주하였다.

1785년 이전 사탕수수 농장으로 고용되어 온 중국인 노동자는 주로 조주 출신이었다. 1860년대 갬비어, 후추농장이 병충해로 큰 타격을 받은 이후 사탕수수는 말레이반도의 주요 농작물이 되었다. 이러한 절대적인 우세는 40여 년 간 유지되었는데, 이후 대규모의 중국인 계약노동자들이 페락 등지의 사탕수수농장 개발에 동원되었다. 1881년 페락의 사탕수수농장에서 일하는 중국인 노동자가 4,000명이 넘었으며 이들 계약노동자들은 사탕수수 재배를 위한 황무지 개간과 도로 및 수로의 건설, 그리고 항구 개발 등에 참여하였다. 중국인 노동자 수는 1889년 5,700여 명에 달했고, 1898년에는 약 9,000명으로 늘어났다.[37]

카사바는 남아메리카에서 전해진 농작물로, 1855년 말라카에서 재배를 시작하여 점차 네그리셈빌란, 페락 등지로 퍼져나갔다. 말라카의 카사바농장에서 일하는 중국인들은 주로 해남도(海南島) 출신으로 해구(海口)시에 있는 인력중개상인 '원풍호(源豐號)'의해 매매된 계약노동자였다. 1888년 해남도에서 말라카로 이주한 노동자가 2,578명이었으며, 1889년에는 3,970명, 1890년에는 3,303명으로 늘어났다.[38]

고무는 1876년 브라질에서 싱가포르와 말라카로 전해져서 1895년 이후 페락, 셀랑거, 네그리셈빌란, 조호르(Johore) 등지에서 대규모로 재배되기 시작하였다. 고무농장의 노동자들은 인도인이 가장 많았고 중국인 노동자가 그 다음이었다. 1914년 고무농장에서 일하는 중국인 노동자 수는 45,700명

---

37 彭家禮 ,『英屬馬來亞的開發』, p. 44.
38 캠벨,『中國的苦力移民』, p. 4.

이었다. 이 중에는 해남 출신이 가장 많았고 이어서 광부, 객가, 복건, 조주 순이었다.

1904년 말레이반도 계약노동제에 새로운 변화가 생겼다. 말레이반도에 진출해있던 각국은 모두 자체의 법령과 조례를 가지고 있어 영국의 식민 통치에 적지 않은 장애를 가져왔다. 이에 영국은 1904년 말레이반도 각국의 모든 조례를 통합하여 일반 노동조례, 광산업 노동자 노동조례, 그리고 농업 노동자 노동조례 등 세 개의 조례를 제정하였다.

1904년의 이 노동법안에 따라 계약기간이 단축되었을 뿐만 아니라, 고용주가 인력모집을 위해 지불한 비용을 노동자에게 부담시킬 수 없도록 하였고, 노동자들의 고소권이 인정되었다. 한편 1904년 중국과 영국 쌍방이 중국인 노동자에 대한 협정에 서명하였는데 그 주요 내용은 다음과 같다. 제2조, 항구에는 쌍방이 파견한 인원이 함께 근무하여야 한다. 제4조, 부두에서 수용소를 설치하고 계약과 공고문을 부착하여 20세 이하 노동자는 부모 등의 증명서가 있어야 하며 상륙 전 건강검진을 받고 쌍방 관원의 조사를 거쳐야함을 알린다. 제8조, 모든 계약 이민자는 출항 수수료 2위엔(元)을 지불해야 한다. 이는 비록 명문상은 계약 이민자를 보호하고자 하는 것이었으나 실질적인 도움은 되지 못하였다.

이후 1906년 10월 해협식민지는 홍콩과의 교섭을 통해 계약 노동자에 대한 협정을 맺고 홍콩으로부터 이민하는 모든 화공은 반드시 홍콩 이민국 국장 앞에서 직접 계약서에 서명한 후 출항하도록 규정하였다. 아울러 1908년에 외상노동자에 대한 조례를 제정하여 속아서 출국한 중국인 노동자들을 모국으로 돌려보내도록 조치하였다. 이로써 말레이반도 지역의 중국인 노동자 수가 감소하기 시작하였다. 1909년 이래 캉가니(Kangany)제도39의 실행, 1912년 말레이 지역의 산업혁명 등을 계기로 중국인 노동자의 이주가 더욱 감소하였고, 그 결과 1918년에 이르러 말레이반도의 계약노동제가 실

---

39 고용주가 믿을 만한 이를 고향으로 보내 한 집안 단위로 사람을 모집하는 방법으로, 브로커가 필요 없고 중개비용도 대폭 절감할 수 있었다.

질적으로 폐지되었다.

2) 방카 루트

방카(Bangka)는 인도네시아 수마트라(Sumatra)섬 동쪽에 있는 섬으로 1709
년에서 1710년 사이 주석광이 발견되었다. 초기 주석의 채굴은 주로 원주
민들에 의해 이루어졌다. 그러다가 중국인들이 이곳에 이주하게 되면서 조
직이 체계화되고 채굴 방법이 크게 개선되었다. 이에 1720년부터 주석광
무역 특허권을 취득하게 된 네덜란드는 중국 남부지역으로 대리인을 파견
하여 중국인 노동자를 모집하기 시작하였다. 이로부터 방카의 거의 모든 광
구에서 중국인 노동자를 고용하게 되었다.

이어 19세기 이후 네덜란드와 영국의 주석광 관리자들에 의해 대규모의
중국인 노동자들이 유입되었고, 그 결과 1840년 방카 주석광산의 중국인
노동자 수는 6,000여 명을 넘어섰다.[40]

1895년 네덜란드와 인도 정부가 공포한 자료에 의하면, 방카의 전체 화
교인구 28,363명 중 광부의 수가 11,446명이었다.[41]

20세기 이래 방카의 중국인 계약노동자 수는, 제1차 세계대전 이전 매년
2만 명이었으나 세계대전 중에는 약간 감소하였다가 세계대전 종료 후 다
시 증가하여 1920년 23,400여 명으로 절정에 달했다. 이후 계속 감소세를
보여 1934년에는 중국인 광부의 수가 1,454명에 불과하였다.[42]

방카 주석광산의 중국인 노동자는 대부분 객가인으로 광동출신이 주류
를 이루었고, 이 외에 광서 출신을 비롯하여, 복건, 호남(湖南), 강서(江西), 호

---

40 W. J. Cator, 「中國人在荷屬東印度的經濟地位(續)」, 『南洋資料譯叢』, 1963年, 第4
期, p. 119.

41 P. A. van der Lith, A. J. Spaan en F. Fokkens : Encyclopaedievan Nederlandsch-
Indie, vo. 1, p. 116; vo. 4, p. 336.

42 United States, Commercial Department : Netherlands Indies and British Malaya, A
Commercial Industrial Handbook, 1923, pp. 191~194.

북(湖北), 귀주(貴州) 출신이 포함되어 있다. 이들은 먼저 화남(華南)[43]지역의 각 항구에서 계약을 체결하고 팔려나가게 되는데, 그 이동루트는 크게 화남 각 항구에서 싱가포르를 경유하여 방카로 이동하는 노선, 화남에서 직접 방카로 이동하는 노선, 화남에서 먼저 홍콩을 거쳤다가 다시 싱가포르를 경유하여 방카로 이동하는 노선이 있었다. 방카 계약화공의 이동루트를 노드 모형으로 나타내면 다음과 같다.

① 화남-싱가포르-방카 노선

19세기, 방카 주석광산의 계약화공은 먼저 화남지구의 각 항구에서 계약을 체결한 후 싱가포르 각 수용소를 경유하여 방카의 매매상들에게 팔려나갔다.

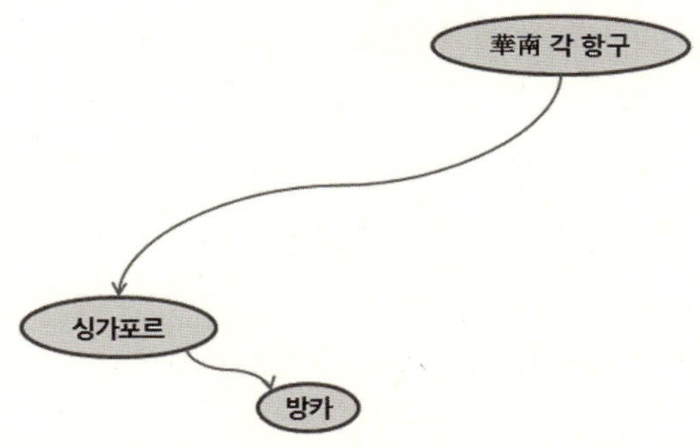

〈그림 31〉 화남-싱가포르-방카 노선

② 화남-방카 노선

19세기 말 이후 방카의 주석광산 소유주들은 싱가포르를 경유하는 경로 이외에 북해(北海), 산두 등지에서 직접 화공들을 모집하기도 하여 방카로 실어 나르기도 하였다.

---

43 중국을 크게 화동(華東), 화남(華南), 화중(華中), 화북(華北), 서북(西北), 서남(西南), 동북(東北) 등 7개 구역으로 구분할 수 있는데, 이 중 회하(淮河) 남쪽의 광동, 광서, 해남, 복건 중남부, 대만, 홍콩, 마카오 등 중국의 남부지방을 가리킨다.

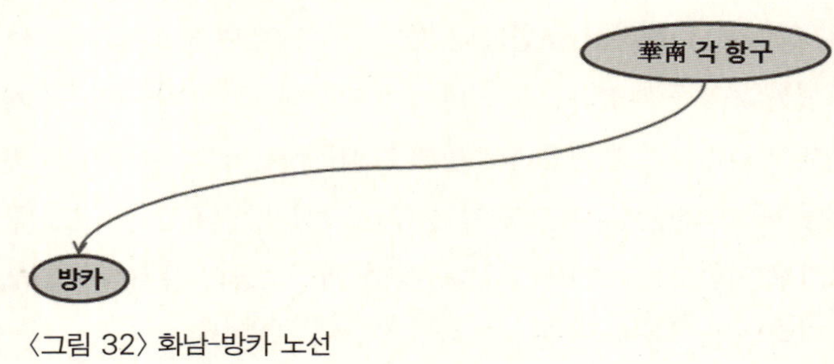

〈그림 32〉 화남-방카 노선

③ 화남-홍콩-싱가포르-방카 노선

1919년 이래 방카 주석광산의 화공 모집은 이른바 홍콩 '12공사'가 대행하였다. 이들 12공사는 중국 동남연해안 각 항구에 인력중개회사와 객잔을 설치하고 이를 통해 인력을 모집한 다음, 모집된 인력을 홍콩에 집결시킨 후 싱가포르를 경유하여 방카의 각 주석광산으로 운반하였다.

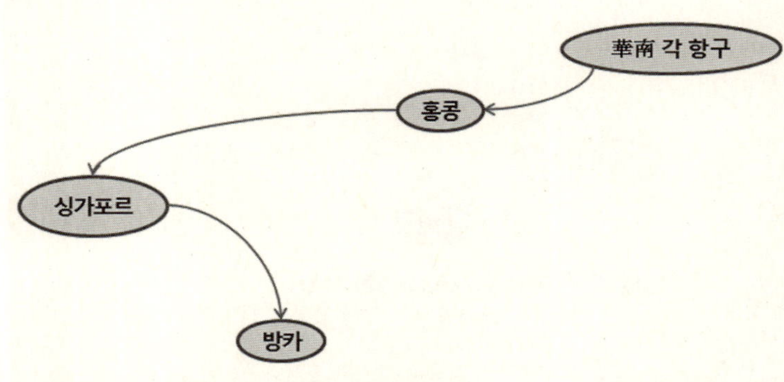

〈그림 33〉 화남-홍콩-싱가포르-방카 노선

한편 방카에 도착한 화공들은 방카 각지의 광산에 분산 배치되었는데, 이들 화공의 관리를 위하여 인도네시아의 네덜란드 식민정부는 1852년 방카 문톡(Muntok)에 광무국(鑛務局, Bangka Tin Minning, 약칭 B.T.M., 20세기 초 팡칼피낭으로 이전함)을 설치하고, 숭아이리리앗트(SungaiLiat), 브리뉴(Blinyu), 반다르 람풍(Bandar Lampung), 팡칼피낭(Pangkal Pinang) 등 8개 지방에 분국을 설치하였다.

3) 보르네오 루트

보르네오(Borneo)로 이동한 화교들은 주로 광부, 객가 출신으로 홍콩 산두 등 통상 항구에서 출발, 싱가포르를 경유하여 북보르네오의 라부안(Labuan), 코타키나발루(Kota Kinabalu), 쿠닷(Kudat), 산다칸(Sandakan) 등지와 서보르네오의 쿠칭(Kuching), 시부(Sibu) 등지에 이르는 루트를 통하여 주로 보르네오 섬의 서북부 지역으로 이주, 정착하였다. 다음은 보르네오 계약화공의 주요 정착지를 지도로 표시한 그림이다.

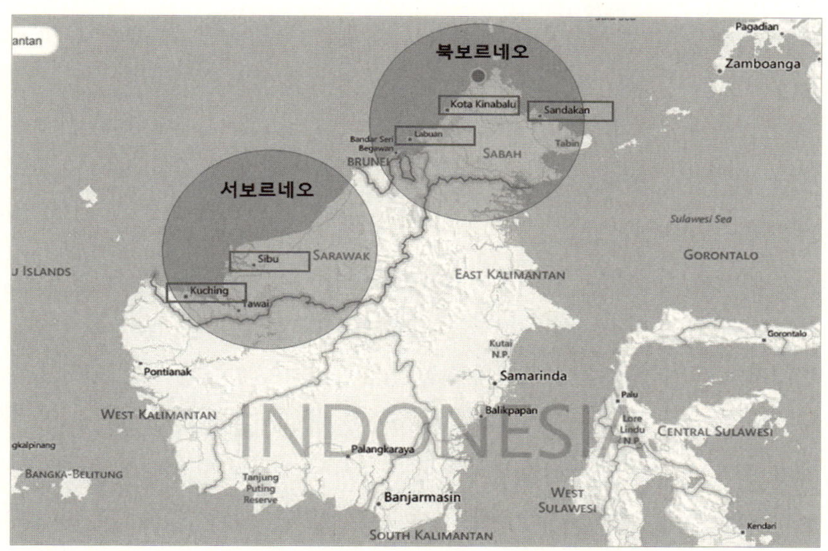

〈그림 34〉 보르네오 화교 디아스포라의 주요 정착지

① 북보르네오

1888년 사바(Sabah), 브루나이(Bruney), 사라와크(Sarawak) 세 지역이 영국의 식민지로 전락하였는데 이를 통칭하여 영국령 보르네오라고 한다.

1773년 일찍이 사바에 지사를 설립하였던 영국의 동인도회사는 1847년에 사바 서남쪽 섬 라부안을 점령하고 중국인 노동자들을 동원하여 개발을 진행하였다. 이 과정에서 1864년 이후 태평천국 잔존 세력이 교회를 통해서 북보르네오로 이동하였다. 쿠닷, 산다칸과 코타키나발루 등 지방에는 아직도 태평천국 잔존 세력의 후예가 살고 있으며, 이들 중 홍수전(洪秀全)의 조카 홍일승(洪日升)은 산다칸시 부시장을 지내기도 하였다. 1866년에는 영국 선박이 홍콩으로부터 남성 105명, 여성 39명, 남녀 어린이 17명 등 계약 화공을 라부안으로 실어 날랐다.[44] 이후 1881년11월1일 영국은 자국의 북보르네오 개발 회사로 '사설기업연합'의 설립과 개발독점권을 인가하고 영국 국왕을 대신하여 현지 통치권을 행사하도록 하는 권한을 부여하였다. 1882년 초, 영국 황제가 홍콩에서의 노동자 모집을 허락한 이후, 1883년 4월 96명의 홍콩 객가인이 선교사 루돌프 레헬러(Rudolf Lechler)의 인솔 하에 쿠닷에 도착하였다. 그들은 음습한 독기가 가득한 깊은 산간 밀림지대에 들어가 황무지 개간에 동원되었다. 하지만 이들 중 대다수는 동남아의 무더운 밀림 환경에 적응하지 못하고 상당수가 죽거나 도주하여 1883년 12월까지 극히 일부만이 살아남았다.

1885년을 전후하여 영국은 북보르네오에서 담배 재배를 시작하였다. 전문가들에 의해 이곳에서 생산되는 담배가 세계적으로 최상급의 품질임이 인정되자 유럽 시장에서 큰 인기를 끌었다. 이에 1888년 5월 12일 영국정부와 북보르네오회사가 이곳에 대규모 담배농장을 설립하고 본격적인 담배 재배에 나섰다. 이로 인해 담배농장의 규모가 더욱 커지면서 노동인력의 수요도 함께 늘어났다. 이에 따라 1886년부터 홍콩, 싱가포르 등지에서 대량의 중국인 노동자를 모집하였다. 1887년 싱가포르에서 모집한 중국인 노동자 수가 390명이었다가 1890년까지 7,223명으로 급증하여 4년 동안 18.5배가 증가하였다.

한편 네덜란드령 동인도 담배농장의 네덜란드인, 독일인 등이 속속 북보르네오로 진출하여 담배 재배업에 참여하면서 더욱 많은 중국인 노동자를

---

44 『英國議會文件』, 1868年, 第328號.

필요로 하게 되었다. 이를 계기로 수많은 객가인들이 쿠닷, 산다칸 일대의 담배농사에 동원되었다. 북보르네오의 담배재배업은 1900년을 기점으로 최고조에 달하게 되는데, 당시 고용된 중국인 쿨리들은 주로 홍콩, 싱가포르 두 곳에서 계약서를 작성하고 일부 비용을 선불로 지급받았다. 하지만 라부안에 도착한 이후 속았다는 사실을 알게 되자 도주하는 사람이 속출하였다. 북보르네오 회사는 이에 대한 대책으로 1890년 도주한 중국인 노동자에게 '계약위반'이라는 죄명을 씌워 형사처분을 할 수 있도록 하는 조치를 취하였다. 이로써 도주 현상이 급감하게 되었다.

1890년 국제 담배가격이 크게 오르면서 북보르네오에 농장협회가 창설되었다. 아울러 담배농사가 많은 이윤을 남기게 되자 노동력의 수요와 고용대가도 더불어 상승하게 되었다. 1890년 중국 노동자 한명을 중국에서 해협식민지까지 운송하는 비용이 14~16원이었는데 여기서 다시 북보르네오까지 이동하는 비용은 85~90원이었다. 이밖에 노동자들에게 선금 30원을 주어야 하였다. 이 선금은 명목상으로는 임금으로 지불되는 것이었으나 이후 급여에서 차감하게 될 돈으로 대부분은 쿨리 브로커의 주머니로 들어가게 되었다. 더욱이 이 같은 선금은 노동자들에게는 한 푼도 지급되지 않으면서 오히려 급여에서 떼어가는 경우가 많았다. 1890년 이러한 과정을 통해 북보르네오 농장에서 일하게 된 노동자 수가 8,000명이 넘었다.[45]

북보르네오의 개발에 따라 철도 건설이 시작되었다. 영국은 이를 위해 1900년 복주에서 중국인 계약화공 169명을 모집하여 북보르네오의 철도공사에 동원하였다. 먼저 1900년부터 1902년까지 웨스턴(Weston)에서 뷰포트(Beaufort)에 이르는 20마일 구간의 철도를 완성하였고, 1902년에는 다시 남쪽으로 테놈(Tenom)에서 북쪽으로는 코타키나발루까지 이어지는 116마일에 이르는 노선을 건설하였다. 철도는 기한 내에 완성되었으나 열악한 주거 환경과 굶주림으로 인해 이 공사에 참여하였던 계약화공은 대부분 사망

---

45 特里剛宁(K. C. Tregonning), 「特許公司統治下的北婆羅洲勞工問題」, 『南洋問題資料譯叢』, 1963年, 第2期.

하였다. 1903년 7월 주로 객가, 광부 지역 출신인 노동자 2,000여 명이 북보르네오에 도착하였고 이후 복주, 산두 등 지방에서 북보르네오 산다칸 등지로 향하는 화공의 이주가 계속되었다.[46]

세계시장에서 고무의 수요가 급증하자 1907년 북보르네오 담배농장들이 거의 대부분 재배 품목을 고무로 전환하여 이 해에만 30여 개의 고무농장이 생겨났다. 이들 고무농장에는 총 10,467명의 노동자들이 있었는데, 이 중 중국인 노동자가 5,856명으로 반 이상을 차지하였다. 1909년부터 1910년까지 영국은 주로 두 가지 방법을 이용하여 북보르네오의 노동자를 모집하였다. 첫째 연대에서 모집한 노동자들에게는 계약을 체결하지 않고 매일 최소 0.25원의 임금을 지급하였다. 두 번째, 하문과 조주에서 모집한 노동자들에게는 당시 싱가포르의 방식을 적용하였다. 1910년 이전 모집된 노동자들은 모두 홍콩과 싱가포르에서 신체검사를 받은 후에 농장 주인들에게 고용되었다. 하지만 화공들의 명의가 도용당하는 일이 빈번하였기 때문에 1910년부터는 보르네오주의 항구에서 신체검사 및 검수수속을 진행하도록 하였다. 이후 1911년 영국이 1914년 6월부터 말레이시아 계약노동제를 폐지하고 캉가니 계약 제도를 실시하기로 결정한 이후, 영국 북보르네오의 중국인 노동자 모집제도에도 변화가 생겼다. 즉 계약노동제를 폐지하고 자유노동자를 모집하는 방식을 채용하게 된 것이다. 1913년 9월 20일 베이징 주재 영국공사는 북경정부와 북보르네오 노동자 모집 조례 및 장정을 체결했다. 조례 규정에 따르면 먼저 땅을 제공하여 농사를 짓게 한 다음 2년 후부터 조세를 납부하도록 하며, 개간한 땅은 양도하도록 하였다. 또 중국과 영국이 함께 중국인 노동자 출국을 관리하는 한편 중국 노동자들에게 무상 정착금 30원씩을 주도록 하였다. 영국은 노동자들을 최우대국 국민으로 대하여 자식들에게 교육의 기회를 제공하고, 사망 후 시신의 환송 등을 약속하였다. 그해 이 같은 규정에 따라 천진에서 중국인 노동자 107가구, 400여 명을 모집

46　광서光緒 31년 8월 25일, 中國第一檔案館, 外交部, 僑務招工, 第1375號.

하여 북보르네오 코타키나발루에 이주시켰으며, 광동의 교회가 주도하여 모집한 600여 명의 중국인들을 쿠닷이나 서해안의 맹가탈(Menggatal) 등지에 정착시켰다. 1921년까지 북보르네오 플랜테이션농장 노동자 총 25,769명 중, 중국인 노동자가 7,933명으로 전체의 36.9%를 차지하였고, 그 중에 광부 출신이 4,793명, 객가 출신이 3,140명이었다. 북보르네오 화교의 주요 이주 경로는 다음과 같다.

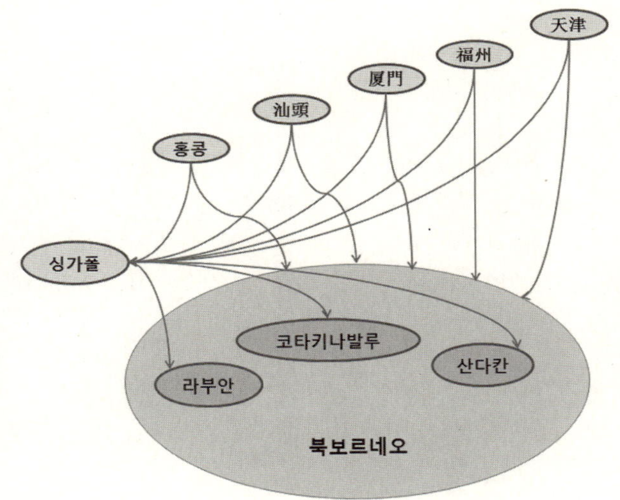

〈그림 35〉 북보르네오 화교 디아스포라의 주요 이주루트

② 서보르네오

통계에 의하면 서보르네오의 쿠칭, 삼바스(Sambas) 등지에서 금광 채굴에 종사한 화공은 1770년 10,000명, 1810년 32,000명, 1825년 33,000명, 1849년 49,000명으로 지속적으로 증가하였다. 1856년에는 일부 화공이 사라와크로 이주함으로써 24,000명으로 감소하였다. 1880년에는 다시 28,000명으로 다소 증가하였다가 1900년에 41,400명으로 더 늘어났다. 이들 광산 노동자들은 절대다수가 객가인이었다. 이밖에 『하인백과전서(荷印百科全書)』의 기록에 따르면 1893년 말 서보르네오 광산 구역의 화공 수는 1,043명이었다.

초기의 화공은 주로 중국인들이 만든 이른바 '공사(公司)'에서 고용하였다. 공사는 1760년에서 1889년까지 128년 동안 유지되었는데, 공사에서 고용한 화공들은 극히 일부분 자비 노동자를 제외하고는 나머지 대다수가 외상 노동자였고 객가인과 광부, 복건 출신들이 주를 이루고 있었다. 1812년 삼바스 지역에는 이 같은 공사가 운영하는 금광이 약 30여 개가 있었고, 각 광구마다 약 300여 명의 화공이 있었다.

〈그림 36〉 서보르네오의 광산 개발

〈그림 37〉 금광 채굴 화공

화공들은 광산업 이외에 농업 노동에도 종사했는데, 공사는 농업 개발을 통해 쌀, 채소 등을 안정적으로 공급하였다. 난방회(蘭芳會), 천지회(天地會) 등은 순수한 농업 조직이었다. 1860년 서보르네오의 금광 개발이 사양길에 접어들자 많은 화공들은 농민으로 전환되었다. 서보르네오 농지 면적의 증가, 도로 건설, 교통 노선의 개척 등은 대부분 화교 디아스포라 노동자들에 의해 이루어진 것이었다.

서보르네오주의 총독 앤더슨이 현지 노동력 수요의 충당을 위해 중국인 계약화공의 모집을 적극 주장한 이래 1865년 미국 선박이 62명의 화공을 홍콩에서 보르네오로 실어 날랐고, 1866년에 약 200명, 1870년에는 약 70명의 화공이 각각 영국 선박에 실려 보르네오에 도착하였다. 이후 영국 회사 '더 보르네오(The Borneo)'가 '사라와크 기선'이라는 운송회사를 설립하고 1876년부터 싱가포르에서 매 달 약 150~200명의 화공을 모집하여 1898년부터 바우(Bau) 지방을 중심으로 대대적인 금광 개발에 나섰다. 당시 금광 개발에 참여한 약 3,000명의 인력 중 검사, 제련, 지질조사 등을 담당하는 기술자는 주로 영국인, 기계공은 광부 출신, 광부는 대부분 객가 출신이었다.

1900년 이후 복주(福州), 광동 등지에서 모집된 화공들이 서보르네오의 시부(Sibu) 지방으로 이주하여 황무지 개간과 후추, 고무 등 열대작물 및 기타 농산물 생산에 종사하였다. 이를 계기로 시부에는 '신복주(新福州)' 등의 농장과 '신광동(新廣東)', '광남성(廣南盛)' 등 농장들이 설립되었다. 그러나 1908년에서 1909년 사이 후추 가격이 폭락하면서 많은 농장들이 도산하자 농업에 종사하는 노동자 수가 급감하였다.

다음은 서보르네오 화교의 주요 이주 노선이다.

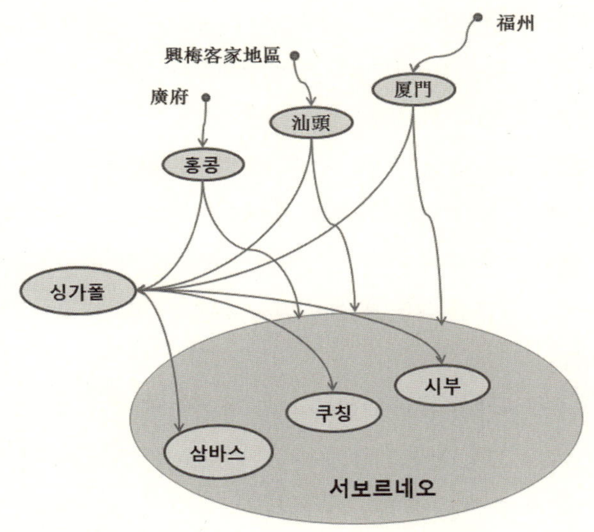

〈그림 38〉 서보르네오 화교 디아스포라의 주요 이주루트

3. 아메리카 이주루트

(1) 아편전쟁 이전의 초기 이주

현재 확인 가능한 중국인의 아메리카 대륙 이주는 명대로부터 비롯되었다. 명대에 이르러 실크제품이 동쪽으로 태평양 실크로드를 건너 필리핀을 경유하여 멕시코 등 라틴아메리카에까지 수출되기 시작했는데, 태평양 실크로드란 스페인이 중국에서 생산된 실크와 도자기들을 필리핀의 마닐라를 거쳐 라틴아메리카로 수송하던 항로였다. 명나라 말기 필리핀에 있던 중국인들 중 일부가 이 태평양 실크로드를 따라 멕시코로 이주하였다. 이들이 곧 최초의 아메리카 화공이었으며 이들이 멕시코의 수도에 정착하면서 형성한 집거공간이 아메리카 역사 상 최초의 차이나타운(Chinatown, 唐人街)이었다.

1797년 영국이 스페인으로부터 트리니다드 섬을 빼앗은 이후, 황무지를 개간하여 사탕수수 농장을 개발하기 위하여 런던정부의 지원 하에 중국인 노동자를 동원하였다. 영국 동인도회사는 중국 광주에서 약 300여 명의 중국인을 납치하여 은밀히 마카오로 보낸 다음 포르투갈 선박에 태워 말레이시아까지 이동한 후 여기에서 다시 영국 상선을 이용하여 트리니다드 섬의 사탕수수농장으로 실어 날랐다.

1808년 포르투갈 왕실은 식민지였던 브라질에 피난 차 머물러 있던 동안 현지 정세를 안정시키기 위한 조치의 일환으로 경제발전 정책을 실시하였다. 이러한 조치 중 하나가 바로 브라질에 중국식 차 농업을 육성하는 것이었다. 이를 계기로 1810년 이래 수백 명의 중국 농민들이 브라질 상파울루로 이주하였다.

포르투갈에 의한 농민들의 브라질 이주나 영국에 의한 화공들의 트리니다드 이주는 모두 고용계약을 체결하는 방식으로 진행되었는데, 이들 계약 화공들은 19세기 중반 이후 라틴아메리카로 본격적으로 이주하게 되는 근대 화교 디아스포라의 선구자라고 할 수 있다.

최초의 캐나다 화공들은 영국의 캐나다 서부 해안 개발과 관련되어 있다. 1776년 캐나다 서부 해안 지역을 차지한 영국은 1788년 중국인 노동자들을 캐나다 서부의 밴쿠버로 데려왔다. 이들 화공과 이후 토론토의 차이나타운에서 소규모 상가를 운영하였던 화상들이 최초의 캐나다 화교 집단이었다.

미국 독립 전 북미와 중국 간의 무역은 주로 당시 스페인의 식민지였던 미국서부해안 캘리포니아지역의 마닐라 범선을 통해 이루어졌다. 당시 북미지역에 진출한 중국인들의 수는 극히 적어 1571년부터 1748년까지 불과 수 명에 불과한 중국인들이 캘리포니아 남부해안과 서북부해안에서 조선업에 종사하고 있었다.

1784년 2월 22일 미국 상선 '차이나 퀸'이 뉴욕에서 케이프 혼을 경유하여 8월 23일 마카오에 도착하고, 이어 28일 중국 광주 황포(黃埔) 항에 도착함으로써 뉴욕에서 황포 항까지의 시운행이 성공적으로 이루어 졌는데, 이를 계기로 중국과 미국 간의 직접적인 무역이 시작되었다. 이후 미국의 많은 상선들이 중국에 도착해 가죽, 면포와 아편으로 중국의 방직물, 차 등의 물품을 거래하게 되었고 이 같은 무역 관계의 확대에 따라 소수의 화공들이 미국으로 이주하게 되었다. 이 밖에 당시 미국 상선의 선원으로 또는 이민하는 외국인의 하인으로 이주하는 중국인도 있었다. 그러나 그 수는 극히 적어 미국 이민국의 통계에 의하면 1820년부터 1840년까지 약 20년간 미국에 이주한 중국인은 약 10여 명에 불과하였다.

아편전쟁 이전 미국으로 이주해간 이들 소수의 화공들은 19세기 중반 문호개방 이후 납치되거나 강제 매매계약에 의해 대규모로 이주하게 된 화공들과는 근본적인 차이가 있었다.

(2) 아편전쟁 이후의 대규모 이주

아편전쟁 이후 아메리카로 이주해간 간 화공들은 크게 2가지 부류였다.

한 부류는 주로 미국으로 이주한 외상노동자(賒单工)였으며, 다른 한 부류는 주로 라틴아메리카로 이주한 계약화공이었다.

중국 동남연해지역 특히 광동성 주강삼각주 일대의 '삼읍'과 '사읍'지역은 당시 가장 유명한 교향(僑鄕)이었다. '삼읍'은 주강삼각주 중심지의 번우(番禺), 남해(南海), 순덕(順德) 등 3개의 현을 가리키며 '사읍'은 주강삼각주 일대 신회(新會), 대산(臺山), 개평(開平), 은평(恩平) 4개의 현을 가리킨다. 이들 '삼읍', '사읍'이 주요 교향으로 부상한 시기는 아편전쟁 때부터였다. 1840년과 1856년 영국이 일으킨 2차례의 아편전쟁은 모두 중국의 광동성에서 일어난 것이었다. 제1차 아편전쟁 과정 중 영국은 많은 아편을 중국으로 수출했는데, 그중 3/5이 광동성으로 판매되었던 까닭에 이 지역의 피해가 가장 컸다. 세금의 폭등, 마약의 범람, 그리고 영국의 방직물과 철제상품의 유입으로 인해 광동지역의 농촌과 수공업경제가 큰 타격을 받은 것이다. 이 같은 사회 경제적 불안정으로 인해 많은 사람들이 고향을 떠날 수밖에 없었다.

중국의 문호개방과 함께 서구 열강은 직접적, 공개적으로 대량의 중국인 쿨리에 대한 약탈을 감행하였다. 1846년 12월 7일 영국인이 하문에 덕기양행이라는 인력회사와 바라쿤을 설립한 이래 하문에서 아메리카로 향하는 본격적인 쿨리무역이 시작되었다. 이후 영국, 프랑스, 미국, 스페인 등 국가의 인력매매회사들이 쿨리무역 거점을 다시 산두, 마카오 및 마카오 북부의 금성문, 홍콩, 광주 등지로 확대하면서 광동, 복건 지역 농민의 납치와 유괴가 가속화되었다.

당시 청 정부가 서양열강의 이 같은 화공 약탈에 대해 별다른 조치를 취하지 않자 민중들 스스로 자신의 안전을 지키기 위한 투쟁에 적극적으로 나섰고 유괴, 납치당한 화공들 중에서도 투쟁을 통해 탈출을 시도하는 경우가 속출하였다. 일례로 1858년 8월 미국의 화공운송선에 갇혀 있던 화공 87명이 마카오로 향하던 중 인신매매범들을 죽이고 선박을 파괴한 후 탈출하는 일이 발생하기도 하였다.

민중들의 저항이 거세지자 영국과 프랑스는 중국 관료들의 매수를 통하여 화공의 모집과 해외 유출을 자유롭게 할 수 있는 방법을 모색하였다. 그 결과 1859년 4월 6일 남해, 번우 두 현의 현장이 계약을 체결하고 외국에 나가는 화공들을 제재하지 않겠다는 공고문을 게시하였다. 3일 후 광동 순무(巡抚) 백귀(柏貴)가 공고문을 발표하여 광동 백성들에게 자발적으로 해외에 나가는 자들을 막지 말 것을 명령하였다. 이러한 공고들은 모두 서구 열강의 화공 약탈에 대한 합법성을 인정하는 것이었다. 이를 근거로 영국은 청 정부로부터 화공 모집과 매매의 합법성을 인정받았고, 1859년 11월 광주에 첫 번째 합법적인 '화공모집사무소'를 설립하였다. 이를 기점으로 광동지역에는 많은 화공모집사무소가 우후죽순처럼 나타나기 시작하였고 수많은 백성들이 생활의 어려움으로 인해 부득이하게 이들 사무소와 계약을 체결하게 되었다.

아메리카의 경우 계약화공은 보통 마카오를 경유해 라틴아메리카에 간 화공들을 가리킨다. 라틴아메리카에 간 화공들은 대부분 양행들이 개설한 화공모집사무소와 계약을 맺는 절차를 거쳐야 했기 때문에 라틴아메리카의 중국인 노동자를 일반적으로 계약화공이라 불렀다.

통계에 의하면 1847년 6월 13일 영국인이 처음 하문에서 모집한 계약화공들을 쿠바의 아바나로 보내기 시작한 이후부터 1874년 7월 2일 마지막 페루선박이 화공들을 태우고 카야오(Callao)에 도착할 때까지 쿠바, 페루, 칠레 및 하와이로 보냈던 계약화공의 총수는 약 25~50만 명에 달했다.

1850년 이전까지 미국에서도 라틴아메리카와 같은 계약화공제도를 실행하였다. 하지만 미국 국내의 정세변화에 따라 미국은 이 같은 이민패턴을 포기하고 이른바 외상노동제를 실시하였다. 중국 상인이나 외국회사로부터 비용을 선불 받고 해외로 향하는 선박에 승선하는 방식의 이 같은 외상노동제에 의해 미국으로 이주했던 화공들을 외상화공이라 불렀다. 중국 상인이나 회사가 대신 지불한 비용은 후에 화공들의 친척이나 매주에게서 돌려받을 수 있었다. 외상화공과 계약화공의 가장 근본적인 차이는 '노무'를 '채무'로 바꾸는 것이었다. 미국 도착 후 외상화공들은 일정한 근무기한이 없지만 개인의 노동소득으로 미리 지불받은 비용과 이로 인해 생긴 이자를 갚아야 했다.

외상노동제는 주로 최초로 미국에 가 있는 중국 상인과 그들에 의해 조직된 회관에 의해 실시되었다. 화공을 따라 미국의 광산지역으로 들어가 생활필수품을 판매하는 점포를 운영하였던 중국인 상인들은 미국 회사의 화공 모집을 대리하는 매니저가 되었는데 바로 이러한 중국 상인들이 미국에서 번 돈을 가지고 다시 중국으로 돌아가 미국 회사를 위해 더 많은 화공을 모집하고 미국선박을 임대하여 외상화공들을 미국으로 보내는 일을 담당하였던 것이다. 이들은 미국 로스앤젤레스에 동주(同州), 영양(寧陽), 삼읍(三邑), 양화(陽和), 인화(人和), 합화(合和) 등 6개의 회관을 설립하고 광주, 홍콩 등 지역에서 향우회와 같은 단체를 통해 외상화공을 모집하였다.

통계에 의하면 1848년 이전 미국 서부지역인 캘리포니아에 정착한 화공의 수는 70여 명에 불과하였으나 1848년 캘리포니아에서 금광이 발견된 이래 이른바 골드러시에 의해 많은 화공들이 캘리포니아로 향했다. 하지만 매해 수천 명 정도였던 화공의 수가 『천진조약(天津條約)』[47] 후속조약 체결 이후 1868년에서 1882년에 걸쳐 그 수가 크게 늘어 약 10만여 명에 달했다.

캐나다 화공들의 경우도 대부분이 외상화공이었다. 1858년 이전까지 캐나다에는 화공이 극히 드물었으나 1858년 황금이 발견된 이후 캐나다를 향한 본격적인 이민이 시작되었다. 이후 캐나다 태평양철도회사가의 철도건설에 따른 노동력 수요의 증가로 화공들의 대규모 이민이 급증하여 1891년까지 약 9천명 이상, 1950년까지 약 85,000명에 이르렀다.

1840년 아편전쟁으로 인한 중국의 문호개방과 서구 열강의 아메리카 대

---

47 1868년 미국 서부지역의 개발로 미국 정부와 청 정부 간에 체결된 조약. 1968년 청 정부는 영국의 건의를 받아들여 전 주중미국대사였던 앤슨 벌링게임(Anson Burlingame)을 청의 대외사무대신으로 임명하여 미국에 외교사절로 파견하였다. 그는 미국 도착 후 미국의 뜻대로 당시 미국 국무부장관과 이 후속조약을 맺게 되었다. 이 조약에 의해 중국인과 미국인 상호 이주, 정착, 귀화 등의 자유가 보장됨으로써 화공의 미국 이주가 더욱 촉진 되었다.

류 개척으로 인한 노동력 수요의 창출, 1848년부터 1858년까지 북아메리카 지역에서 발견된 금광의 영향으로 화공의 아메리카 이주는 계속 증가하였다. 이 같은 화공의 수용지는 주로 쿠바, 페루, 서인도제도, 미국, 캐나다, 멕시코, 파나마, 브라질 등으로 집중되었다.

1) 쿠바 루트

스페인은 1511년 쿠바를 점령한 이래 388년 동안 전제 식민통치를 실시했다. 이 기간 동안 스페인 식민정부는 쿠바의 자원을 수탈하기 위해서 목축과 담배, 사탕수수 등 다양한 작물의 재배를 추진하였다. 그 결과 18세기 이후 사탕수수는 쿠바의 주요한 경제 작물이 되었다. 스페인 식민정부는 이를 위해 대규모의 흑인노예를 사들여 사탕수수 농장에 동원하였다. 때문에 쿠바 아바나에는 '흑항(黑港)'이라는 별칭이 생겨났다. 그러나 1830년대 유럽 공업자본가 계급의 성장과 함께 자유무역이 상업독점무역을 대체하게 되자 유럽 열강들은 노예무역과 노예제도의 폐지를 선언하였다. 이에 따라 흑인 노예의 공급이 중단되면서 노동력 부족 현상이 심각해졌다. 더군다나 유럽에서 백인 이민을 모집하는 것이 순조롭지 않은 상황에서 아편전쟁 이후 문호를 개방한 중국은 쿠바의 스페인 식민정부에게 매우 좋은 노동력 공급지가 되었다. 이로부터 화공이 쿠바 사탕수수 농장의 흑인노예를 대신하는 이른바 화인노예 역사의 막이 오르게 된 것이다.

쿠바를 향한 쿨리무역은 1838년 영국 양행이 대산(臺山)에서 모집한 화공들을 영국령 가이아나와 쿠바로 보내면서 시작되었다. 하지만 본격적인 대규모 이주는 아편전쟁 이후부터였다고 할 수 있다. 쿠바의 스페인 식민 정부는 흑인노예를 매매하던 영국 회사를 통해 화공 모집에 나섰다. 1847년 1월 첫 번째 계약화공 220명이 하문에서 스페인 선박을 타고 131일 만인 6월 3일에 아바나에 도착하였고, 같은 해 3월 역시 하문에서 약 420명의 화공이 영국선박에 실려 쿠바에 도착하였다. 또 1849년부터 광동 지역에서, 1853

년부터 마카오에서 각각 계약화공을 모집하기 시작하였다. 담건초(譚乾初)의 『쿠바잡기(古巴雜記)』에 따르면 1847년부터 1874년까지 23년 동안 쿠바로 향한 화공은 총 143,040명이며, 이 중 도중에 배에서 사망한 17,032명을 빼고 쿠바에 도착한 인원은 126,008명이었다.[48] 이 같은 기록을 바탕으로 여러 가지 관련 통계자료에 반영된 수치를 종합하여 볼 때 이 기간 쿠바 이민 화공의 수는 약 16만여 명에 이르렀을 것으로 추정된다.

『쿠바화공진술서(古巴華工口供册)』 및 『쿠바화공사무각절(古巴華工事務各節)』에 따르면 전체 쿠바 화공 중 광동 출신이 전체의 90.9%로 절대다수를 차지하였고, 다음이 복건 출신으로 5.7%, 이 밖에 호남(湖南), 강소, 강서(江西) 등 지역 출신이 나머지를 차지하였다. 또한 화공의 모집은 중국 본토에서 뿐만 아니라 필리핀 마닐라 등 타 지역, 국가, 그리고 쿠바 현지 등 광범위한 지역에서 이루어졌으며, 이들의 모집, 계약 및 운송 과정은 대부분 강제적이고 폭력적으로 이루어진 것들이었다.

쿠바로 향하는 화공의 출발지는 초기에는 주로 하문이었으나, 이후 마카오로 옮겨갔다. 1847년부터 1874년까지 마카오에서 쿠바로 향한 화공운송선은 약 260척이었으며, 약 10만의 화공이 이를 통하여 쿠바로 건너갔다. 한편 쿠바 화공들은 하문, 마카오 이외에 산두, 홍콩, 황포, 광주, 상해 등 중국 동남연해안 주요 항구와 필리핀 마닐라에서 출발하는 경우도 적지 않았다. 이들을 실은 운송선은 대부분 이른바 서항로(西航路)와 동항로(東航路)라는 두 가지 항해 노선을 이용하여 쿠바의 아바나로 이동하였는데, '서항로(西航路)'는 중국에서 자바(자카르타), 모리셔스, 희망봉(Cape Town)을 경유하여 대서양을 가로질러 쿠바에 이르는 노선으로 대서양을 건너는 아프리카 노예매매 항로보다 길었고 적도지대를 거쳐야 했기 때문에 오랜 시간 무더위와 싸워야 하는 노선이었다. 또한 '동항로(東航路)'는 남태평양을 횡단하여 혼곳(Cape Horn)을 거쳐 쿠바로 돌아 들어가는 항로로 이 노선은 서항로와 반대

---

48   清·王錫祺撰,『小方壺齋興地叢鈔』, 第12帙, 第9冊.

로 춥고 파도가 강한 고위도 지역을 거치기 때문에 대부분의 이동시간 동안 줍은 공간에서 갇혀 지내야 했으며 케이프혼의 풍향이 자주 바뀌는 까닭에 항해가 매우 어려운 노선이었다. 동서 두 항로의 거리는 대체로 비슷해서 일반적으로 이동에 걸리는 시간이 10월부터 3월 사이는 약 150일, 3월부터 9월 사이는 약 165일이 소요되었으며 때에 따라서는 200일이 훨씬 넘는 경우도 있었다.

이상과 같은 쿠바 화공의 이주루트를 출발지와 도착지를 잇는 노드 모형으로 도식화하면 다음과 같다.

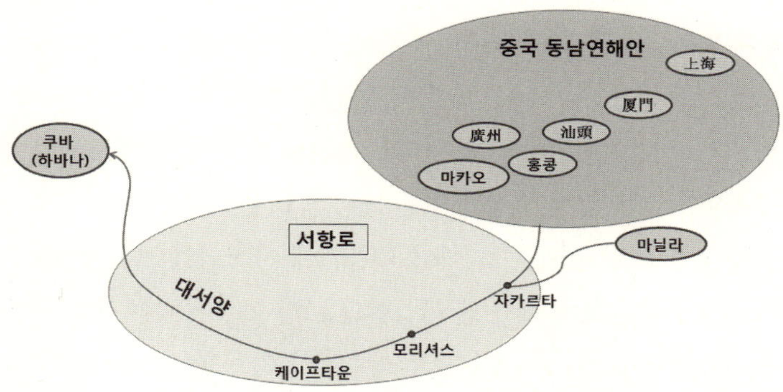

〈그림 39〉 쿠바 화교 디아스포라의 주요 이주루트 1 – 서항로 노선

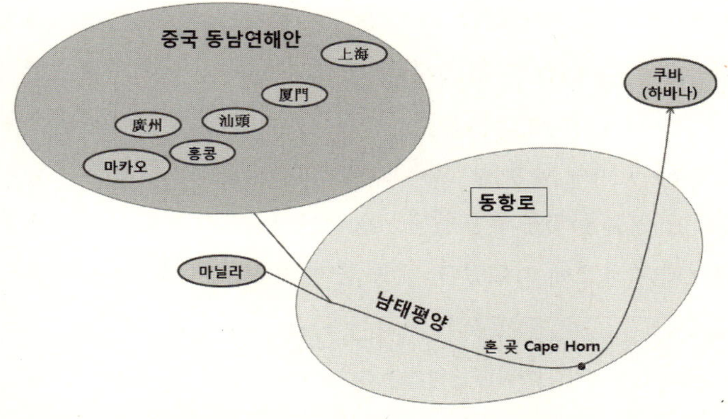

〈그림 40〉 쿠바 화교 디아스포라의 주요 이주루트 2 – 동항로 노선

2) 페루 루트

1821년 스페인의 통치에서 해방된 이래로 국가경제의 활성화를 선결 과제로 내세우고 있던 페루는 사탕수수, 목화에 대한 국제시장의 수요 증가와 1840년 이후 시작된 구아노(Guano)[49] 개발의 필요에 따라 충분한 노동력의 공급이 절실하였다. 특히 1850년 당시 페루의 인구는 200여만 명에 불과하였으며 전체 인구의 70%를 차지하고 있던 인디언들은 해안생활의 열악한 조건과 저임금을 감내하면서 농장이나 광산에서 일하기를 원치 않았다. 게다가 당시 농장, 광산 노동을 담당하고 있던 흑인 노예제의 폐지를 주장하는 움직임이 고조되면서 흑인 노예의 공급이 중단될 위기에 처하자 페루 경제는 새로운 노동력을 찾아 나설 수밖에 없었다. 이 같은 상황에서 페루가 주목한 새로운 노동 인력의 공급원이 바로 중국이었다. 중국의 노동력 수입을 위하여 페루가 가장 먼저 추진한 것은 1849년 11월 중국인 이민법의 도입이었다. 중국인의 페루 이주는 일찍이 17세기에 시작되었으나 계약노동제에 의한 화공의 이주는 19세기 중엽 이민법의 도입 이후에야 본격화 되었다.

관련 자료에 의하면, 1849년 중국 광주에서 약 70명의 계약화공이 처음 페루의 카야오(Callao) 항에 도착한 이래 1854년 10월까지 하문, 홍콩, 마카오, 금성문, 산두 등지에서 페루로 이주한 화공의 수는 7,351명이었다.[50] 이 밖에 쿠바 등 부근 국가에서도 화공을 모집했는데, 이와 같은 화공의 모집과 이주과정은 모두 유괴, 납치, 밀약 등의 수단으로 강제로 체결한 계약을 통해 이루어졌다. 1856년부터 1861년까지 5년에 걸쳐 이러한 화공의 수입이 흑인노예 무역과 다를 바 없다고 여긴 페루 정부가 중국인의 입국을 금지하였으나 실효를 거두지 못했다. 1861년부터 다시 재개된 화공의 수입은 1870년대에 최고조에 이르렀다. 각종 통계 자료가 제시하는 수치를 바탕으

---

49 바닷새의 배설물이 바위 위에 쌓여 굳어진 덩어리로, 질소분이나 인산분이 많아 비료로 쓰이며, 남미의 칠레 연안이나 남태평양 제도에 많이 생긴다.

50 British Parliamentary Papers Correspondence Poun the Subject of Emigration from China, 1855, cd-255, 제25호 문건, 부표.

로 볼 때 1849년에서 1875년까지 페루로 이주한 화공의 전체 수는 약 20여 만 명이었던 것으로 추정된다.

아래 그림은 이상에서 살펴본 페루 화공의 이주루트를 노드모형을 이용하여 나타낸 것이다.

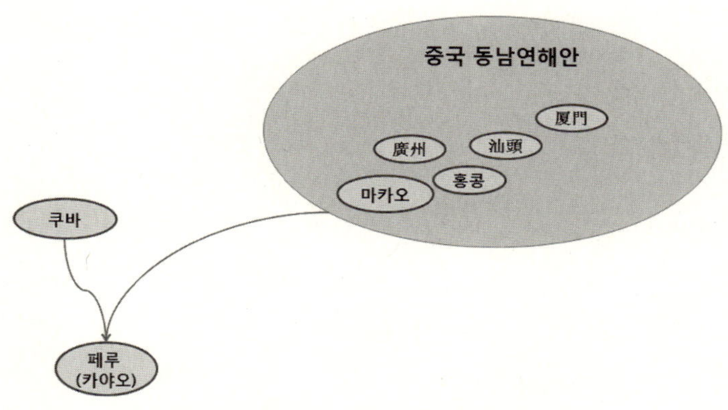

〈그림 41〉 페루 화교 디아스포라의 주요 이주루트

3) 미국 루트

미국은 1846년부터 1848년까지 멕시코와의 전쟁을 통해 아메리카 서부 지역을 차지하였다. 이후 서부 캘리포니아 주에서 금광이 발견되면서 노동력 수요가 급증하였고, 이로부터 미국 화공의 이주가 본격화되었다. 초기 미국은 대표단을 직접 중국으로 파견하여 화공들을 모집하였다. 그러나 이후 미국 현지 상인 등 중국인 대리인을 통해 화공을 모집한 다음 여비를 선불해주는 조건으로 계약을 체결한 후 홍콩에서 샌프란시스코까지 운송하였다. 또 미국에 먼저 정착하였던 중국인들이 귀국하여 노동자를 고용한 후 미국으로 데리고 온 다음 다시 현지 중국인이나 미국인에게 나누어 임대하기도 하였다. 샌프란시스코에 세워진 인력회사들 중에는 중국 회관(會館)들이 포함되어 있었는데, 외국인들은 이 같은 인력회사의 업무를 담당하는 중국 회관을 공사(公司)라고 불렀다. 1849년 가장 먼저 강주회관(岡州會館)이 설립되었고 1850년 삼읍회관, 같은 해 말 사읍회관 등이 설립되었다. 1853년 미국 내 중국 4大회관으로 삼읍, 사읍, 강주, 양화회관(陽和會館, 人和會館)이 있었다. 1854년 영양회관(寧陽會館)이 설립되면서 5대회관이 형성되었고, 1862년에는 합화회관(合和會館)이 더해져 6대회관 혹은 6대공사로 발전되었으며, 이어 1876년에는 조경회관(肇慶會館)이 설립되어 7대회관으로 확대되었다.

미국의 중국인 노동자는 전체의 약 3~4%에 해당하는 일부 자비(自費) 노동자를 제외하고는 나머지 대부분이 여비를 선불 받고 계약에 서명한 외상 화공들이었다. 그러나 빚을 갚는 조건은 아주 가혹해서 50원의 여비와 20원의 기타 비용을 받은 노동자들이 실제로 갚아야 할 돈은 200원이나 되었다. 이들은 미국에 도착한 후에 또 계약을 맺어야 했는데, 이 계약서의 내용은 주로 출국 전에 맺은 계약서와 유사한 내용으로 이미 선불 받은 여비를 임금에서 차감한다는 것이었다.

화공들은 샌프란시스코 부두에 도착하자마자 명령에 따라 원적과 성씨별로 줄을 서 각 원적지 회관 대표를 따라 대리기관으로 이동한 다음 등록, 비자 신청 등 절차를 밟았다. 그런 다음 회관의 배정에 따라 각 외국회사나 공장, 그리고 농장 등으로 분산되었다. 이들 회관은 매우 전제(專制)적인 조직이었으며, 비밀 법정을 세워 민형사상의 권리까지 행사하였기 때문에 일종의 소국가라고도 할 수 있었다.

미국 화공들은 대부분 광동 주강삼각주 일대에서 왔는데 특히 사읍 출신이 주를 이루었다. 1848년 샌프란시스코의 중국노동자는 단 3명이었다가 1849년에 325명, 그 이듬해에는 450명으로 늘어났고, 1851년에는 2,716명까지 증가했다.[51] 이후 1850년대 중반까지 약 2만여 명에 달했던 화공 입국자 수는 1860년 이전까지 광산의 개발이 줄어들면서 매년 3,000~5,000명에 머물렀다. 1860년대 초반 철도건설과 각 방면의 수요 확대로 다시 매년

---

51 沈已堯, 『海外排華百年史』, 第1章, p. 21.

7,000~8,000명으로 증가했던 입국자 수는 1863년 이후 표층의 금광이 거의 고갈되면서 또다시 2,000~4,000명으로 줄어들었다. 그러나 1868년 이후 철도 건설, 농경지 수리시설 정비 등 수요로 인해 입국자 수가 재차 증가하기 시작하였으며, 미국 국회의 통계에 따르면 1873년 현재 미국 내 중국인 수는 총 135,399명이었다.[52] 이들 화공들은 미국 서부 각지에서 광산업, 교통 건설, 농경지 개간 등 다양한 업종에 종사하였다.

초기 화공들이 주로 일했던 곳은 금광이었다. 1848년 1월 캘리포니아 주 새크라멘토 동북 35마일 글로마의 아메리칸 강에서 금광이 발견된 이래 잇따라 다른 곳에서도 금광이 발견되었다. 이로부터 비롯된 골드러시로 인해 1851년부터 외상화공의 수가 급증하였고 1852년 이후 대규모의 외상화공들이 캘리포니아의 여러 광산으로 들어가 황금 채굴에 종사하였다. 이들은 초기에는 캘리포니아 주 센트럴밸리(Central Valley)의 남부, 북부, 동부 광산구역에서 일하다가 점차 다시 서부의 기타 지역으로 이동하였다. 1870년 미국 인구조사 보고서에 따르면 미국 각 주(州)의 중국인 광부 수는 캘리포니아 9,087명, 아이다호 3,853명, 오리건 2,428명, 몬태나 1,415명, 네바다 240명, 워싱턴 44명 등 총 17,068명이었다.[53]

1862년 미국 정부는 서부지역 금광 채굴과 서부 개발을 위해 미 대륙 중부지역을 관통하여 동, 서부를 연결하는 중부태평양 철도 건설을 결정하였다. 이를 위하여 동쪽의 오마하와 서쪽의 새크라멘토 두 지역에서 동시에 건설을 시작하여 중앙으로 연결시키는 공정을 진행하기로 하고 동쪽에서부터의 공정을 '연합태평양철도공사(Union Pacific Railroad)'에, 서쪽으로부터의 공정을 '중앙태평양철도공사(Central Pacific Railroad)'에 각각 담당하게 하여 두 회사 간의 경쟁을 유도하였다. 이에 연합태평양철도공사는 아일랜드 이주민과 퇴역군인을 고용하여 담당 구간 공사를 진행하였다. 중앙태평양철도공사도 연합태평양철도공사와 마찬가지로 건설 초기에는 아일랜드 이주민

52　柯立奇,『中國吏民』,『華工出國史料』(七), p. 192.
53　Tomas. W. Chinn, A History of Chinese in California, In the Gold mines.

과 멕시코인들을 고용하였다. 하지만 인력 수급에 어려움이 따라 공사 시작 2년이 지나도록 공정의 진척이 50마일에 그치자 중앙태평양철도공사는 중국인 노동자에게 시선을 돌렸다. 1865년 50명의 화공을 처음 고용한 결과 현저한 성과를 얻게 되자 이후 중국의 광주, 홍콩, 마카오 등지에 화공 모집 거점을 마련하고 대규모의 화공을 고용하여 샌프란시스코로 운송하였다. 이 결과 약 15,000명의 화공이 중부태평양철도 건설에 동원되었다.

화공들은 중부태평양 이외 지역의 철도 건설에도 참여하였다. 예를 들어, 북태평양철도 건설에 참여한 화공들은 총 15,000명에 달했다. 이들은 대부분 홍콩에서 온 사람들로 1868년 430명이 프랑스 선박을 타고 홍콩에서 출발하여 포틀랜드에 도착한 이래, 1872년 한 해에만 총 5차례에 걸쳐 1,525명의 화공들이 도착하였으며, 1882년에는 9,451명의 화공이 15척의 배에 실려 홍콩에서 건너왔다. 한편 루이지애나 주에서 미국의 국경을 따라 캘리포니아 주에 이르는 남태평양 철도의 건설에도 대규모의 화공이 참여하였는데, 텍사스 주 엘패소에만도 1,200명 화공들이 있었다. 한편 북부 포틀랜드에서 샌프란시스코를 경유하여 로스앤젤레스에 이르는 남북태평양 연안 관통 철도 및 기타 각 주의 철도 건설에도 광범위하게 참여하였다.[54]

화공들은 이 밖에도 농경지 개척과 농장, 과수원 등의 농업노동에도 참여하였다. 미국 서부 캘리포니아 주 새크라멘토 강과 산호세 강 삼각주 및 중앙 하곡(河谷) 곡창지대의 개척과 농장, 과수원 등의 생산 활동에 참여한 사람들은 주로 화공들이었다. 미국 남부 농장주들도 중국에서 계약화공을 모집하였다. 1870년 2월 약 200명의 노동자가 홍콩에서 배를 타고 뉴올리언스 부두에 도착한 이후 아칸소 등지의 농장으로 퍼져 나갔다. 한편 1870년대 이후 화공들은 점차 시가(Cigar), 신발, 모직, 통조림 제조 등 공장 및 서비스업으로 전업하기 시작하였고, 거주 지역도 미국 서부 캘리포니아 주를 주요 거점으로 하여 동부 각 주로 확대되었다.

---

54 陣匡民編, 『美洲華僑通鑑』, 美洲華僑文化社, p. 45.

파나마운하의 굴착 공사는 화교 디아스포라의 아메리카 이주 및 건설 과정 중의 또 다른 이정표라고 할 수 있다. 파나마운하는 대서양과 태평양, 라틴아메리카와 북아메리카 대륙을 연결하는 요충지에 위치하고 있었기 때문에 파나마운하의 굴착을 둘러싼 스페인, 영국, 프랑스 간의 치열한 경쟁이 전개되었다.

가장 먼저 파나마운하의 굴착에 착수한 것은 프랑스였다. 프랑스는 1879년 '파나마운하회사'를 설립하고 1881년 정식으로 파나마 운하 굴착 사업에 착수하였다. 프랑스는 이를 위하여 대규모의 화공을 동원하였다. 먼저 1880년에서 1881년 사이 중국 광주에서 약 천여 명의 화공을 납치, 약탈하여 파나마운하 굴착 현장으로 보냈다. 이어서 1887년에서 1888년 사이 광주해관 관리들의 도움을 받아 약 650명의 화공을 유괴하여 파나마로 운송하였다. 또 1889에서 1890년 사이 파나마운하회사가 중국 동남연해안 각 항구와 홍콩, 그리고 카리브해의 영국령 가이아나 등 지역에서 화공 4,500명 정도를 모집했다. 굴착 과정 중 많은 화공들이 학질이나 황열에 걸려 사망하고 1890년 파나마운하회사가 경비부족으로 파산하자 파나마운하 굴착 공사가 일시 중단되었다. 이후 프랑스는 1893년 새로운 파나마운하회사를 설립하고 여전히 중국에 가서 화공들을 모집하였다. 그러나 프랑스의 두 번째 운하회사도 파산하자, 파나마는 1903년 미국과 계약을 맺었다. 이 계약을 통해 미국은 파나마지협과 파나마운하의 굴착권을 가지게 되었다. 이에 미국은 1904년 대통령이 직접 관장하는 지협운하위원회를 설립하고 1914년까지 약 10년에 걸쳐 운하 굴착공사를 거의 완성시켰다. 미국이 파나마운하 굴착공사를 접수한 직후부터 바로 화공들이 미국, 쿠바, 가이아나, 자메이카 등 지역에서 운하 공사현장으로 투입되었다. 또한 이외에도 미국 상사들을 파견하여 중국 복건성 하문 등지에서 비밀리에 약 2,000여 명의 화공들을 모집한 후 홍콩을 출발하여 미국 동부의 뉴욕 등 항구를 거쳐 파나마운하 공사 현장으로 동원하였다.

이상에서 살펴본 바와 같이 중국에서 모집된 화공은 주로 하문, 산두, 마카오, 홍콩, 광주 등지에서 출발 미국 서부 캘리포니아 주 샌프란시스코를 비롯하여, 오리건 주 포틀랜드, 남부 루이지애나의 뉴올리언스, 뉴욕 등으로 이동한 후 미국 내 경제상황과 직종의 변화에 따라 점차 동부 각 주 및 도시까지 확산되어 나갔다. 미국 화공의 이 같은 이주루트는 크게 다음 몇 가지로 분류할 수 있다.

① 금광 개발 이주루트

광동 주강삼각주, 사읍, 홍콩 – 대만 북단(동북 계절풍을 피함)–일본 동쪽(북위 서풍 이용) – 북위 35°~45°에서 태평양 횡단(일본 동북쪽의 해류를 건넘)–샌프란시스코–센트럴밸리 남부, 북부, 동부–아이다호, 오리건, 몬태나, 네바다, 워싱턴

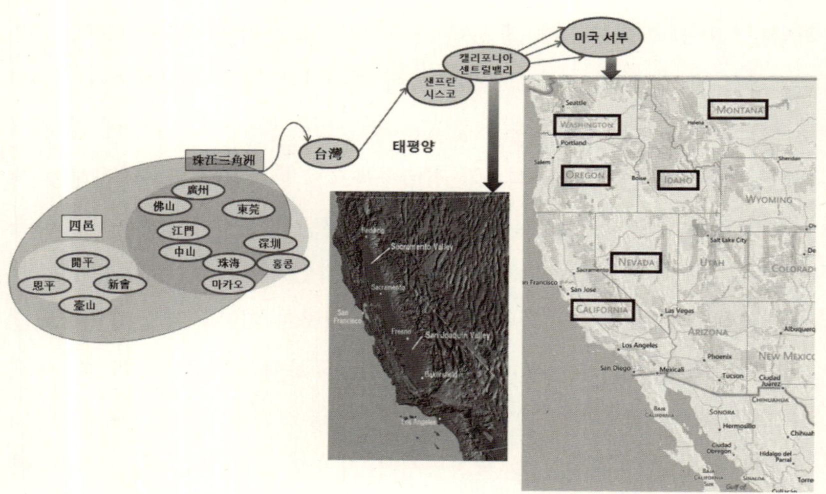

〈그림 42〉 미국 화교 디아스포라의 금광 개발 이주루트

② 철도 건설 이주루트
○ 중부태평양 철도 건설 : 광주, 홍콩, 마카오–샌프란시스코–새크라멘토, 오마하

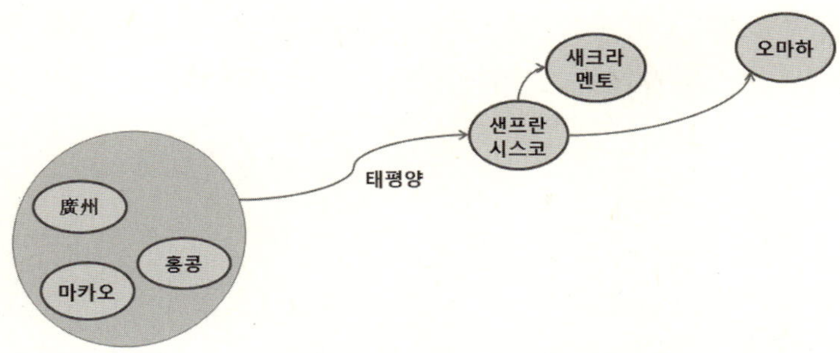

〈그림 43〉 미국 화교 디아스포라의 중부태평양 철도 건설 이주루트

○ 북태평양 철도 건설 : 홍콩-오리건 주 포틀랜드-워싱턴, 몬태나, 노스
다코타, 미네소타

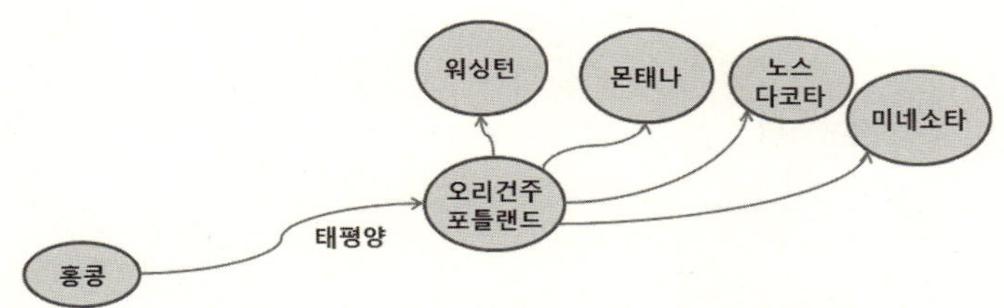

〈그림 44〉 미국 화교 디아스포라의 북태평양 철도 건설 이주루트

○ 남태평양 철도 건설 : 홍콩-루이지애나 주 뉴올리언스-캘리포니아 로
스앤젤레스, 텍사스 엘패소, 애리조나 주 유마

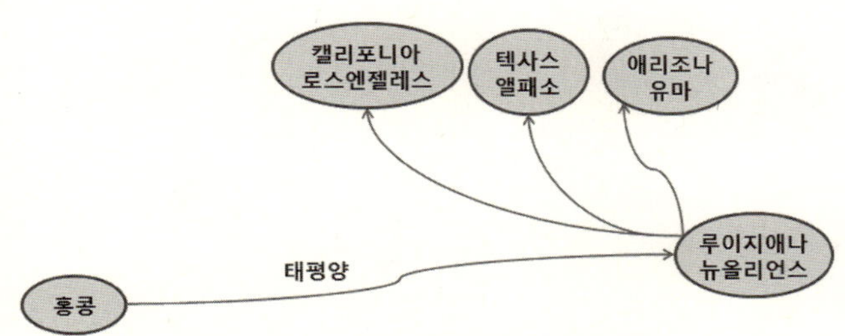

〈그림 45〉 미국 화교 디아스포라의 남태평양 철도 건설 이주루트

○ 남북태평양 연안 관통 철도 건설 : 홍콩–오리건 주 포틀랜드–캘리포
  니아 샌프란시스코–로스앤젤레스

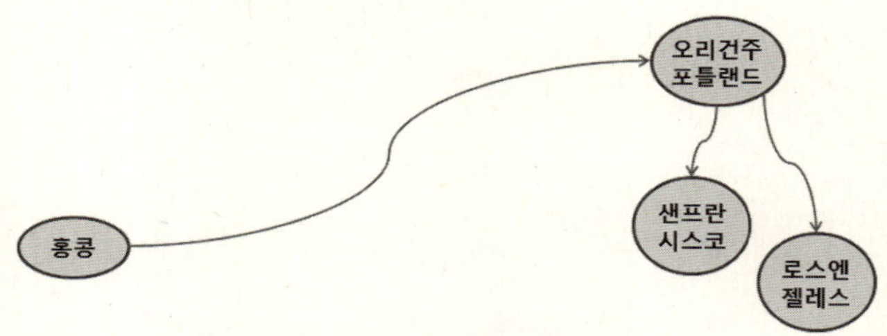

〈그림 46〉 미국 화교 디아스포라의 남북태평양 철도 건설 이주루트

③ 농업 노동 이주루트
○ 광동 주강삼각주–홍콩–루이지애나 주 뉴올리언스–아칸소 주

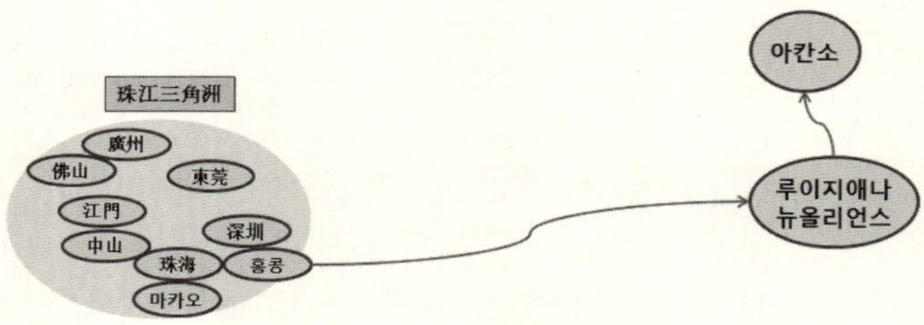

〈그림 47〉 미국 화교 디아스포라의 농업 노동 이주루트

④ 파나마운하 건설 이주루트
○ 중국 : 하문, 광주–홍콩–뉴욕–파나마

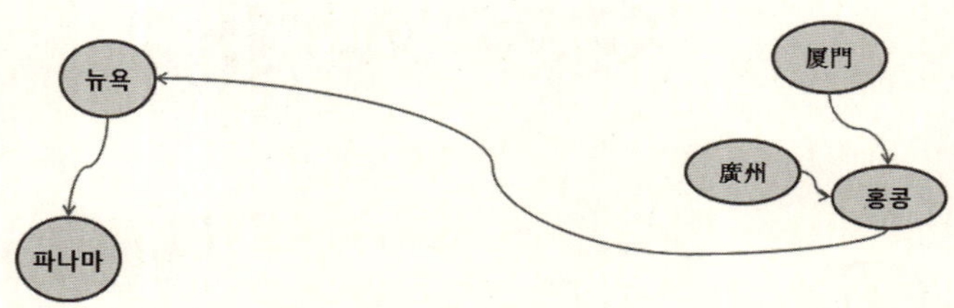

〈그림 48〉 미국 화교 디아스포라의 파나마운하 건설 이주루트 1 – 중국 출발 노선

○ 아메리카 등 기타 지역 : 미국, 쿠바, 가이아나, 자메이카–파나마

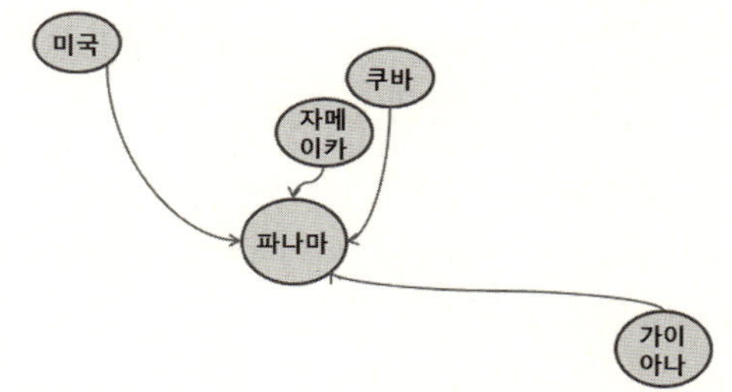

〈그림 49〉 미국 화교 디아스포라의 파나마운하 건설 이주루트 2
– 아메리카 등 기타 지역 출발 노선

4) 하와이 루트

1835년 하와이에서 대규모 사탕수수 재배가 시작되었다. 이후 농장의 규모가 점차 커짐에 따라 노동력 수요가 급증하였다. 이에 1850년 하와이 로열Royal농업협회는 중국에서 쿨리를 수입하기로 결정하고 같은 해 테티스(Thetis)호 선장 칸(kahn)을 중국에 파견하여 계약화공의 수입에 나섰다.[55] 1851년 11월 테티스호가 199명의 계약화공을 싣고 하문에서 출발하여 1852년 1월 3일 하와이에 도착한 이래 하문에서 하와이로 향하는 계약화공의 이동이 계속 이어졌다. 통계에 따르면 1852년부터 1864년까지 하와이 로열(Royal)농업협회가 수입한 계약화공은 모두 700명이었다.

1865년 하와이 설탕산업은 대부분 미국, 영국, 프랑스 등 백인들에 의해 조종되었으며 제품도 주로 미국으로 판매되었다. 1860년대 초반 미국의 남북전쟁으로 인하여 설탕 가격이 폭등하자, 설탕 생산의 확대를 위하여 더욱 많은 인력 수요가 발생하였다. 이에 1865년 6월 로열농업협회는 목사 롭 체드(Rob Chad)를 홍콩으로 파견하여 화공에 대한 추가모집에 나서기 시작하여

---

55 Katherine Coman, History of Labour in Hawaii Islands, 陣翰笙, 盧文迪, 陣澤憲, 彭家禮編, 『華工出國史料匯編』(이하 『匯編』)(七), p. 279.

1865년부터 1899년까지 하와이 호놀룰루(Honolulu), 카우아이(Kauai) 등지에 도착한 화공의 수가 총 33,611명에 이르렀다.[56]

이와 같이 하와이에 도착한 계약화공들의 계약 내용 다른 지역의 계약화공에 비해 상대적으로 나은 편이었지만 여전히 적지 않은 문제를 안고 있었다. 즉 계약서에는 명확한 근무 연한 이외에 어디서 일하는지, 누구에게 고용되는지, 무슨 일을 하는지 등에 관한 내용이 명확하게 적혀 있지 않았다. 따라서 고용주는 화공을 마음대로 통제할 수 있었고, 더욱이 이 계약서는 양도가 가능한 것이었다. 다시 말하면 고용주는 계약서와 화공들을 상품처럼 자유롭게 매매하거나 양도할 수 있었다는 것이다. 1872년 이후 하와이 정부는 계약화공을 위한 보호규정을 마련하고 이와 관련된 일련의 조치들을 실시하였지만 화공들은 여전히 야만적인 폭력과 비인간적인 처우 하에서 강제 노역에 동원되었다. 일례로, 1897년 광동 중산(中山), 신회(新會) 등 지역 출신 화공 약 600여 명이 홍콩에서 배를 타고 카우와이(Kauai)에 도착한 후 벌목, 농장 개척, 사탕수수 재배 등 각종 농업 노동에 동원되었는데, 이들은 이른 아침부터 밤늦게까지 고된 노동에 시달렸으며, 이 과정에서 탈출하거나 병들어 죽는 이들이 적지 않았다. 1897년 12월 31일의 보고에 의하면 하와이 화공들 중 귀국한 자가 10명, 도망자가 173명, 사망자가 102명에 달했다.[57]

1898년 하와이가 미국에 통합된 이후, 1882년의 이민법에 따라 중국인 입국의 완전 금지를 선언하였다. 이후 1990년 하와이 정부는 방역을 구실로 차이나타운을 불태웠는데, 3일 동안에 걸쳐 차이나타운이 파괴되었고 손실금액이 약 200만 달러에 이르렀다.

이상과 같은 하와이 계약화공의 이주는 주로 하문, 홍콩 등지에서 하와이 호놀룰루, 카우아이 등지로 이어지는 루트를 통하여 이루어졌다. 이 같은 하와이 계약화공의 이주루트를 노드모형을 이용하여 나타내면 아래 그림과 같다.

---

56 위의 책 附表.
57 司徒美堂,『祖國與華僑』上冊, pp. 68~71.

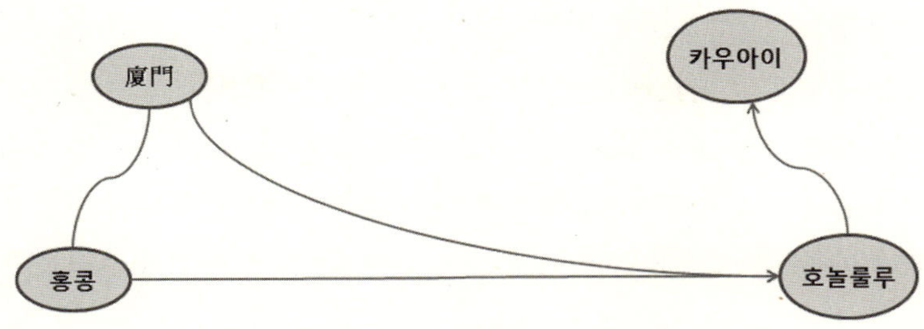

〈그림 50〉 하와이 화교 디아스포라의 주요 이주루트

5) 캐나다, 멕시코, 파나마, 브라질 루트

① 캐나다

1858년 캐나다 서부 영국령 콜롬비아(British Colombia) 지역에서 금광이 발견되었다. 이후 이로 인한 인력 수요가 발생하면서 미국 노동자들이 대거 북쪽으로 이동하였다. 최초의 화공 집단 역시 이 과정에서 샌프란시스코로부터 북상하였다. 몇 달 후에는 이미 수백 명의 화공들이 프래서 강(Fraser River) 계곡 부근에서 금광 채굴에 종사하고 있었다. 1859년 3월 캐나다 일간지 『빅토리아』의 기사에는 샌프란시스코의 한 중국 공사(公司)가 화공 2,000명을 곧 보내올 것이며, 또 다른 상선이 홍콩에서 직접 화공을 운송하여 프래서 강 상류의 사금 채취현장으로 보내게 될 것이라고 보도하고 있다. 1860년 5월의 인구 통계 당시 중국인은 1,575명이며 1863년에는 2,500여 명에 달했다.

1879년까지 영국령 콜롬비아에 거주하던 5,700명의 중국인 중 광산업 종사자가 약 1,800명, 농장 노동자가 약 1,500명, 어부가 약 1,100명 등으로 대부분이 이 세 가지 업종에 종사하였다. 이 밖에도 일반 노동자 약 700명, 세탁업 종사자와 가정부가 각각 약 300명, 제화공(製靴工) 약 150명, 재봉사 약 100명이 있었다.

화공들의 캐나다에 대한 가장 큰 공헌은 태평양과 대서양 양안을 관통하는 철도 및 지선의 건설에 참여한 것이었다. 철도 건설에 참여한 화공들은 각 구간에 분산되었다. 예를 들어, 예일(Yale) 구간에는 32개 팀이 있었는데, 각 팀은 약 30명으로 구성되어 있었다. 또한 각 팀에는 화공들의 의식주를 관리하는 십장이 한 명씩 있어서 매달 철도회사에서 지급하는 월급을 화공들에게 분배하였다. 일반적으로 화공들은 언어소통 문제로 인하여 외국인들과 직접 접촉하는 일이 거의 없었다.

1885년 10월 동·서 태평양 양안을 연결하는 철도 공사가 끝나자 화공들은 즉시 해고되었다. 해고당한 화공들은 문전걸식하거나 음식을 훔쳐 먹을 수밖에 없었다. 심지어 강가에서 죽은 연어를 주워 먹으며 연명하는 화공들도 있었다.

1885년 인구가 12,000명밖에 되지 않는 빅토리아 시에 약 3,000명의 화공 실업자와 약 500~600명의 백인 실업자가 있었다. 하지만 캐나다 정부는 이 문제를 적극적으로 해결하려 하지 않았고, 駐 샌프란시스코 청국 영사(領事) 또한 화교들이 빈둥거리는 것을 방지한다는 명분을 내세워 빅토리아 시의 시죽창(施粥廠, 역자 주 : 죽 등을 배급하여 빈민을 구휼하는 장소 혹은 기관)을 지원하지 않았다.

일찍이 미국 인종주의자들의 배화풍조에 영향을 받은 일부 캐나다인들은 화공들의 캐나다 입국에 대해 초기부터 적극 반대하는 입장을 취했다. 그럼에도 불구하고 당시는 서부개척을 통한 경제개발을 위하여 중국인 저가 노동력의 확보가 시급한 상황이었기 때문에 1858년부터 1885년까지는 화공의 자유입국이 허용되었다. 그러나 1885년 이후 급격한 세금 인상을 통한 입국제한 정책이 시작되었다. 이에 계약신분으로 입국한 화공들이 줄어들고 상인, 학생 등 신분으로 입국하는 중국인들이 점차 늘어나다가 1923년에는 모든 중국인들의 입국이 전면 금지되었다.

화공의 캐나다 이주는 주로 아래 그림과 같이 미국의 샌프란시스코에서 북상하거나 중국 현지에서 모집된 후 홍콩을 출발하여 빅토리아 항에 도착하는 루트를 이용하였다.

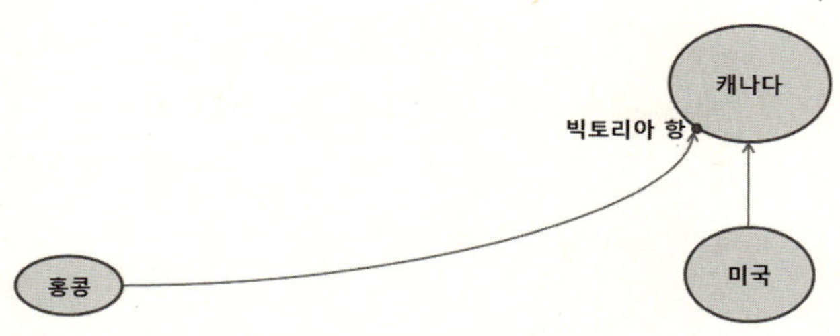

〈그림 51〉 캐나다 화교 디아스포라의 주요 이주루트

② 멕시코

1860년대, 1870년대에 들어서 영국과 미국이 멕시코에 진출하여 광산, 농장 등을 개발하기 시작하면서 교통이 가장 중요한 문제로 대두되었다. 멕시코 중앙철도의 건설을 담당한 미국은 기존의 미국 화공을 고용하여 철도건설에 참여시켰다. 1880년대 미국에서 화공에 대한 배척이 심해지면서 미국 남태평양 철도 건설이 마무리 되자 이 공사에 참여하였던 미국 화공들이 잇달아 멕시코의 철도건설 현장으로 이동하였다. 이후 멕시코의 화공에 대한 수요가 더욱 증가하면서 1891년에는 영국과 미국의 쿨리무역상들이 미국화교를 대리인으로 내세워 마카오와 홍콩 등지에서 화공을 모집하였다. 멕시코에 도착한 화공들은 대부분 철도 건설, 광산 채굴, 농경지 개간, 곡식 재배 등의 노동에 동원되었다.

1898년 멕시코는 더 많은 화공의 공급을 위해 중국에『통상초공조약(通商招工條約)』의 체결을 요구하였고, 1899년 청은 결국 멕시코의 요구에 따라 이 조약에 서명하게 된다. 이후 1904년 산타 로살리아(Santa Rosalia)와 까나네아(Cananea)의 동광(銅鑛) 개발과 남태평양 철도 건설로 인해 화공 고용의 붐이 일었다.

이로부터 복주, 복안(福安) 등 복건, 광동 및 산동 등 각 지방에서 거의 매년 수백에서 많게는 수천 명의 중국인들이 납치 또는 유인되어 계약화공의 신분으로 광산이나 철도 건설 현장 등으로 보내졌다.

멕시코 화공들은 주로 미국 샌프란시스코, 캐나다 빅토리아 등 지역에서 이동하거나 중국의 복건, 광동, 산동 등 지역에서 모집된 후 홍콩, 마카오 등을 거쳐 멕시코로 향하는 루트를 이용하였다.

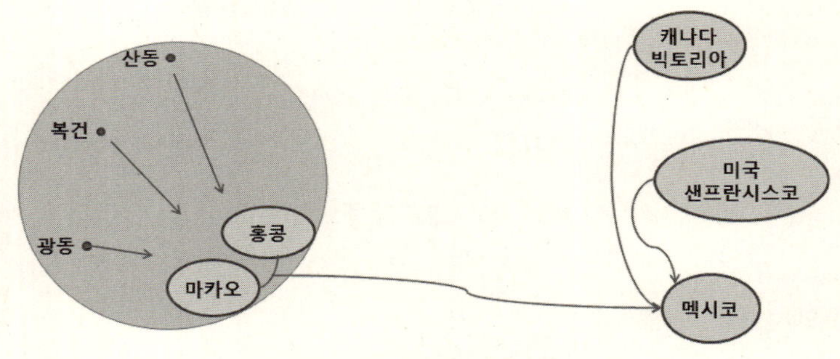

〈그림 52〉 멕시코 화교 디아스포라의 주요 이주루트

③ 파나마

파나마의 계약화공은 주로 대서양과 태평양을 관통하는 파나마철도와 파나마운하의 건설 두 가지 필요에 의해서 고용되었다. 1848년 미국 보스턴 자본가들은 파나마 철도회사를 설립하여 파나마 철도 건설을 진행하였다. 1849년 초 아일랜드와 서인도제도 출신 노동자 수백 명을 고용하여 시공했으나 열악한 환경으로 인해 이들 중 절반 이상이 사망하였다. 이에 새로운 노동력의 공급을 필요로 하면서 1851년 이래 광동 남오(南澳), 광주, 그리고 홍콩, 마카오 등지에서 계약화공을 모집하기 시작하였다. 이후 1852년부터 1856년까지 5년 동안 약 20,000여 명의 화공이 파나마로 운송되었다.

파나마 철도 건설 이후에도 화공들은 세 차례에 걸쳐 파나마운하 굴착 공사에 참여하였다. 첫 번째는 1878년 프랑스가 설립한 파나마운하 회사에 고용되었다. 이 회사는 1882년 이후 광동, 홍콩 등지에서 화공을 모집하였는데, 이때 모집된 화공들은 밀림의 습지에서 내뿜는 장기(瘴气)에 중독되어 대부분 사망하였다.

1890년 첫 번째 파나마운화 회사가 도산하자 1893년 프랑스는 다시 신(新) 파나마운하 회사를 설립한 후 홍콩 등지에서 모집한 화공을 투입하여 파나마지협의 굴착작업을 계속 진행하였다. 이것이 화공들이 참여한 프랑스의 두 번째 파나마운하 굴착사업으로 이 또한 오래지 않아 운하회사의 파산으로 막을 내렸다.

이후 1902년 미국 의회에서 파나마운하 굴착법안이 통과되면서 1903년 파나마운하 굴착 공사가 재개되었다. 미국은 화공 모집을 위한 전담 인력회사를 설립하여 미국, 쿠바, 자메이카, 가이아나, 홍콩, 필리핀 등 광범위한 지역에서 화공 모집에 나섰다.

1905년 미국은 청에 화공 모집의 허가를 요청하였으나 청 정부는 이를 받아들이지 않았다. 그러나 미국 인력회사는 청과의 교섭 도중 복주, 하문 및 동남아 등지에 암암리에 상인들을 파견하여 화공을 모집하였다.

1906년 청 조정은 파나마의 환경이 열악하고 공사가 위험하다는 이유로 파나마운하 건설 화공 모집에 대한 금지령을 내렸다. 그러나 이 같은 금지령이 내려졌을 때는 이미 약 2,800명의 화공이 뉴욕을 거쳐 파나마로 이동하여 운하 굴착공사에 동원되고 있었다.

파나마운하 건설 사업에 동원된 화교들은 주로 광동 출신으로 홍콩, 마카오 등지에서 모집되어 파나마로 운송되었다. 이 밖에도 미국, 쿠바, 가이아나, 자메이카, 필리핀 및 동남아 등 광범위한 지역에서 모집되어 파나마로 이동하기도 하였다. 아래는 이 같은 이주루트를 그림으로 나타낸 것이다.

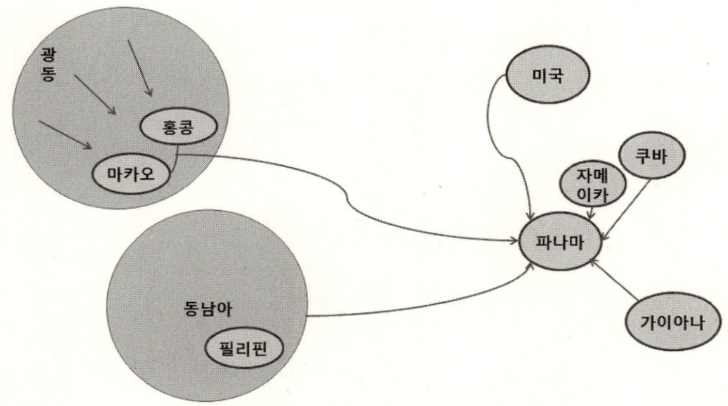

〈그림 53〉 파나마 화교 디아스포라의 주요 이주루트

④ 브라질

1822년 브라질 독립 이후 브라질 상인 마누엘(Manuel de Almeida Cardoso)은 1854년 브라질 제국정부에 해운회사를 설립하여 아시아 노동자를 수입할 것을 제안하였지만 받아들여지지 않았다. 이에 미국 선박을 이용하여 1855년 싱가포르 등지에서 화공을 모집하여 브라질로 운송하였다. 동시에 미국 보스턴 무역부와 계약을 체결하여 약 2,000명의 화공을 브라질 사탕수수 농장에 동원하였다.

브라질은 1888년 노예제도를 폐지하였으며, 1889년에는 왕정이 무너지고 공화정이 시작되었다. 이로 인해 흑인들의 탈출이 빈발하면서 커피농장의 노동력이 절대적으로 부족해지자 브라질은 1892년 특사를 중국에 파견하여 본격적인 화공 모집에 나섰다.

1893년 10월 8일, 화공 500명이 마카오에서 출발하여 뉴질랜드, 케이프 혼을 거쳐 브라질 리우데자네이루에 도착했다. 이들은 다시 미나스제라이스(Minas Gerais)주 우베라바(Uberaba)시 등지로 보내졌다.

이상과 같은 브라질 화공의 이주는 주로 마카오 또는 싱가포르에서 모집, 출발하여 리우데자네이루로 도착하는 루트를 이용하였다.

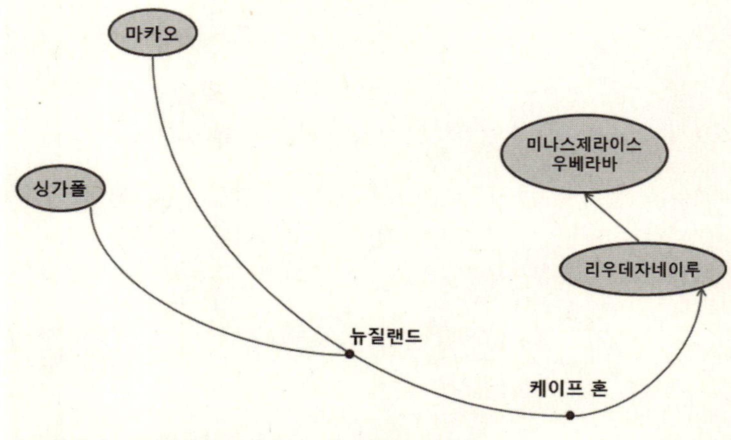

〈그림 54〉 브라질 화교 디아스포라의 주요 이주루트

4. 오세아니아, 태평양군도 이주루트

1) 오스트레일리아 루트

최초의 오스트레일리아 화공은 1848년 7월 하문에서 영국 선박 님로드 (Nimrod)호를 타고 시드니 항에 도착하였다. 그 수는 총 120명이었는데, 이중 21명의 아동도 포함되어 있었다.[58] 두 번째 화공 150명은 1848년 11월 하문에서 출발하여 시드니 항에 도착하였다. 이후 1848년 7월부터 1852년 1월 사이에 총 3,588명의 계약 화공이 15척의 영국 선박에 실려 시드니 항으로 왔는데, 이중 1852년 11월 남오에서 출발한 260명을 제외하고 나머지는 모두 하문에서 출발하였다. 시드니에 도착한 연도 별 화공 수는 아래 표와 같다.[59]

〈표 10〉 시드니 도착 연도별 화공 수

년도	1848	1849	1850	1851	1852	1853(1~3월)
화공 수	120	150	406	1,478	1,177	354

자료 출처 : Jules Davids, The American Diplomatic & Public Paper

위 표를 보면 1851년에 이르러 화공의 수가 급증하고 있는데 이는 금광의 발견 및 채굴과 관련이 있다. 1851년 5월15일 『시드니 헤럴드』의 보도를 통해 1851년 2월 금광이 발견되었다는 소식이 알려지면서 골드러시가 시작되었다. 이로부터 수많은 노동자들이 금광의 채굴을 위해 시드니의 광구로 대거 몰려들었으며, 이 과정에서 해외 이주민 또한 물밀듯이 밀려들었는데 1852년 10월 한 달 동안에만 만여 명이 멜버른(Melbourne)에 상륙했고, 이 외에 수천 명의 해외이민이 시드니 항에 도착하였다.[60]

---

58 J. K. Fairbank, Trade and Diplomacy on the China. Coast, 1842-1854, Vol. 1, p. 217.

59 Jules Davids, The American Diplomatic & Public Paper. The United States and China, Series Ⅰ, The Treaty System & Tiping Rebellion, Vol. 17: Collie Trade The Chinese Emigration. no. 57, p. 97.

60 約翰.根室(JohnGunther), 『奧新內幕』, 上海譯文出版社, 1979年, p. 38.

당시 중국-오스트레일리아 간 항운업을 경영하던 오퍼레이터는 승객을 끌어들이기 위해 1852년 초에 홍콩, 광주 등지에서 영문 전단지를 뿌려 오스트레일리아에서의 금광 발견을 홍보하였다. 미국의 구금산(舊金山, 샌프란시스코)과 구별하기 위해 멜버른을 신금산(新金山)이라고 불렀는데, 홍콩에서 멜버른으로 이동한 화공의 수가 1857년 1년 동안에만 17,722명에 달했다.[61]

화공들은 대부분 오스트레일리아의 빅토리아, 뉴사우스웨일스, 퀸즐랜드 세 지역에 집중되었는데, 1861년부터 1901년까지 오스트레일리아로 이주한 중국인의 수는 아래 표와 같다.

〈표 11〉 오스트레일리아 중국인 노동자 인구 통계표

연도	1861년	1871년	1881년	1891년	1901년
수	38,258	28,351	38,533	35,821	29,627

자료 출처: 1925년 오스트레일리아 연방정부 연감, 1871년 퀸즐랜드인구 조사 통계

초기 화공은 대부분 광산지역에서 일했다. 1861년 빅토리아 광구에 약 24,000명의 화공이 있었는데, 이는 전체 빅토리아 주 화교 인구 24,700명의 97.16%에 해당하는 수였고, 뉴사우스웨일스 광구에는 12,200명의 화공이 있었는데, 이는 뉴사우스웨일스 주 전체 화교 13,000명의 93.8%를 차지했다. 또한 1876년 퀸즐랜드 광구에는 약 8,000명의 화공이 있었는데, 퀸즐랜드 전체 화교 10,000명 중 약 80%에 해당하는 수였다.[62] 1885년 태즈메이니아(Tasmania)주에서도 1,000명 가까운 화공들이 주석광과 금광 채굴 노동에 참여하고 있었다. 이들 화공들은 이후 대부분이 목축업이나 농업 쪽으로 전업하였다.

이밖에 일부 화공들은 내륙 지역에서 잡역부, 하인, 요리사 등의 업종에 종사하였으며, 농업, 어업에 종사하거나 식민정부에 의해 도로, 철도, 교량

---

61 위의 자료, no. 24, p. 57.
62 C·W·蔡. 中國人在澳大利亞的移植和定居[M]. 悉尼 : 悉尼大學出版社, 1975, 『匯編』(八), 北京 : 商務印書館, 1984.5, p. 9.

및 기타 공공시설의 건설 사업에 동원되었다. 한편 극히 소수의 중국인들은 가구점, 세탁소, 노점상 등을 운영하기도 하였다.

웨스트 오스트레일리아는 진주채취업과 목축업을 발전시키기 위해 1874년에 뉴질랜드 등지에서 약 200명의 화공을 고용했는데 계약 기한은 2년이었다. 이어 1878년 싱가포르 등지에서 소규모의 화공을 수입한 이래 1880년부터 매년 수백 명의 화공을 수입하였다. 하지만 1886년 이래 화공을 이용한 금광채굴과 진주채취가 점차 독점화되는 경향을 보이게 되자 1893년 화공의 수입을 잠시 중단하였다. 이듬해 진주채취 업종을 제외한 여타 업종에서의 계약화공제도를 전면 폐지하고 계약 기간이 만료되는 화공들에 대해서는 강제 출국조치를 취했다. 이로써 오스트레일리아에서의 화공수입은 사실상 막을 내리게 되었다.

오스트레일리아 화공은 주로 하문, 남오(南澳), 광주, 홍콩 등지에서 출발하여 오스트레일리아의 시드니 항과 멜버른 항에 도착한 후 빅토리아, 뉴사우스웨일스, 퀸즐랜드, 태즈메이니아 등지 광산지구로 분산되었다.

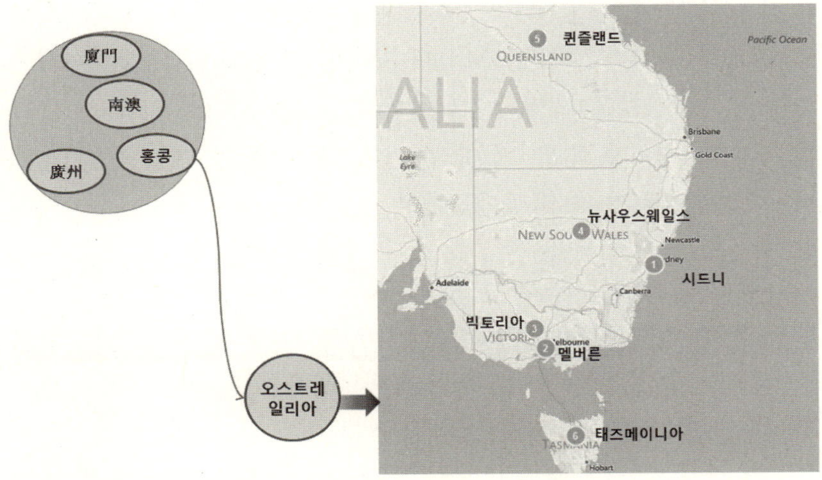

〈그림 55〉 오스트레일리아 화교 디아스포라의 주요 이주루트

2) 뉴질랜드, 타히티, 뉴칼레도니아, 피지 루트

① 뉴질랜드

뉴질랜드에 대규모의 화공이 출현하게 된 것은 금광이 발견된 이후부터였다. 1861년 5월 미국 캘리포니아와 빅토리아 골드필드에서 일한 경험이 있는 오스트레일리아 태즈메이니아(Tasmania) 출신의 가브리엘 리드(Gabriel Read)가 뉴질랜드 남섬(Southland) 오타고(Otago)의 투아피카(Tuapeka) 협곡에서 사금을 발견하였다. 이후 9, 10월 두 달에 걸쳐 호주의 빅토리아 주에서 매주 2,000명에 달하는 사람들이 몰려들었는데, 이중에는 소수의 중국인들도 섞여 있었다. 그러나 이후 오타고 금광의 산량이 갈수록 줄어들자 일확천금을 노리고 이곳을 찾았던 사람들이 속속 발길을 돌리기 시작하여 1864년부터 1865년에 걸친 약 3개월 동안 7,000명에 이르는 광부들이 떠났다. 시 상회는 이 같은 인력 누출 현상을 타개하기 위하여 화공 모집에 적극적으로 나서 유럽 백인들이 포기한 광구를 계속 채굴하도록 하였다.

1866년 최초의 화공 12명이 도착한 이래, 이듬해인 1867년에는 뉴질랜드 화공의 수가 1,219명이었고, 1871년에는 4,215명이었다. 이중 지역별로는 오타고의 화교가 4,159명으로 대다수를 차지하였으며, 업종별로는 광부 3,570명, 창고관리원 103명, 농장노동자 49명, 소상인 12명, 일반노동자 12명, 건축노동자 6명, 목공 5명, 요리사 3명, 중개상 1명, 여관 종업원 1명, 직업이 불분명한 자 451명 등이었다.[63]

〈표 12〉 연도별 뉴질랜드 중국인 인구 변화 추이

연도	1867년	1871년	1874년	1878년	1881년	1886년	1891년	1896년	1901년	1906년	1911년
수	1,219	2,641	4,816	4,413	5,004	4,542	4,444	3,859	2,963	2,570	2,630

자료 출처 : 馮吳碧倫, 『纽西兰华侨同化之研究』, 第3章, 附表1

---

63 沈己堯, 『海外排華百年史』, 第4章, p. 100.

초기에 이 지역 중국인은 대부분 금광의 광부들이었으나 이후 광산업이 쇠퇴하면서 농장, 소매업, 세탁업 등 기타 업종에 종사하는 사람들이 점차 늘어났다.

〈표 13〉 뉴질랜드 중국인 중 금광채굴 화공의 연도별 인구 비율 변화 추이

연도	중국인 총수	화공 인구 수	비율 %
1874년	4814	4027	83.65
1878년	4424	3398	76.8
1886년	3685	2170	58.8
1906년	2573	612	23.78
1926년	2927	17	0.58
1936년	2943	16	0.54

자료 출처 : 馮吳碧倫, 『纽西兰华侨同化之研究』

화공들 대부분은 홍콩을 출발하여 배를 타고 뉴질랜드에 도착하였다. 당시 뉴질랜드까지 동북풍이 불 때는 75일, 서남풍이 불 때는 99일이 소요되었다. 처음 도착한 화공들은 대부분 오타고 투아피카의 폐기된 광산에서 일했다. 이후 1865년 남섬 서해안지역에서 또 다시 금광이 발견되어 일부 화공들이 오타고를 떠나 해발 3,000~4,000m의 알프스 산을 넘어 쿠마라(Kumara), 호키티카(Hokitika) 등지의 금광으로 이동하였다. 이후 1888년부터 1896년 사이 광산업이 사양길로 접어들면서 화공들은 점차 광구에서 웰링턴(Wellington) 등 도시지역으로 이동하였고 주로 농장, 소매점, 세탁업 등에 종사하게 되었다. 뉴질랜드의 농장이나 과수원, 치즈산업의 발전은 바로 이들 화교들에 의한 것이었다.

뉴질랜드는 호주와 마찬가지로 이주 초기부터 화공들에 대한 반감이 팽배하였다. 1857년 중국인이 한 명도 없었던 넬슨(Nelson) 지역에 '반화인위원회(反華人委員會, AntiChinese Committee)'가 조직되었다. 화교에 대한 반감의 가장 큰 원인은 경제적 경쟁이었다. 1870년대에서 80년대에 걸쳐 뉴질랜드 경제가 불황기를 맞이하자 '외래 인종'인 화공들이 희생양이 되었다. 1878년 인

두세의 과세 등 화교에 대한 제한 법안이 제출되었고, 1880년에는 '화인입국 금지법안'이 제출되기도 하였다. 뉴질랜드 당국의 조사에 의하면 1876년부터 뉴질랜드를 떠난 중국인 수는 453명으로 입국자 수 122명보다 훨씬 많았다. 이후 입국자 수가 계속 감소하여 1888년 이후 중국인들이 뉴질랜드 전체 인구에서 차지하는 비율은 1%에도 미치지 못하였다.

1895년 8월 의회에 제출한 총 17개 조의 상서(上書)에서 중국인들은 1858년 중영 양국이 맺은 조약에 따라 뉴질랜드에 입국하는 것이므로 영국의 식민지라면 어디나 거주할 수 있고 무역활동을 할 수 있다고 주장하였다. 또한 중국인에게 따로 인두세를 징수하는 것은 공평하지 못하며, 중국인들은 근면하고 법을 잘 준수하고 있다고 주장했다. 제 10조에서는 중국인들이 뉴질랜드에 들어오기 전에는 이 지역에서 과일이나 야채를 쉽게 먹을 수 없었으나 이후 중국인들로 인해 과일과 야채의 공급이 풍족해지고 가격이 저렴해졌다는 사실을 강조하였다. 이어서 제 13조에서는 중국인들은 주로 유럽광부들이 채굴할 가치가 없다고 생각하는 폐기된 광구에서 이익을 창출했을 뿐이라는 점 등을 주장하기도 하였다.

그러나 이상과 같은 17개 조에 달하는 항의는 뉴질랜드 의회에서 받아들여지지 않았을 뿐만 아니라 중국인의 입국에 대한 제한이 더욱 강화되었다. 1896년 뉴질랜드에 입국하는 선박의 승선 인원을 200톤당 1명으로 제한하였고, 인두세를 100파운드로 인상하였다. 1899년에는 또 뉴질랜드에 입국하는 화공들을 대상으로 영어테스트를 실시해야 한다고 규정함으로써 전반적으로 교육 수준이 낮았던 화공들이 더 이상 뉴질랜드의 노동 시장에 진입할 수 없게 되었다. 이 시기 배화는 뉴질랜드에서 하나의 상징적인 정치 구호였다.

이상에서 살펴본 뉴질랜드 화공의 주된 이주루트는 홍콩을 출발하여 먼저 뉴질랜드 오타고에 도착하는 것이었다. 이후 화공들은 남섬 서해안지역에서 새로운 금광들이 발견되자 해발 3,000~4,000m의 알프스 산을 넘어 쿠마라(Kumara), 호키티카(Hokitika) 등지로 이동하였다가 1880년대 후반 광산업이 사양길로 접어들면서 다시 웰링턴(Wellington) 등 도시 지역으로 터전을 옮겨갔다.

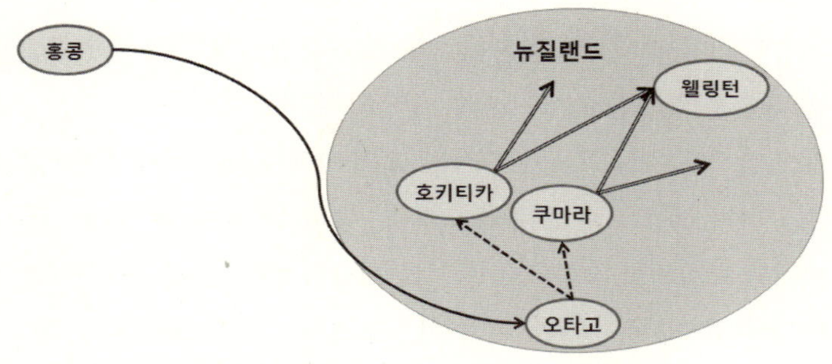

〈그림 56〉 뉴질랜드 화교 디아스포라의 주요 이주루트
→ : 1차 이주루트
→ : 2차 이주루트
→ : 3차 이주루트

② 타히티(Tahiti)

프랑스정부는 1842년 타히티를 식민지지화한 후 호주, 싱가포르, 중국 광주 등 지역에서 농장 노동자를 모집하기 시작하였다. 홍콩에서는 1861년부터 타히티로 가는 화공을 모집하기 시작하였는데, 광동 세관의 기록에 따르면 1864년부터 1865년 사이 3척의 선박을 이용하여 1,035명의 화공을 홍콩에서 타히티로 실어 날랐다. 구체적으로 1864년 프랑스 선박으로 337명, 1865년 영국 선박으로 351명, 그리고 독일 선박으로 347명 화공을 각각 운송하였다.

1900년까지 타히티의 화인 수는 약 2,000명이었으며, 1926년 약 4,000명, 1931년에는 화인의 총수가 4,056명에 이르렀다. 이들은 대부분 중국 남방지역에서 온 객가 출신 농민으로 타히티 전체 인구의 약 10%를 차지하였다.

1860년대 타히티에 도착한 화공들은 대부분 목화재배에 종사하였다. 당시 미국 남북전쟁의 영향으로 국제시장에서 목화 가격이 급등하자 농장주들은 대규모의 화공들을 고용함으로써 많은 이익을 누렸다. 그러나 미국 남북전쟁이 종료된 후 목화 가격이 하락하면서 타히티의 목화재배 농장이 감소하였고, 이로 인해 많은 화공들이 기타 농작물 재배 농장으로 이동하였다.

1870년대에 타히티에 온 계약화공 중 일부분은 타히티 북부의 마카테아(Makatea)섬의 구아노 채취에 동원되었다. 그러나 구아노의 독성이 강해 이 지역 화공 대부분이 사망하였다. 이후 영국과 프랑스 등 서구 열강은 1910년 재차 화공 모집에 나섰고, 이후 구아노 채취 사업 1966년까지 계속되었다.

타히티 지역 화공은 주로 중국의 홍콩, 광주를 비롯하여 호주, 싱가포르 등 지역에서 모집되어 타히티로 운송되었으며, 이들 중 일부는 구아노 채취를 위하여 타히티 북부 마카테아 지역으로 실려 가기도 하였다.

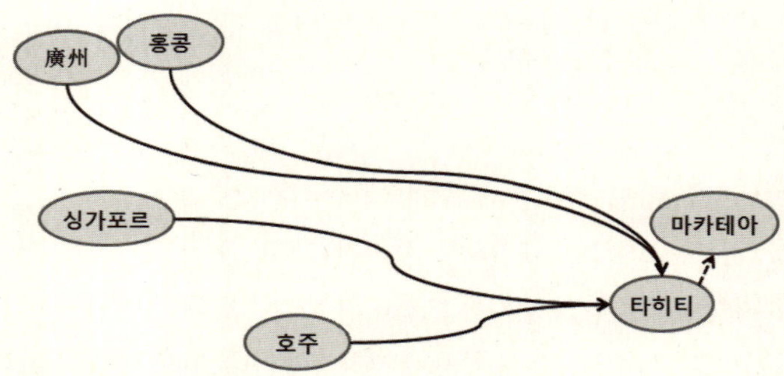

〈그림 57〉 타히티 화교 디아스포라의 주요 이주루트

→ : 1차 이주루트
⇢ : 재이주루트

③ 뉴칼레도니아(Newcaledonia)

1853년 프랑스는 뉴칼레도니아 군도를 점거하여 이를 자국의 범죄자를 수용하는 식민지로 만들었다. 프랑스는 1860년 중국의 광주, 마카오에서 계약화공을 뉴칼레도니아지역으로 데려와 공공 건축 및 목장 개척에 동원하였다. 1870년 경 뉴칼레도니아지역에 거주하고 있던 아시아인 1,000여 명 중 과반수가 중국인이었다.

이후 1875년 뉴칼레도니아지역에 동광과 니켈광이 발견되면서 노동력 수요가 증가하자 1890년 주 중국 프랑스대사가 당시의 청나라에 건의하여 1889년 이후 네덜란드가 중국에서 화공을 모집하는 방식을 따라 뉴칼레도니아로 가는 화공을 모집하고자 하였다. 그러나 당시 북양대신(北洋大臣)이던 이홍장은 화공들의 신분과 안전을 보장할 수 없다는 이유로 프랑스의 요구를 거부하였다. 이에 프랑스는 1902년 이후 자국의 조차지(租借地)였던 광주만(灣) 근처에서 청 정부의 동의 없이 화공을 모집하여 뉴칼레도니아 지역으로 보냈다. 따라서 뉴칼레도니아의 화공은 광주에서 출발한 이들이 대부분이었다.

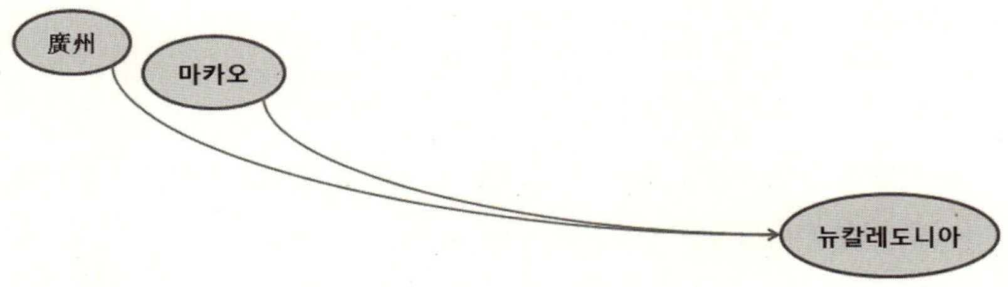

〈그림 58〉 뉴칼레도니아 화교 디아스포라의 주요 이주루트

④ 피지(Fiji)

영국은 피지를 식민지화한 후 사탕수수재배농장과 제당업의 발전을 촉진하기 위해 인도와 중국에서 노동력을 모집하기 시작하였다. 1883년 피지의 계약노동자 2,300명 중 764명이 중국인이었다.

피지에서 규모가 가장 큰 사탕수수재배 농원을 경영하던 오스트레일리아 제당회사는 서인도지역의 사탕수수 생산에 중국인의 역할이 컸다는 점을 인정하고 수차례에 걸쳐 중국 하문, 산두에 있는 영국 상사를 통해 사탕수수 재배 경험이 풍부한 화공들을 모집하고자 하였다. 그러나 이 같은 모집은 중국과 영국 정부의 허가를 받지 못하고 사적으로 진행하는 것이었기 때문에 대부분 중국 당국의 제지를 받아 성공하지 못했다.

피지 화공의 모집은 이후 홍콩 지역에서 본격적으로 이루어졌다. 그 결과 1913년 피지 섬 화공 수가 약 4,000명에 이르렀다.

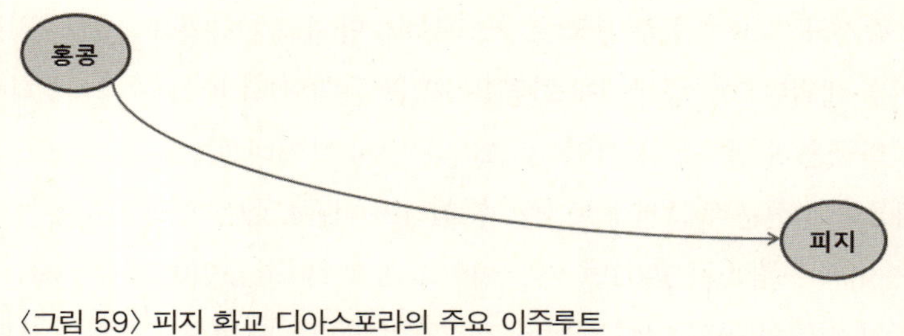

〈그림 59〉 피지 화교 디아스포라의 주요 이주루트

3) 사모아, 나우루, 뉴기니 루트

① 사모아(Samoa)

1889년 독일, 영국 그리고 미국 3국은 사모아 군도에 대한 공동 관리를 협약하였다. 이에 따라 독일, 서사모아, 미국이 동사모아를 각각 분할 점령하였다.

1902년 독일에 소속된 서사모아 농장은 노동력 부족을 해소하기 위하여 홍콩으로부터 화공을 수입하기 시작하였다. 농장주들은 주 중국 독일대사의 지원을 받아 중국 광동 정부와 화공 모집 관련 24개 조약을 체결하는 한편 산두에 화공 모집 사무국을 설립하면서 중국 복건, 광동, 광서 지역을 중심으로 본격적인 화공 모집에 나섰다.

1903년 최초의 화공 303명이 산두를 출발하여 5월 10일 282명이 서사모아에 도착하였다. 이후 1903년부터 1908년 사이 서사모아로 향한 화공은 총 2,507명이었다. 1914년에 이르러 서사모아 거주 중국인은 약 2,200명이었다.

〈표 14〉 1903~1911년 서사모아 화공 수 및 출국항구

연도	1903년	1905년	1906년	1907년	1908년	1908년	1909년	1911년
화공 수	303	528	369	857	450	354	535	557
출국항구	산두	산두	산두	산두	복주	산두	산두	산두

서사모아 초기 계약화공들은 주로 산두 항을 출발하여 사모아의 아피아(Apia)에 도착하였다. 이들 계약화공들은 아피아 도착한 후 현지 신문의 광

고를 통하여 일종의 도박과도 같은 추첨방식으로 노예처럼 각처로 팔려 나갔다. 이는 당시 서사모아 화공들이 처한 비인간적 현실을 단적으로 보여주는 예이다.

한편 서사모아 농장주들의 화공들에 대한 관리가 지극히 잔혹하여 화공들의 저항이 계속되었고, 급기야 서사모아의 한 야자농장에서 화공 4명이 독일인의 총격에 의해 사망하는 사건이 발생하였다. 이 같은 상황에서 청 정부는 1909년 임윤검(林潤劍)을 서사모아 영사로 파견하여 화공의 모집 및 계약에 대한 전면적인 현지 조사를 실시하였다. 조사 이후 임윤검은 계약 시 중국 측의 서명이 반드시 포함되어야 할 것, 화공들의 하루 노동 시간을 8시간으로 할 것, 월 급여를 20마르크로 인상할 것, 병에 걸린 화공들에 대한 대우를 개선할 것 등을 요구하였다. 이 시기 독일 식민 정부는 지속적인 화공 모집을 필요로 하였기 때문에 1910년 청의 이 같은 요구를 승낙할 수밖에 없었다. 그러나 이 같은 조사결과와 중국 측의 요구는 신해혁명이 발발하면서 화공들의 처지 개선에 실질적인 효력을 발휘할 기회를 잃게 되었다.

제1차 세계대전 이후 사모아는 뉴질랜드에 의한 위탁 관리가 이루어졌다. 위탁 관리 초기 뉴질랜드는 화공의 고용에 부정적인 입장을 가지고 있었다. 따라서 1914년까지 계약기간이 만료되었음에도 서사모아에 억류되어 있던 계약화공들에 대한 귀국 조치가 이루어졌다. 그 결과 1919년까지 1,254명의 화공이 귀국하였고, 사망자 168명을 제외한 838명만이 잔류하게 되었다.

그러나 이후 농장 노동력이 극히 부족한 상황에서 기타 지역에서의 노동력 확보가 어려워지자 뉴질랜드 당국은 다시 중국으로 눈을 돌리기 시작하였다.

뉴질랜드는 1920년부터 홍콩 인기양행(仁記洋行; Gibb, Livingston & Co)을 통해 화공을 모집하기 시작하였는데, 1920년에서 1921년 사이 홍콩에서 1,430명의 화공이 사모아로 도착하였다. 그 결과 1921년 말에는 사모아의 화공 수가 1,727명으로 늘어났으며 1925년 4월 16일에 도착된 화공들을 합치면 당시 화공의 수는 2,312명에 달했다. 이후 1926년에서 1928년에 걸쳐 많은 수의 화공들이 연이어 사모아에 도착하였다.

1929년 자본주의 사회에 경제위기가 발생하면서 많은 고용주들이 화공을 해고하였다. 이로써 1936년까지 사모아의 계약화공 수는 503명으로 줄었고, 이후 1941년 태평양전쟁 시기에 이르러서는 400여 명, 1946년에는 다시 300여 명으로 감소하였고, 1948년 9월 마지막으로 125명의 화공들이 귀국길에 오르면서 사모아에서 화공은 사실상 완전히 자취를 감추게 되었다. 서사모아 화공들의 주요 이동 루트는 아래 그림과 같다.

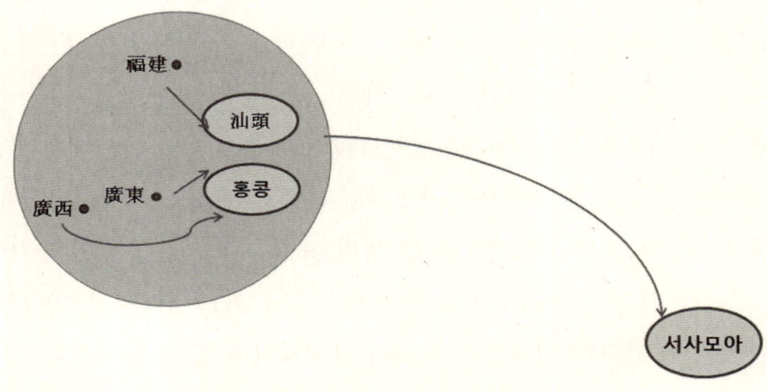

〈그림 60〉 서사모아 화교 디아스포라의 주요 이주루트

② 나우루(Nauru)

태평양 적도지역에 위치한 나우루는 그 동쪽의 키리바시 섬과 더불어 구아노가 쌓여 이루어진 인산비료의 세계적 산지로 유명하다. 1888년 나우루를 점령했던 독일은 구아노의 경제적 가치를 인식하지 못하다가 1900년 영국이 키리바시 섬을 점령하고 태평양인산비료회사를 설립하여 이 지역에서 인산비료 개발을 시작하고 나서야 서둘러 회사를 설립하고 나우루의 채취에 나서게 된다. 그러나 나우루의 자연 환경이 열악한데다 구아노의 악취와 독성이 강해 개발 도중 많은 노동자가 사망하자 태평양 군도의 원주민들이 구아노 채취노동을 기피하게 되면서 구아노 채취 사업은 실패의 위기에 직면하게 되었다. 이에 영국, 독일 양국은 중국에서의 노동력 수입을 모색하기 시작하였다.

1907년 초 중국 산두에 거점을 두고 있던 독일 인력회사가 첫 번째 계약 화공 743명을 나우루로 실어 날랐다. 이어 같은 해 하반기에 홍콩, 산두 등지에서 모집한 화공 857명이 산두 항을 출발하여 나우루로 향하였다. 이 과정에서 불법 계약을 강요하는 사건이 발생하였다. 이 같은 불법 계약의 부당함에 반발한 일부 화공들이 서명을 거부하였다. 이들은 배가 나우루에 도착한 후에도 배에서 내리지 않고 저항하다가 이들을 강제 하선시키려던 독일 당국과 충돌이 발생하였다. 결국 끝까지 서명을 거부하던 220명은 다시 중국의 산두와 홍콩으로 되돌아갔다. 이런 와중에서도 1907년부터 1913년까지 약 3,000여 명의 계약화공들이 나우루로 이송되었다.

독일 식민 당국의 보고에 의하면 나우루에서 실시되는 노동제도는 가혹한 채찍질과 고문을 통하여 유지되었다. 수많은 화공들은 모두들 기피하는 죽음의 섬에서 적도의 혹서와 열악한 생활환경, 그리고 구아노의 맹독과 싸웠다. 이들 중 상당수는 극단적인 절망 속에서 스스로 죽음을 택했다. 화공들은 연이어 죽어가는 동료들을 보면서 이 같은 인간지옥을 탈출하려 했지만 현장에 주둔한 경찰들의 삼엄한 감시 속에서 죽음에 이르는 길을 향해 갈 수밖에 없었다.

제1차 세계대전 중, 오스트레일리아가 나우루를 점거하였고, 전후 영국, 호주 및 뉴질랜드 3국의 공동관리가 시작되었다.

이들 3국은 부족한 노동력을 보충하기 위하여 1922년 288명, 1923년 303명, 1924년 325명의 화공을 홍콩에서 모집하였고, 이후로도 주로 홍콩을 통하여 계속 화공을 모집, 이송하였다.

20세기 이후 인산비료를 운송하는 환형철도가 건설되었고 인산의 생산 역시 부분적으로 기계화가 되었다. 그러나 구아노의 채취는 여전히 직접 노동자의 손을 거쳐야 했으며 이들 노동자의 대다수가 화공이었다.

오스트레일리아, 영국과 뉴질랜드 3국이 구성한 삼국인사위원회는 초기에 독일 식민지시기의 급여와 관리시스템을 그대로 적용하였다. 화공들은 지정된 기숙사와 노동현장에서만 활동이 가능하다. 그러나 화공들이 학대당하고 있다는 소문이 확산되자 호주 당국은 이에 대한 조사를 거쳐 화공들의 급여와 의료 환경을 개선하는 일련의 조치를 취하게 되었다.

호주의 통계에 의하면 1935년 4월까지 나우루에는 총 921명의 계약 화공이 남아 있었다. 아래 그림은 나우루 화공의 주요 이주루트를 노드 모형으로 표시한 것이다.

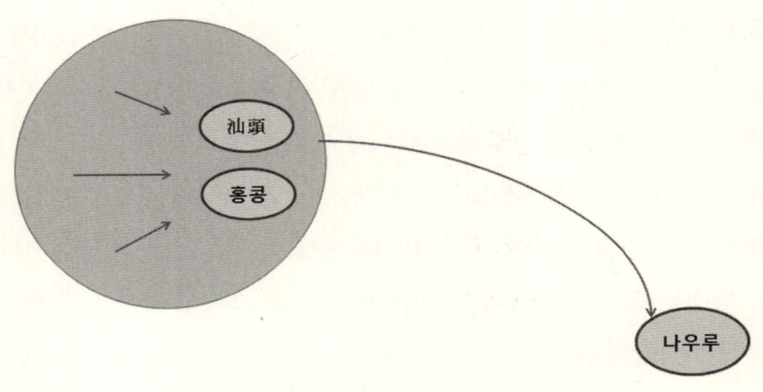

〈그림 61〉 나우루 화교 디아스포라의 주요 이주루트

③ 뉴기니(New Guinea)

뉴기니는 1884년 네덜란드, 영국, 독일 3개국에 의해 점령되었다. 뉴기니 서부 지역은 네덜란드, 동남부 지역은 영국, 동북부 지역은 독일에 각각 소속되었다. 이 중 동남부 지역은 1921년 이후 파푸아로 불렸다.

1935년 네덜란드령 뉴기니 지역에 거주하고 있는 중국인 노동자 수는 3,000여 명에 달했다. 이들 중 대부분은 상업에 종사하였고, 소수가 야자와 고무 재배농장에서 일했다.

영국령 뉴기니 지역에는 1860년대부터 마카오와 홍콩에서 화공을 모집했는데 모집된 화공들은 주로 농장 개척에 동원되었다. 이후 호주에서의 배화풍조의 영향으로 화공들의 수가 크게 줄어 1937년에 이르러 이 지역에 남은 화인은 643명에 불과하였다.

독일은 1884년 뉴기니의 동북지역과 비즈마크 군도를 점거한 후 뉴기니전

매회사를 설립하였다. 이 회사는 매년 싱가포르와 홍콩에서 수백 명의 화공들을 모집하여 야자, 코코아, 커피 등의 재배에 필요한 노동력을 보충하였다. 이들은 독일 식민통치 하에서 채찍질과 고문과 같은 가혹한 형벌에 시달렸다.

1903년 11월 싱가포르의 『해협시보(海峽時報)』는 계약화공이 독일 통치자들에게 학대당한 사건을 보도하였다. 이 신문에 의하면 싱가포르에서 모집된 화공 10여 명은 일요일에 일을 하지 않고 쉬었다는 이유로 독일 당국에 의해 살해되었다.

독일은 1898년부터 뉴기니전매회사를 해체하고 직접적인 식민통치를 실시하였다. 직접 통치 이후 1900년부터 1914년까지 독일령 뉴기니로 보내진 계약화공은 약 3,500여 명에 달했다.

제1차 세계대전 중 독일령 뉴기니 지역은 호주에 의해 점령되었다. 1차 대전 이후 호주 당국은 노예의 사용과 강제노동을 금지하는 포고령을 선포하였다. 그러나 계약노동제도는 여전히 유지되었다. 1920년의 인구조사에 의하면 그 해 중국인 인구는 총 1,424명이었다. 이후 1825년 금광이 발견되면서 호주, 홍콩 등에서 모집된 계약화공의 수가 크게 증가하여 1935년에는 20만 명 이상에 달했다.

뉴기니 화공의 주 이동노선은 다음과 같다.

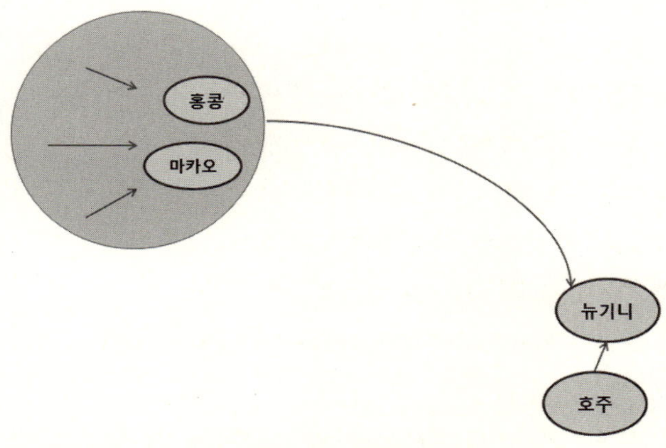

〈그림 62〉 뉴기니 화교 디아스포라의 주요 이주루트

5. 아프리카 이주루트

초기 아프리카 화교는 자유이민과 계약화공으로 이루어졌다. 자유이민은 주로 동남아나 중국에서 배를 타고 아프리카로 간 화인들이나 바타비아(Batavia)에서 케이프(Cape)로 추방되었다가 형기가 끝난 범죄자들이었다. 이들은 오랜 수감 생활로 현지에 적응하여 귀국을 원하지 않거나, 귀국 허가를 받지 못했거나, 또는 여비 부족 등의 원인으로 인해 남아 있게 되었다. 나머지는 계약 만료 이후에도 스스로 잔류를 택한 사람들이었다. 이들은 모아 둔 돈이 있어 현지에서 생계를 도모할 수 있는 자들이었다. 대체적으로 초기 모리셔스(Mauritius), 리유니언(Reunion) 화인은 광동 광부(廣府) 출신이나 복건 출신의 객가인이었고, 마다가스카르(Madagascar) 화인은 모두 광동 출신이었다. 초기 남아프리카 지역 화인은 출신지가 보다 다양했지만 역시 대부분은 광동과 복건 출신으로 이루어져 있었다.[64] 이들은 대부분 농업과 상업에 종사하면서 현지에 정착하였다.

계약화공은 현재의 아프리카 화교의 조상이 아니고 초기 아프리카 화교 집단의 주요 구성부분도 아니었지만 양적 측면에서 볼 때 계약화공은 초기 아프리카 화교의 절대 다수를 자지하였다. 동시에 그들의 경험은 아프리카 화교 역사에서 지워지지 않는 발자취가 되었다. 이러한 면에서 보면 계약화공은 아프리카 화교 역사의 필수적인 구성부분이라고 할 수 있다.

19세기 후반기, 세계의 대부분 지역은 유럽 열강에 의하여 분할되었다. 광범한 지역에서의 풍부한 자연 자원의 개발은 값싼 노동력을 절실히 필요

---

64 당시 청나라 정부는 해외 반청인사(反清人士)의 기부금이 들어오는 것을 차단하기 위해 광동, 복건 등지에서 견벽청야(堅壁清野) 정책을 실시함으로써 그 곳의 백성들이 편히 생활하지 못하게 하였다. 남아프리카 화인의 기원에 관해서는 Melanie Yap and Dianne Leong Man, *Colour, Confusion and Concessions: The History of the Chinese in South Africa*, pp. 32~35. 모리셔스(Mauritius), 리유니언(Reunion)과 마다가스카르(Madagascar) 화인의 기원에 관해서는 이탁범(李卓凡): 『서인도양화교사』; 방적근(方積根): 『아프리카화교사자료선집』, pp. 144~148, pp. 181~182, p. 215 참조.

로 하였다. 또한 미국, 호주 및 남아프리카에서 금광이 발견되면서 유럽의 자본이 속속 이들 지역으로 몰려들었고, 그 결과 노동력 부족 현상이 더욱 심화되었다. 이러한 현상은 필연적으로 이민의 증가와 계약노동제의 확대를 불러왔다.

이 같은 상황에서 아편전쟁 이후, 유럽 열강의 화공 강탈 현상이 급격히 심화되었으며, 아프리카 화공의 이주 또한 본격화되었다. 물론 각종 유인책에 속아 아프리카 각지의 유럽 식민지로 팔려간 중국인 쿨리는 18세기부터 이미 존재하고 있었다. 하지만 노동력의 협잡이나 강탈은 19세기 이후 보편적인 현상이 되었다. 이들 화공은 대부분 계약서에 손도장을 찍고 나가는 것이었기 때문에 표면적으로는 자발적인 선택이었다. 하지만 이러한 형식의 계약을 통한 노동력의 모집을 '협잡'이라고 하는 이유는 크게 다음 두 가지이다. 첫째, 중국 본토에서 화공을 모집하여 아프리카로 보내는 과정이 중국 정부의 허락 없이 일방적으로 이루어졌다. 둘째, 목적지의 작업 환경과 화공들이 받은 대우가 계약 내용과 천양지차로 달랐다.

계약화공의 아프리카 이주는 1904년에서 1910년까지의 기간 동안 절정을 이루었지만, 그 이전에도 이미 수많은 화공들이 아프리카로 향하고 있었다. 아래 표는 18세기부터 20세기 초까지 화공의 아프리카 이주 상황을 보여주는 통계 수치이다.

〈표 15〉 아프리카 계약 화공 인구수 통계(1700~1910)

시기	지역	소계	총계
1700~1800년	모리셔스(Mauritius)	5,000	6,000
	남아프리카, 마다가스카르, 리유니언 등	1,000	
1801~1850년	모리셔스	12,000	17,000
	세인트 헬레나	500	
	리유니언	3,500	
	기타 지역	1,000	
	탕가니카	4,500	
	마다가스카르	5,000	

시기	지역	소계	총계
1851~1900년	리유니언	12,500	36,500
	프랑스령 서아프리카	5,000	
	영국령 서아프리카	500	
	콩고자유국	1,000	
	상투메, 프린시페	1,500	
	페르난도	500	
	남아프리카	1,000	
	기타 지역	5,000	
1901~1910년	남아프리카	70,000	82,500
	로디지아	500	
	모잠비크	500	
	마다가스카르	2,500	
	리유니언	2,500	
	프랑스령 북아프리카	1,000	
	콩고	2,000	
	독일령 동아프리카	2,500	
	기타 지역	1,000	
총계			142,000

1) 남아프리카 루트

1806년 남아프리카에 진입한 영국은 자본주의 공업을 기초로 하는 식민지 개척을 추진하는 과정에서 농업과 축산업의 개발을 위하여 흑인노예제도의 유지를 고수하려던 보르(Boer)[65]인들과 충돌하여 1899년부터 1902년까지 3년 동안에 걸쳐 이른바 보르전쟁이 발발하였다. 영국은 이 전쟁에서 승리하고 1902년 5월 31일 베리니힝(Vereeniging) 조약을 체결함으로써 남아프리카에서의 통치권을 확보하였다.[66]

---

65 Boer, 네덜란드어의 뜻은 "농민"이고 남아프리카로 이주했던 네덜란드인의 후예를 가리킨다.

66 T. R. H. Davenport, *South Africa: A modern History*, Toronto: University of Toronto, 1991, pp. 201~202.

전후 영국은 재건작업과 금광채굴을 위하여 대규모 투자단을 유치하였다. 단 1년 동안에 걸쳐 수백 만 파운드를 투입, 약 300개의 회사를 설립하고 거액의 자본을 끌어 모아 광산개발을 추진하였다."[67] 이 시기 흑인, 백인 노동자의 수는 전전의 규모를 초과하였지만 금광채굴 사업을 확장하기에는 역부족이었다. 이 같은 상황에서 중국으로부터 화공을 유입하자는 주장이 제기되었고, 1904년에서 1910년까지 최소 6만 명 이상의 화공이 남아프리카에 수입되어 트란스발(Transvaal) 금광에 투입되었다.[68]

남아프리카 트란스발 계약화공의 모집은 미국, 캐나다, 호주, 뉴질랜드 등 국가에서 화공을 배척하기 시작하면서 본격화되었다. 이전 시기 아프리카는 서구 식민주의자들이 노동력을 약탈하는 기지였으나, 이 시기에 들어와 아시아에서 아프리카로 노동력이 유입되는 특이한 현상이 일어났다.

1884년 트란스발의 위트와테르스란트(Witwatersrand, 약칭 '란트')에서 금광이 발견되자 1886년부터 이에 대한 개발이 시작되었다. 미주와 호주에서 금광이 발견되었을 때와 마찬가지로 남아프리카의 금광은 골드러시를 불러일으켰다. 영국, 독일, 프랑스, 핀란드, 미국 등 국가에서 많은 자본가들이 앞다투어 몰려들었고 이들은 초기에는 현지 주민을 고용하여 광석을 채굴하였다. 그러나 열악한 작업환경과 전쟁으로 인하여 많은 현지 노동자들이 죽어나갔다. 이에 란트의 광산주들은 저렴한 노동력 확보를 위하여 중국으로 눈길을 돌렸다.

1902년 전쟁을 겪은 란트는 극심한 가뭄에 허덕이고 있었다. 1903년 가뭄과 병충해 등으로 심각한 경제위기에 직면하게 된 란트에서는 이 같은 위기를 극복하기 위하여 중국의 노동력으로 난관을 이겨나가야 한다는 주장이 제기되었다.

1903년 2월 14일 란트노동자협회는 미국, 캐나다, 일본, 말레이시아, 홍콩 등지로 인력을 파견하여 화공을 유입시킬 가능성과 조건 등을 조사하도

---

67 Campbell, Chinese Coolie Emigration, p. 167.
68 P. Richardson, Chinese Mine Labour in the Transvaal, pp. 192~197, 204.

록 하였다. 조사결과 그들은 중국에서 그들의 조건에 적합한 노동자를 찾을 수 있다고 판단하였다. 다만 북미의 경험에 근거하면 동양인은 동화될 수 없기 때문에 '계약' 방식으로 유입하는 것이 적당하다고 보고하였다. 보고서에는 또 화공들을 엄격히 통제하여 그들의 이주와 직업을 제한하며, 3년 계약기간이 만료되면 반드시 모국으로 송환할 것을 건의하였다. 게다가 중국인의 방회(幇會)조직을 경계하고 같은 수의 아프리카 노동자를 모집하여 견제해야 한다고 주장하였다. 트란스발 입법회는 이 보고서를 근거로『노동자유입법령』을 제정하였으며 1904년 1월 남아프리카의회에서 통과시킨 후 영국정부에 보내 심사하도록 하였다.

1904년 세 차례의 논의를 거쳐 영국 의회를 통과한『계약화공모집안』에 따르면 노동자의 동의 없이 계약서의 매매가 가능하며, 고용 기한과 급여의 최저 기준을 규정하지 않아 계약화공을 사실상 노예로 전락시켰다.

초기의 화공 모집은 주로 복건, 광동, 광서 등 지역에서 이루어졌으며, 광주, 오주(梧州) 등에는 화공 모집을 위한 거점이 설치되기도 하였다. 또한 홍콩 구룡반도(九龍半島) 서북방의 여지각(荔枝角) 해안에는 만 명을 수용할 수 있는 합숙소를 건립하여 해외로 나가는 화공을 수용하였다.

이후 천진의 영국 조계지에 트란스발 화공모집 총부를 두고 진황도(秦皇島)와 연대 등 지역의 센터를 통해 모집한 화공들을 각 항구마다 세워진 수용소를 거쳐 남아프리카로 실어 날랐다. 이들 대부분의 화공들은 남아프리카에 도착해서야 작업환경이 열악하고 계약 조건이 까다롭다는 것을 알게 되었다.

1904년 5월 25일 1,504명의 화공이 트위데일(Tweedale)호 선박을 타고 홍콩에서 출발하여 남아프리카로 떠났다. 이는 남아프리카로 간 첫 번째 화공들이다. 출발하기 전 2명이 도망갔고, 남아프리카로 가는 도중 3명이 사망하였다. 6월 18일 더반(Durban) 항에 도착했을 때 또 3명이 병으로 사망하였다. 화공들은 상륙할 때 신체검사를 하는데 40명의 화공이 심각한 무좀으로 인해 송환되었다. 합격한 1,006명 화공은 무장경찰들에 의해 기차로 압송되었으며 다시 기차를 타고 더반에 있는 합숙소로 이동하였다. 합숙소에서 화공들은 또 여러 가지 질문에 답변해야 했고, 여권 검사를 받아야 했다. 화공들은 합숙소에서 등록을 하고 사진을 찍었으며, 전문가들이 와서 쿨리들의 열손가락 지문을 채취하였다. 이 지문은 그들이 쿨리들의 신원을 확인하는 주요한 방법이었다.[69] 이 화공들은 6월 22일 수속을 마친 후 각자 계약번호가 적혀있는 명찰을 단채 경찰들의 감시 하에 밀폐된 기차를 타고 란트로 향했다. 이들은 이후 다시 뉴코멧(New Comet)으로 가서 일하게 되었다. 란트의 광업주들은 홍콩에서 두 차례에 걸쳐 총 1,741명의 화공을 모집했다.

1904년 6월 27일 2,000여 명의 화공이 진황도에서 출발하였으며, 6월 30일에는 역시 약 2,000여 명의 화공이 천진에서 출발하여 남아프리카로 향했다. 또 같은 해 9월 1일에는 당구(塘沽)에서, 9월 26일에는 진황도에서 각각 약 2,000명 안팎의 화공들이 남아프리카로 운송되었다. 이들은 대부분 자신이 어떤 일을 하게 될지 모르고 있었다.

통계에 의하면 1904년부터 1906년까지 남아프리카 트란스발에서 모집한 화공은 총 63,811명이었다. 이중 홍콩에서 출발한 사람이 1,741명, 진황도에서 출발한 사람이 43,258명, 연대에서 출발한 사람이 14,675명, 천진에서 출발한 사람이 4,137명이었다.[70] 이밖에 1903년 3월부터 9월까지 광주, 오주, 상해, 연대 등 지역에서 관련 기관에 등록하지 않고 남아프리카로 실려 간 화공들의 수치는 정확히 밝혀지지 않았다.[71]

1906년 12월 6일 트란스발은 새로운 헌법을 공포해 계약화공 유입을 금지시켰다. 이에 따라 기존에 유입되었던 화공들도 중국으로 송환시켰지만, 1907년까지 란트에는 여전히 약 4만 명 이상의 화공이 남아 있었고, 1908년에는 약 2만여 명으로 감소되었다가 1909년에 이르러서는 2,000여 명만이 남아 있었다. 1910년 3월 란트 광산지역의 마지막 계약화공들이 트란스발

---

69 坎貝爾, 『中國的苦力移民』, p. 432.
70 陳澤憲, 「1904-1910年英國爲南非特蘭士瓦金礦招雇華工史料輯春」, 『匯編』(九), p. 252.
71 彭家礼, 「淸末英國爲南非金礦招募華工始末」, 『歷史硏究』, 1983年第3期, p. 180.

을 떠나 고향으로 돌아감으로써 중국인의 남아프리카 이민이 비로소 종결되었다.

이상의 내용을 통해 살펴본 남아프리카 화공의 주요 이동 경로는 다음과 같다.

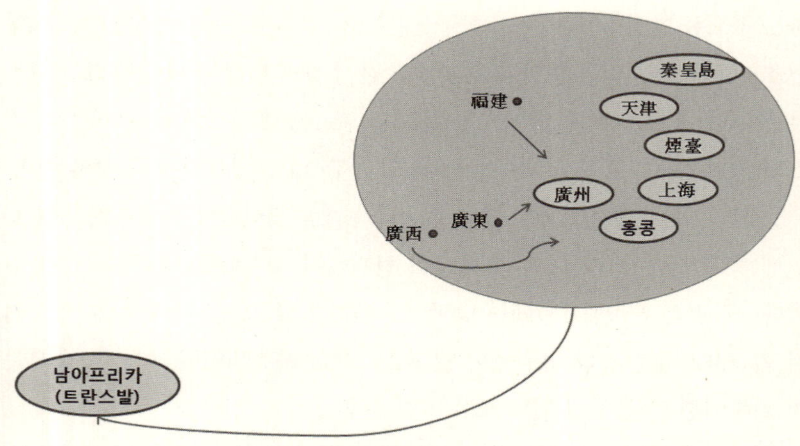

〈그림 63〉 남아프리카 화교 디아스포라의 주요 이주루트

2) 레위니옹, 마다가스카르, 세네갈 루트

① 레위니옹(Reunion)

일찍이 16, 17세기 광동에서 출발한 중국 상선들이 레위니옹을 중간 보급지로 삼으면서 중국인들의 이주가 시작되었다.

19세기에 들어와 프랑스가 이 섬에서 사탕수수와 커피농장의 개발에 착수하면서 화공 모집이 시작되었고 1840년 싱가포르를 통해 최초의 화공 75명이 수입되었다. 1844년 이후 말레이시아 페낭, 중국의 하문 등지에서 모집된 화공들이 세인트데니스(Saint Denis) 항에 도착하였는데, 이들 중 상당수는 이동 중 열악한 환경으로 인해 사망하였고, 나머지는 이 항구에서 곧바로 인신매매업자들에 의해 각지의 농장주들에게 팔려나갔다.

한편 1848년 프랑스혁명 이후 노예제가 폐지되면서 당시 728명이던 중국인 노동자 수가 이듬해 590명으로 급감하였고, 이에 따른 노동력 부족을 보충하기 위하여 이 지역의 농장들은 싱가포르를 비롯한 중국 본토의 각 항구로 화공모집 지역을 확대하기 시작하였다.

19세기 중반에서 20세기 초까지 사탕수수 재배와 제당업 경쟁의 심화, 수에즈 운하의 개통에 따른 국제무역 항로의 변경, 그리고 영국 정부의 인도인 노동자 공급 중단 조치 등으로 인하여 이 지역 노동 시장의 판도가 변하면서 또 다시 중국인 노동자의 수요가 증가하였다. 이에 19세기 중반부터 20세기 초반까지 중국 복건성 복주 등지에서 매년 적게는 400여 명 많게는 1,600여 명의 화공들이 모집되어 레위니옹의 각 농장으로 동원되었다.

〈표 16〉 레위니옹 유입 중국인 연대별 인구수

연도	1858	1862	1877	1880	1881	1892	1901	1907	1926
인구	451명	413명	654명	608명	518명	412명	1026명	810명	1626명

출처 : 何静之, 『留尼旺島華僑志』, 台北 : 華僑志編纂委員會, 1966년, p. 16

레위니옹 화교들의 주요 이동 노선은 아래 그림과 같다.

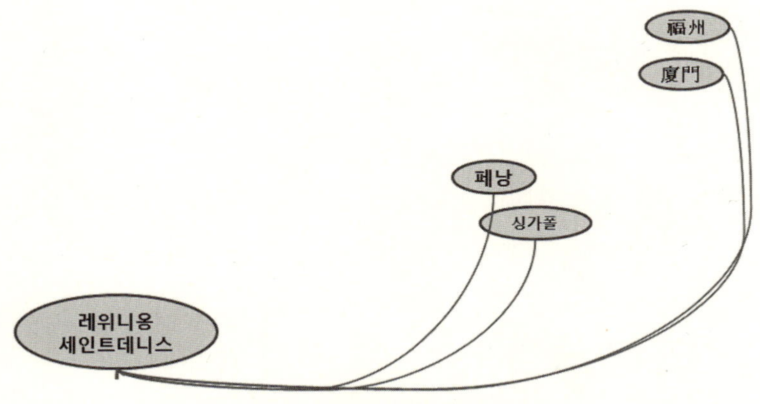

〈그림 64〉 레위니옹 화교 디아스포라의 주요 이주루트

② 마다가스카르(Madagascar)

1885년 마다가스카를 점령한 프랑스는 광동, 복건 지역에서 화공들을 모집하였고, 1896부터 1897년까지 사이 이 섬에는 노지베(Nosy Be)에 10명, 디에고수아레스(Diego Suarez)에 30명, 동부 연해지역에 10명, 타마타브(Tamatave)에 185명, 마중가(Majunga)에 5명 등 약 240명의 중국인이 있었다.

1896년 이후 프랑스는 타마타브와 안타나나리브(Antananarivo) 간 도로 건설을 위하여 양광(중국의 광동과 광서) 등 지역에서 3,000여 명의 화공을 모집하였으며, 1896년에서 1898년까지는 약 400명의 화공이 모리셔스에서 마다가스카르로 이동하기도 하였다.

한편 1900년 1월 프랑스와 영국의 관계가 긴장되면서 북부 디에고수아레스 해군기지의 방어력을 강화하기 위하여 약 500명의 화공을 모집하였는데, 이듬해 1월 현지의 더위에 적응하지 못한 대부분의 화공이 귀국하고 목공 100여 명 정도만이 잔류하였다. 1901년 프랑스와 중국의 복건 양무국이 복주에서 「마다가스카르인력모집계약」을 체결한 이후 같은 해 6월 27일 764명의 화공이 복주에서 타마타브로 운송되었다. 이들은 철도 건설 현장 또는 각지의 농장에 배치되었다.

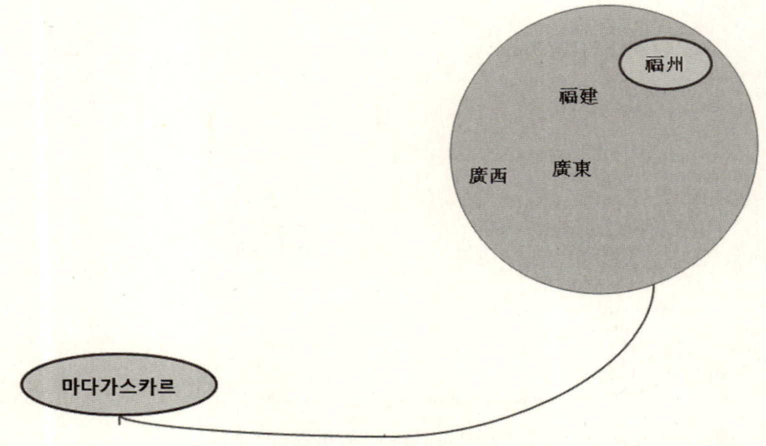

〈그림 65〉 마다가스카르 화교 디아스포라의 주요 이주루트

③ 세네갈(Senegal)

1858년부터 이미 세네갈로 운송된 화공이 있었다는 기록이 있다. 이후 1860년 다카르(Dakar)에서 생루이(Saint Louis), 다카르에서 바마코(Bamako) 까지의 철도 건설을 위해 프랑스는 중·프『북경조약』에 따라 대규모의 화공을 모집하기 시작하였다. 1880년에서 1882년까지 프랑스는 광주, 산두 및 상해 등 항구에서 대규모의 화공을 모집하였다. 이들 화공은 대부분 세네갈, 레위니옹, 과들루프(Guadeloupe) 등 지역으로 보내졌으며, 이중 일부가 세네갈 철도 건설 작업에 동원되었다.

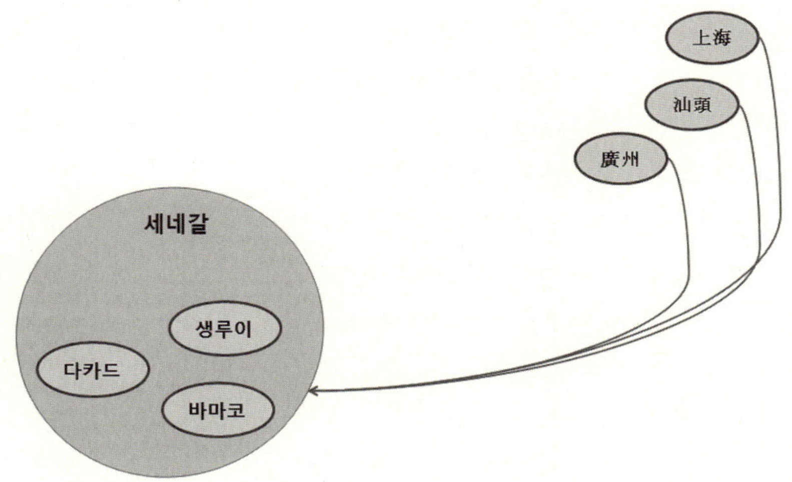

〈그림 66〉 세네갈 화교 디아스포라의 주요 이주루트

3) 모리셔스, 세인트헬레나, 케이프타운 루트

① 모리셔스(Mauritius)

아프리카 동남 인도양에 위치하는 모리셔스 섬은 1598년 이후 네덜란드의 식민지가 되었다. 자바(Java)에서 사탕수수 재배와 제당 기술을 유입한 이래 제당 기술을 가진 중국인 노동자를 모집하기 시작하였다. 이에 따라 1654년 3명의 중국인이 바타비아(Batavian)에서 모리셔스로 이동하여 사탕수수 재배 및 제당 작업에 동원되었는데, 이것이 중국인 모리셔스 이민의 기원이 되었다.

모리셔스의 농장주들이 중국인 노동자를 가장 쉽게 모집할 수 있는 곳은 싱가포르와 페낭 등 말레이반도 일대였다. 1840년 10월부터 1843년 7월에 걸쳐 약 3,000명의 중국인 노동자를 모집하였다. 이들은 대부분이 말레이반도에서 계약노동자로 일했던 경험이 있는 30살에서 43살까지의 하문(厦門) 출신의 남성이었다. 또한 1840년 12월부터 1843년 7월까지 아프리카 등지에서 약 3,200여 명의 농민공을 모집하였는데, 이 들 중 일부는 레위니옹에서 계약 기간이 끝난 후 일자리를 찾아 모리셔스로 이동한 계약화공이었다. 1848년 27명의 화공이 레위니옹 섬에서 모리셔스로 가서 일자리를 구했다. 1860년대 모리셔스 중국인 대부분은 객가인이었으며 이들 화공은 모리셔스 사탕수수 재배농장의 주요 노동력이었다.

1860년대 중엽 제당업이 쇠퇴하고 1869년 수에즈운하(The Suez Canal)가 개통되면서 해상무역에 근본적인 변화가 발생하여 모리셔스의 주요 작물이 사탕수수에서 쌀로 대체되었다. 이에 따라 1875년 모리셔스 정부는 말레이반도에서 약 500명 화공을 재차 모집하였고, 1892년에는 하문, 산두 및 홍콩에서 수백 명의 화공을 모집하였다.

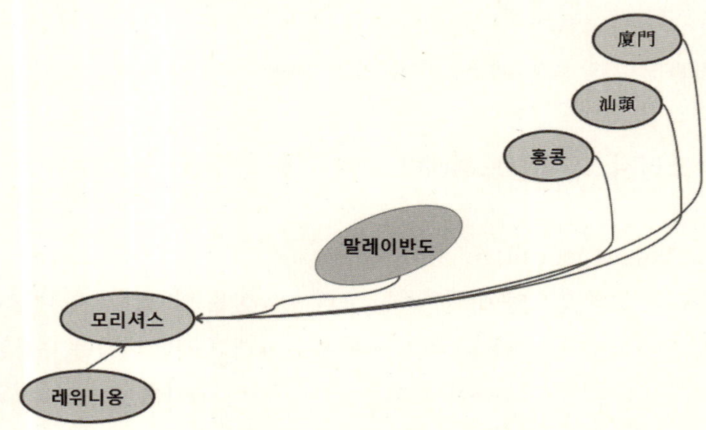

〈그림 67〉 모리셔스 화교 디아스포라의 주요 이주루트

② 세인트헬레나(Saint Helena)

아프리카 서부 대서양에 위치한 세인트헬레나는 유럽과 아시아를 잇는 항로의 중간 기착지였다. 이 섬은 16세기 포르투갈, 17세기 초반 네덜란드를 거쳐 17세기 중반 이후 영국의 식민지가 되었다. 점령 초기 흑인 노예의 노동력을 이용하여 항만 건설과 농작물 재배를 진행하던 세인트헬레나 총독은 1807년 노예제도의 폐지에 따른 노동력 부족 문제를 해결하기 위하여 동인도회사를 통해 중국인 기술자와 노동자의 모집에 나섰다. 이후 1810년부터 매해 약 100~150명 정도의 화공을 광동 등 지역에서 모집하였다. 또한 영국이 1815년 워털루 전투에서 패전한 나폴레옹(Napoleon Bonaparte)을 세인트헬레나 섬에 구금하고 이를 지키기 위한 경비병을 증원하면서, 이들의 병영 건설에 화공을 동원하였다. 이에 따라 매년 150명 미만을 모집하던 화공의 규모가 1817년부터 1819년까지 매년 300~350명으로 증가하였다. 이들 중에는 미장이, 석공 등 기술자도 상당수 포함되어 있었다.

1816년 이후 청 정부가 허가를 받지 않은 화공의 출국을 금하였지만 영국 동인도회사는 화공 모집을 몰래 계속하였다. 1820년 2월 황포(黃浦)에서 20여 명의 화공이 유인되었고, 1821년 50여 명이 모집되어 세인트헬레나로 실려 갔다. 1816년에서 1821년까지 세인트헬레나에 도착한 화공들은 대부분 병영 건설에 동원되었으며 1921년 5월 나폴레옹 사망 이후 화공의 모집도 종결되었다.

1935년 세인트헬레나 섬 전체 인구 4,377명 중 중국인이 600여 명이었다.

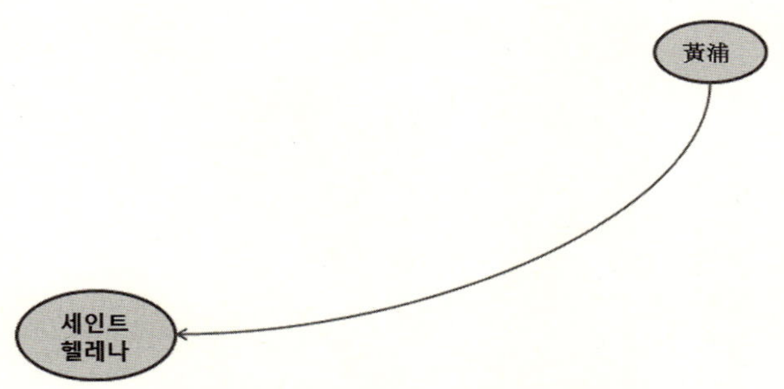

〈그림 68〉 세인트헬레나 화교 디아스포라의 주요 이주루트

③ 케이프타운(Cafe Town)

16세기 후반 최초의 중국인들이 포르투갈 상선에 실려 이곳에 도착하였다. 이후 17세기 중반 네덜란드가 이곳을 점령하게 되면서 화공을 이용한 개발이 시작되었고 당시 희망봉(Cape of Good Hope)은 주로 네덜란드 동인도회사에 의해 중국인 범죄자들이 유배되는 장소였다. 특히 1740년에는 네덜란드령 자바의 앙케(Angke) 대학살 때 수백 명의 중국인들이 이송되기도 하였다. 19세기말 이곳에는 약 1,400명의 중국인이 살고 있었으며 이들 대부분은 화공이었다.

4) 중부아프리카 루트

① 콩고(Congo)

1884년 베를린 회의에서는 콩고 동부 지역을 리오폴트 2세에게 획정하고 콩고자유국의 성립을 결의하였다. 1892년 콩고 자유국은 중국 지역 대리인을 통해 마카오의 포르투갈 인력회사에 위탁하여 광주 등지에서 화공을 모집하였다.

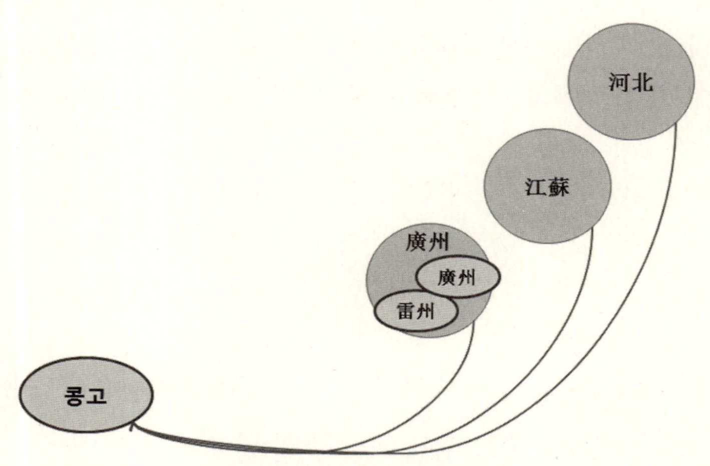

〈그림 69〉 콩고 화교 디아스포라의 주요 이주루트

이후 프랑스 식민당국은 철도 건설을 위해 1899년 광동의 광주만(廣州灣)에서 화공을 모집하였다. 또한 프랑스 인력상사를 통해 뇌주반도(雷州半島) 부근에서 약 500여 명의 화공을 모집하였다. 이들 화공들은 콩고 도착 후 환경에 적응되지 못해 대부분 병사(病死)하였고, 1907년 이 사실이 홍콩의 한 신문사에 의해 보도됨으로써 화공모집이 중단되었다.

1916년 프랑스는 중국정부의 허가를 얻어 하북, 강소, 광동 등 지역에 9개의 모집소를 설립하여 다시 화공을 모집하기 시작하였다. 프랑스정부는 1929년 철도 건설을 위해 830명의 화공을 모집하였는데, 이중 4명이 여성이었다. 이들은 푸앵트누아르(Pointe Noire)에서 약 100Km 거리에 있는 들판에서 철도 건설 노동에 참여하였다. 이들은 열악한 환경과 질병 등으로 대부분 병사하였고 철도 건설이 끝난 1934년까지 살아남은 화공들 거의 전원이 중국으로 되돌아갔다.

② 탕가니카(Tanganyika)

1886년 탕가니카에 대한 독일의 식민지배가 시작되었다. 독일은 1891년 『동아시아 노동자 고용 조례』를 제정하고, 1892년 '독일 동아프리카 특허공사'와 '독일 동아프리카 농업공사'가 연합하여 영국 해협식민지와 중국 산두 등지에서 화공 모집에 나섰다. 하지만 위탁 받은 독일과 영국의 상사의 현지 신용도가 낮아 인력 모집에 실패하고 결국 싱가포르와 자바에서 약 500여 명의 화공을 모집하였다. 이들 지역에서 모집된 화공은 싱가포르에서 영국 기선을 타고 동아프리카로 이동하였다.

1892년 9월에는 다시 마카오에 있는 포르투갈 매매상인을 통하여 대규모 화공을 모집한 후 역시 영국 기선을 이용하여 탕가니카로 운송하였다. 이후 '동아프리카 독일 농업공사'는 산두(1896), 마카오(1902), 싱가포르(1907) 등지에서 여러 차례에 걸쳐 화공을 모집하여 탕가니카 농장으로 운송하였다. 당시 중국 교주만(膠州灣)은 독일의 조계지로 이 지역 독일인들도 산동의 내륙지방에서 화공을 모집하여 탕가니카로 보내기도 하였다.[72]

탕가니카 화공모집의 주요 이유 중 하나는 철도 건설이었는데, 독일은 탕가니카에서 두 개의 철도를 건설하였다. 하나는 북쪽에 있는 탕가(Tanga) 항구에서 모시(Moshi) 까지의 철도로 전장이 220마일이었으며 1891년 착공되어 1911년 완공되었다. 다른 하나는 다르에스살람(Dar es Salaam)에서 탕가니카(Tanganyika) 호반에 있는 키고마(Kigoma) 까지의 철도로 전장이 총 780마일이었으며 1904년 착공되어 1914년 완공되었다. 중국 화공이 이 두 철도 건설 사업에 참여한 기록은 아직 발견되지 않고 있으나 당시 홍콩 신문에 일부 관련 기사들이 실렸고, 동아프리카 화교 및 현지인들과의 면담을 통해 이 같은 사실이 밝혀졌다.

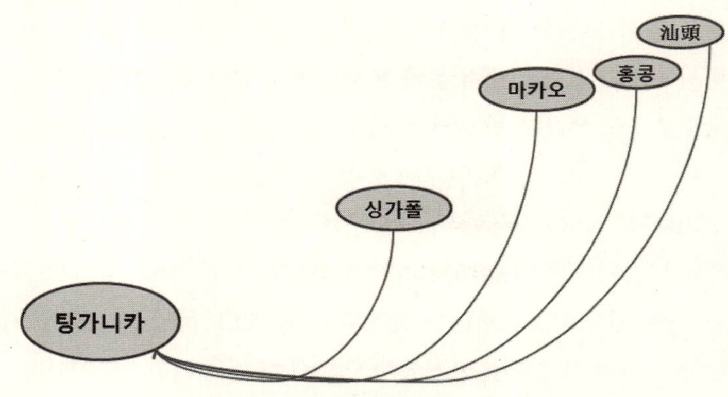

〈그림 70〉 탕가니카 화교 디아스포라의 주요 이주루트

③ 상투메(Sao Tome) & 프린시페(Principe)

포르투갈은 서아프리카의 상투메(São Tomé), 프린시페(Principe), 기니(Guinea) 지역을 점거하였고, 스페인은 페르난도(Fernando, 현재의 비오코(Bioko)) 섬을 점거하였다. 과거 이들 식민지는 모두 노예노동을 통한 재배농업이 주를 이루는 지역이었다. 그러나 노예제가 폐지된 이후 이들 지역은 노동력의 보충을 위해 화공을 모집하였다.[73] 1908년 포르투갈 식민당국이 마카오 거주민 일부를 기

---

72 陳澤憲, 「非洲地區英, 法, 比, 葡, 西, 德, 各殖民地招募華工紀略」, 陳漢笙 앞의 책, 第九輯, pp. 272~273.

니로 보내 도로 건설 공사에 투입한 이래 포르투갈령 서아프리카와 동아프리카 모잠비크(Mozambique)의 계약화공이 주로 마카오에서 유입되었다.

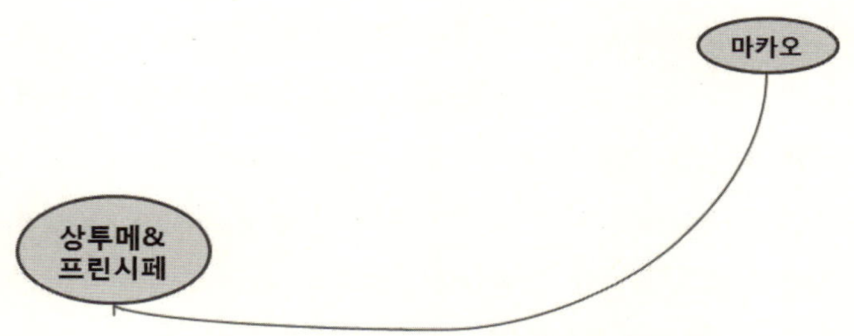

〈그림 71〉 상투메, 프린시페 화교 디아스포라의 주요 이주루트

6. 유럽 이주루트

(1) '선원(船員)'에서 '교민(僑民)'으로

청 정부는 1850년대까지 화공의 출국을 금지하였다. 하지만 서구열강이 무력으로 중국의 문호를 개방하면서 자국의 일에 대한 독자적 결정권을 상실하였다.

1857년 영·프 연합군이 제2차 아편전쟁을 일으켜 당시의 광동 순무(巡撫)에게 광동 신민(臣民)들이 "자유롭게 외국인과 계약하고 출국"하도록 승인할 것을 강요하였다.74 이어 1859년 베이징에 침입하여 1860년 『베이징 조약』을 체결함으로써 화공의 모집 및 해외이주가 자유화되었고 이로부터 서구 열강의 중국 노동력에 대한 강탈이 본격화되었다. 이때 서구 열강은 중

---

73 陳澤憲, 「非洲地區英, 法, 比, 葡, 西, 德, 各殖民地招募華工紀略」, 陳漢笙 앞의 책, 第九輯, pp. 270~272.

74 「廣東巡撫柏貴告示」, 咸豊九年(1859年) 三月 初七. 陳翰笙 主編, 『華工出國史料匯編』第二輯, p. 177 참고.

국의 5개 주요 개항장을 통해 화공을 해외로 수출하였는데, 이중 마카오, 홍콩, 하문은 화공 수출의 주요 거점이었다. 화공을 모집하는 상인들은 기만, 은폐, 유괴 등 수단을 가리지 않고 수많은 중국 노동자를 모집하여 동남아, 북미, 호주 등 지역의 개척과 금광 채굴에 동원하였다.

유럽은 19세기 제정 러시아가 유럽-아시아 대륙을 연결하는 철도를 건설하기 위해 화공을 고용한 적이 있었던 것을 제외하고는 제1차 세계대전 이전까지 화공을 수입한 적이 없었다. 하지만 유럽-아시아 간 해상 운수업에 종사하는 유럽의 회사들은 중국의 값싼 노동력을 오래 전부터 주목하였고 중국인을 선원으로 고용하기도 하였다. 유럽 회사 중 최초로 중국인 선원을 고용한 회사는 영국 동인도회사였다. 1600년 설립된 영국 동인도회사는 영국의 원동(遠東) 개척에 첨병 역할을 하는 기구로 18세기 이후 강대한 군사력을 바탕으로 남아시아의 광대한 영토를 점령한 식민지 통치기구가 되었다. 영국 동인도회사는 1760년대부터 방글라데시 농민을 강제 동원하여 아편을 재배하기 시작하였고, 1773년 아편무역의 독점권을 획득한 이후 외항선을 빈번하게 중국에 보내 아편무역을 통한 폭리를 도모하기 시작하였다.

인도인에 이어서 중국인이 영국 동인도회사가 고용하는 외항선의 또 하나의 아시아계 집단이 되었다. 동인도회사의 중국인 선원 고용에 관한 최초의 기록은 1782년 7월 27일 런던에서 출판된 『모닝 크로니클(Morning Chronicle)』에 보인다. 기사 내용에 따르면 이스트런던의 스테프니(Stepney)에서 발생한 싸움에 "아주 강한 중국인"도 참여하였다는 것이었다. 이는 현재까지 발견된 런던에 거주한 중국 선원에 관한 최초의 보도이다. 이후 중국 및 다른 아시아계 선원의 런던 항구에서의 생활 상황에 관한 보도들이 점차적으로 많아졌다. 일반적으로 외국계 선원이 사정 때문에 영국 항구에 체류하게 되면 그들이 소속하는 회사는 그들의 숙식을 해결해 주어야 되는데, 아시아계 쿨리에 대한 차별 심리로 인해 영국 회사는 이들 선원을 이스트런던 섀드웰(Shadwell)에 있는 한 낡은 병사(兵舍)에 수용하였다. 중국 선원들은 이처럼 열악한 환경과 생활, 언어 및 풍습 등의 문제로 외롭고 답답하며 희망이 없는 삶을 이어갈 수밖에 없었다. 이러한 처지에서 선원 간의 사소한 시비가 집단폭행 사건으로 확대되는 경우가 많아 현지 매체에 "아시아계 선원의 폭행 사건"에 관한 보도가 끊임없이 나타났다.

1858년 동인도회사가 도산한 이후 1865년 영국 리버풀(Liverpool)의 알프레드(Alfred)와 필립 홀트(Philip Holt) 두 회사가 유럽에서 중국까지의 항로를 정식으로 개척하였다. 이어 영국의 많은 회사들이 중국-유럽 간 항로에 발을 내디뎠는데 그 중 특히 태평양기선회사(The Ocean Steam Ship Company)의 블루파널(Blue Funnel) 항로의 사업이 가장 번창하였다. 이 항로는 리버풀과 홍콩, 상하이 사이를 정기적으로 왕복하였다.

중국-유럽 간 항로의 경영자는 바뀌었지만 중국 선원의 고용은 계속되었다. 특히 블루파널의 선원 중 중국계 선원의 비율은 뚜렷한 상승세를 보였다. 이밖에 네덜란드, 독일 등의 적지 않은 원양회사들도 점차 더 많은 중국 선원들을 고용하였다.

근대 유럽 원양회사의 이 같은 중국 선원 선호 경향은 무엇보다 중국 선원 자체의 특성 때문이었다. 20세기 이전 유럽 원양회사는 중국 내륙에서 직접 선원을 모집할 수 없었고 홍콩의 중개회사를 통해야 했다. 따라서 유럽 원양회사에 모집된 중국 선원들은 대부분 홍콩과 이에 근접한 광동 주강 삼각주 일대의 보안(寶安) 지역 및 대산(臺山), 개평(開平), 은평(恩平), 신회(新會) 등 이른바 사읍에서 온 농촌 혹은 향진(鄕鎭) 청년들이었다. 이들은 봉건적 지배구조에 익숙해져 있었을 뿐만 아니라 외국어를 몰라 자신의 권익을 어떻게 보호해야 할 줄 몰랐다. 이들은 열악한 작업 환경과 불합리적인 대우를 그저 참고 견뎌낼 뿐이었다. 당시 외항선은 주로 연탄보일러를 이용하여 동력을 공급했다. 무더운 보일러실에서 작업하는 화부(중국 선원을 보통 화부 또는 소화공(燒火工)이라고 불렀다)는 항상 비 오듯이 땀을 흘리면서 일해야 했다. 특히 영국과 네덜란드 외항선은 늘 적도 부근 동인도와 해협식민지를 왕복해야 했기 때문에 보일러실의 온도는 항상 섭씨 60℃ 정도여서 보통 사람이

견딜 수 없을 만큼 더웠다. 그러므로 유럽계 화부는 선원노조의 주도하에 수시로 파업을 벌여 임금인상과 대우개선을 요구하였다. 하지만 제시하는 조건이 유럽계 선원보다 낮았음에도 불구하고 중국인 선원들의 지원은 끊이지 않았다. 당시 중국 보안의 많은 농촌 지역의 청년들이 가장 좋은 일자리로 꼽는 것이 홍콩에 가서 외국 원양회사의 선원이 되는 것이었다. 유럽 원양회사 입장에서 보면 중국 선원을 고용하는 것이 이윤을 높이는 좋은 수단이 되었던 것이다.[75] 관련 자료에 따르면 1927년 네덜란드의 총 11개 기선회사에서 고용한 중국인 선원 총 3,224명 중 77.5%인 2,397명이 보일러실에서 가장 힘든 화부 일을 담당하였다.[76]

제1차 세계대전 폭발 이후 원양 항해의 위험도가 높아짐에 따라 유럽계 선원이 줄어들어 원양회사는 더 많은 중국 선원을 고용하기 시작하였다. 1914년 영국 각 원양회사에서 고용하는 약 26만 명의 선원 중 중국계 선원이 8,000여 명으로 전체의 3%를 차지하였다. 하지만 제1차 세계대전이 폭발한 이후 단 1년 만에 중국 선원은 8,000여 명에서 14,000여 명으로 급증하였다. 전쟁의 마지막 해인 1918년에는 영국의 원양 기선에서 일하는 25만여 명의 선원 중 중국 선원이 3~4만여 명에 달해 전전에 비해 4~5배 증가하였으며, 각 회사 전체 선원의 15%를 차지하였다.[77] 하지만 종전 이후 영국 당국은 중국인이 아편을 피운다는 이유로 중국 선원을 대거 돌려보냈다.[78]

유럽 원양 회사에서 일하는 선원들은 "한 해 365일, 대부분 시간을 기선에서 보냈기 때문에 반화반교(半華半僑)라 칭하기도 했다."[79] 이들 초기 원양 선원들이 유럽 화교사와 더 직접적인 관계가 있는 이유는, 이들은 자신들이 일하는 원양 기선에 따라 유럽 각지의 항구도시에 도착하면 이중 일부가 각

---

75 네덜란드 선원노조 월보 *Uitkijk*, 1911년 10월 13일.

76 Frederik van Heek, *Chineesche Immigranten in Nederland*, 1936년, p. 18.

77 Frederik van Heek, *Chineesche Immigranten in Nederland*, 1936년, p. 16.

78 J. P. May, *The Chinese in Britain*, 1860~1914/C. Holmes, *Immigrants and Minorities in British Society*, 1978年, p. 116, 120.

79 陳里特, 『歐洲華僑生活』, p. 25.

종 원인으로 점차 현지에 정착하게 되었고 신분도 따라서 변하였기 때문이다. 이들 중에는 선박의 출입항일 변경으로 계약 연장의 기회를 놓쳐 부득이하게 현지에 체류할 수밖에 없었던 이들도 있었고, 또 다른 일부는 현지에 정착한 동향이나 친구의 설득에 의해 자발적으로 잔류하는 이들도 있었다.[80]

어떤 원인에서였던 일단 유럽 항구에 체류하게 된 이들은 원양 항해를 더 이상 안 하는 대신 유럽 땅에서 생존을 유지해나갈 길을 찾아야 했다. 따라서 이들은 '선원'에서 '이민'이 되었고 유럽에 진입한 최초의 화공 집단이 되었다.

(2) 제1차 세계대전과 화공의 모집

1914년 7월 독일, 오스트리아 등 동맹국과 영국, 프랑스, 러시아 등 연합군 간 4년 4개월에 걸친 제1차 세계대전이 발발하여 수많은 인명이 살상되면서 노동력 수요가 격증하였다. 이 과정에서 연합국은 중국의 노동력에 주목하게 되고 중국의 풍부한 노동력을 전쟁에 활용하기 위하여 중국의 참전을 적극 요청하게 된다. 이러한 연합국의 요구와 서구열강을 등에 업고 자신의 세력을 확충하려던 북양군벌(北洋軍閥)의 이해가 맞아 떨어지면서 북양군벌 정부는 참전에 동의하게 된다. 하지만 전쟁 초기 이미 중립 선언을 한 바 있던 북양군벌 정부는 참전은 이후 국가적 이득을 취하기 위한 일종의 외교적 묘계라는 명분하에 "외적으로는 중립, 실질적으로는 참전, 노동력으로 병력을 대신한다.(明守中立, 暗事參加, 幷決定以工代兵)"라는 정책을 채택하고 프랑스와 『혜민공사(惠民公司)』라는 인력 모집 기구를 두어 전쟁에 필요한 노동력을 모집, 공급하기로 합의하기에 이른다. 혜민공사는 천진, 홍콩, 포구, 청도, 상해 및 광주 등 지역에 총 9개 지사를 두고 있었다.

---

80 『Weekly News』(영국), 1980年 1月 31日, 제16판.

혜민공사는 1916년 5월 천진, 하북에 지사를 설립하고, 당구에 수용소를 설립하면서 화공 모집을 진행하여 그해 7월까지 총 6,038명의 화공을 모집하였다. 또한 1916년 홍콩 운함가(雲咸街)에 지사를 설립하고 구룡 여지각에 인력알선소를 설립하여 이후 5개월 새에 5차례에 걸쳐 3,221명의 화공을 모집, 수출하였다. 이밖에 1917년 1월 남경 포구(浦口)에 지사를 설립하여 11월까지 총 18,930명의 화공을 모집하였고, 1917년 8월에는 청도에 지사를 설립하여 12월까지 총 4,418명의 화공을 모집하여 프랑스로 운송하였다.

유럽에서의 전쟁 기간 동안 구체적으로 어느 정도의 화공이 모집되었는지 정확히 확인할 길이 없지만 관련 기록들에 의하면 영국과 프랑스 양국을 합쳐 최소 약 13만에서 최대 약 30 만 명에 이를 것으로 추측된다.(陳達, 『中國移民』; 『申報』 1919년 6월 6일 보도)

화공들이 유럽으로 가는 항로는 여러 가지가 있었는데, 초기에는 수에즈 운하와 지중해를 건너 유럽으로 갔다. 1917년 1월 독일 잠수함이 이 항로를 막자, 이후 총 4개의 선박 8,000여 명의 화공이 다시 희망봉을 건너 약 3개월이 지나 유럽에 도착하였다. 이 과정에서 긴 항해시간과 음식 부족으로 수많은 화공들이 병사하였다. 이후로는 중국 측의 항의로 이 항로를 포기하고 산동 위해(威海), 청도에서 배를 타고 캐나다, 파나마운하를 건너 프랑스로 가는 항로를 택했다. 이 항로를 이동하는 데에는 총 39일이 걸렸다.

1) 프랑스 루트

프랑스는 모집한 화공들 중 소수를 아프리카 알제리(Algérie), 모로코(Morocco)의 농장이나 공장에 투입한 이외에 나머지 대다수를 프랑스 국경 내의 3대 방어선, 즉 서부 연해의 프레스트(Brest)에서 남부 마르세유(Marseille)까지, 세느(Seine) 강 하류 루앙(Rouen)에서 이 강의 발원지인 르 크뢰조(Le Creusot) 까지, 그리고 북부전선의 아르스(Arras)에서 베르(Verdun) 까지의 3개 방위선에 배치하였다.

1917년 미국 원정군은 프랑스에서 10,000여 명의 화공을 빌려 후방 근무에 투입하여 양식 및 물자의 수송과 도로 건설 등에 투입되었다.

프랑스는 중국과 화공모집 관련 협정을 체결할 때 화공을 어떠한 군사활동에도 참여시키지 않기로 규정했지만, 이후 계약을 위반하여 이들 화공을 군사 활동에 투입하였다. 1917년 8월 14일 중국이 독일에 대해 선전포고를 한 이후 프랑스는 이들 화공을 소와송(Soissons) 전선에 투입하여 참호 설치나 시체 매립에 동원하였다.

2) 영국 루트

영국이 모집했던 화공은 프랑스 서부 연해 전선에 투입되었다. 1917년 약 5,000명의 화공이 발칸 반도 일대 전쟁 구역에 동원되었다. 프랑스 서부 지역 화공의 분포상황은 벨기에의 프랑드르(Flanders) 연해, 프랑스 서북부 덩케르크(Dunkerque), 칼레(Calais)에서 르 아브르(Le Havre) 각 항구의 후방 지역까지 등 거의 모든 작전 구역에 분포하였다.

영국 육군에 소속된 화공은 원래 협정상 농업, 공업 방면에서 도로, 철도, 광산, 공장, 농경지, 삼림, 군수 공장, 탱크 및 선박 제조 공장, 병기창고 및 피혁수공업공장 등에서 일하도록 되어 있었다. 그러나 중국이 독일에 대해 선전포고한 이후, 영국은 이들 화공을 전선에 보내 참호 설치나 철도 건설 등에 동원하였다. 또 일부는 영국의 화물수송선이 곧바로 칼레에 도착할 수 있도록 하는 칼레 항 항만 건설에 동원되기도 하였다. 이때 동원된 화공이 약 4,500여 명이었다.

종전 이후 영국 군대의 화공들은 1919년 가을부터 1920년 4월에 걸쳐 대부분이 중국으로 다시 송환되었다. 프랑스 화공의 송환은 영국과 같은 시기에 시작되었으나 계약이 5년이었던 까닭에 1922년 3월에야 마무리되었다.

3) 러시아 루트

1914년 러시아는 하얼빈(哈尔滨)에서 2,000여 명의 계약화공을 모집하여 우랄 페름(Ural Perm) 주의 아라보야프스크 광구에 보내 채광과 벌목 작업을 시켰다.

이후 제2차 세계대전이 진행됨에 따라 러시아의 화공에 대한 수요 또한 증가하였다. 러시아는 '의성(義成)', '태무(泰茂)' 등 모집회사를 설립하여 천진, 장춘, 하얼빈 등 지역에서 화공을 모집하였다. 이장부(李長傅)의 『중국이민 사(中國移民史)』에 따르면 러시아는 1916년부터 동북삼성(東北三省)과 천진, 산해관(山海關) 등지에서 약 30,000여 명의 쿨리를 모집하여 돈(Don) 강 일대의 광산과 동부전선에 동원하였다. 또한 H. A. Popov의 연구에 따르면 1916년 한 해에만 49,272명의 화공이 러시아로 운송되었다.[81] 하지만 러시아 화공연합총회의 1920년 자료에 따르면 전쟁 시기 러시아는 화북 및 동북 지역에서 총 20만여 명의 화공을 모집하였고, 이들 중 약 10만여 명이 러시아의 유럽 영토 지역에 거주하고 있었다. 이들이 주로 종사했던 일은 시베리아에서의 벌목 작업, 우랄 철광이나 돈바스(Donbass) 탄광에서의 채광 작업, 또는 흑해 항구에서의 육체노동 등이었다.

---

81 H. A. Popov, 『華工在沙俄』, 『世界歷史譯叢』, 1979年, 第5期.

IV

화교의 디아스포라적 기억

미셸 푸코(Michel Paul Foucault)의 지적처럼 처음부터 있었던 원형(prototype)이 역사의 유전자처럼 계승된다는 생각은 '기원의 망상'을 낳는다. 디아스포라의 경험을 모두 '특정 민족의 역사' 범주에 단선적으로 포섭시키려는 시도는 이 같은 일종의 '기원의 망상'에서 비롯된 것이다. 이는 역사현실의 두꺼운 의미의 층위를 사장시키는 결과를 초래하며, 역사의 격변 속에서 단층(斷層)처럼 어그러져 있는 의미의 층위들을 간과함으로써 디아스포라의 실존적 의미를 해석해내지 못하는 오류를 범하게 된다.

따라서 이 장에서는 민족의 유전자적 '기원'이라고 불리는 거대한 연속성을 찾아서 과거로의 여행을 떠나는 것 대신에, 그 같은 연속성에 의해서 배제되거나 은폐된 불연속적이고 단층적인 계기들을 발굴해 내려는 작업을 진행하고자 한다. 즉 통상의 역사학적 접근방식인 근대적 거대담론(grand narrative) 대신 그동안 무의미하게 제외되었던 개인적, 집단적 디아스포라의 기억에 의존하여 불연속적인 사건들에 의미를 부여하는 역사쓰기를 시도하고자 한다.

이러한 맥락에서 이 장에서는 자의적이든 외적 강제에 의해서든 삶의 터전을 떠나 낯선 환경에서 '살아내야' 했던 근대 화교 디아스포라의 의식 깊은 곳에 자리 잡은 디아스포라적 경험에 대한 기억을 따라가 보고자 한다.

"바다가 닿는 곳에는 화교가 있다"라는 말이 있는 것처럼 화교들은 거의 세계의 모든 지역, 국가에 분포하고 있으며, 이주와 정착 과정에서 겪게 되는 경험은 한반도 등 동북아 일부 지역, 국가를 제외하고는 대체로 유사하다. 따라서 본 장의 서술은 지역 구분 없이 시간의 추이에 따라 '원적지에서의 기억', '이주과정의 기억', '거주국에서의 기억' 등 크게 세 부분으로 나누어 그들이 처한 상황과 이야기를 전하는 방식이 될 것이다. 하지만 아쉽게도 디아스포라적 경험과 트라우마를 가장 원형적으로 간직하고 있었을 화교 1세대는 이미 생존자를 만날 수 없으며, 그들의 구술 자료 또한 극히 희박한 상태이다. 따라서 본 장의 서술은 각 지역, 국가 별 화교사 등 관련 자료 속에 부분적으로 인용된 단편적인 기록들과 본 연구소에서 현장조사를 통해 확보한 싱가포르, 말레이시아, 인천, 부산 등 지역 화교들에 대한 구술 자료 가운데 일부 관련 내용을 인용하는 방식을 취하기로 한다.

1. 원적지에서의 기억 −배정이향(背井離鄕)1

앞 장 이주루트 부분에서 이미 살펴보았던 바와 같이 해외 이민을 떠났던 사람들의 출신지는 대륙의 거의 전 지역에 걸쳐 있으나 광동, 복건 등 동남 연해안 지역 출신이 주를 이루었다. 대부분의 지역에서 모두 마찬가지였지만 특히 서구열강의 대륙 진출 관문이었던 광동, 복건 지역은 당시의 국제 정세와 중국 국내의 정치, 경제, 사회적 상황의 영향에 민감할 수밖에 없었다는 상징성을 지닌다.

근대 화교의 해외 진출은 일차적으로 당시의 국제정세 즉 외적인 요인에서 비롯되었다. 18세기 말 노예제 폐지의 외침이 높아지자 신생국 미국은 북부에서 솔선하여 노예제를 폐지한다. 이어 영국, 스페인, 프랑스 등 3국도 1834년, 1845년, 1848년에 각각 노예제의 폐지와 노예무역의 금지를 결정한다. 흑인노예의 해방은 서구 열강의 식민지 개발에 심각한 노동력 부족 현상을 불러왔다. 서양 열강들은 이러한 문제를 해결하기 위해 새로운 노동 시장을 찾아 나선다.

이상과 같은 정세 하에서 중국 국내의 정치, 경제, 사회 상황은 식민주의자들로 하여금 중국의 노동력 시장으로 눈을 돌리게 하였다. 당시 중국은 계속되는 외침으로 국력이 극도로 쇠약해져 있었고, 정부의 무능과 부패 등으로 인하여 다수의 절대 빈곤층이 형성되었다. 또한 인구의 증가, 경지면적의 부족, 끊이지 않는 내전, 그리고 태풍, 홍수, 지진, 한재, 전염병 등 거듭되는 자연재해로 생존의 위기에 직면한 일반 백성들이 생계를 위해 고향

---

1   고향을 등지고 떠남.

을 등질 수밖에 없는 처지에 놓이게 되었다. 이주의 내적 요인은 이처럼 주로 경제적 압박으로 인한 생계 문제였다. 먹고 살 길이 막막했던 이들은 해외로 나가기만 하면 큰돈을 벌 수 있다는 유혹에, 그리고 인신매매업자들의 납치, 유괴 등에 의해 바다 밖 만리타향으로 떠밀리게 되었던 것이다. 아편전쟁 이후의 근대 시기에 세계 도처에 대규모의 화교사회가 형성된 것은 바로 이러한 내적, 외적 요인들의 작용에 의한 것이었다.

쿨리의 실상을 사실적으로 묘사한 작자 미상의 근대소설 『고사회(苦社會)』[2]에서는 당시 중국인들의 절대 빈곤과 관리들의 부패를 다음과 같이 전하고 있다.

> 아! 이 때 마을 사람들이 처한 형편을 알아야 할 겁니다! 논은 갈라지지 않은 곳이 없고, 쓰러진 벼는 일찌감치 먹어치웠고, 나무는 잎 하나 남기지 않고 뿌리째 뽑아 땔감으로 내다 팔았습니다. 집에는 겨우 망가진 대(臺)와 의자 몇 개만이 남았는데, 세발만 남은 침대 다리를 날 것으로 삼키지 못하는 것이 한스러웠죠. 가뭄이 길어져 사람들 몸이 더위를 이기지 못하니까 전염병이 돌았습니다. 아침에 멀쩡하던 이가 저녁에 세상을 떴습니다. 이 집에서 여자 한 명이 죽으면 저 집에서는 남자 두 명이 죽었죠. 처음에는 하루 종일 울음소리가 그치지 않다가 나중에는 날이 갈수록 줄어들었는데, 왜 그랬는지 알아요? 전염병이 물러간 게 아니라, 죽은 사람이 늘어나고 산 사람이 줄어들어 결국 가문이 몰살하여 통곡할 사람이 없었던 겁니다.
>
> 咳！可曉得這時鄉人是什麼景象！田呢，沒一處不開坼，跌倒的稻葉，早吃下肚，樹哩，沒留一張葉，連根砍下，當柴賣，家里呢，只有几隻破台破凳，三脚的床架，不好拆了生吞；乾久了人的軀殼，抵不住熱度，瘟疫就跟過來，早上好好一個人，晚上就和大衆別了。這家死了一個女，那家倒死了兩個男。一天二十四個時辰，先是沒一秒鐘停了哭聲，過后一天稀

2　『抵制華工禁約文學集』, 臺北 : 廣雅出版社, 1982년 4월.

一天，爲什麽緣故呢？却不是疫氣退，死的多，活的就少，滅
了門，就沒人哭了。(『苦社會』제10회)

　조금이라도 수확이 있으면 모두 곡식이 잘 익은 것으로 처리하고,
정말 수확이 한 톨도 없고 풀 한 포기 자라지 않아야 [관리들이] 흉년
으로 인정해줬어.
　只要有一分二分可收，　都歸入成熟的冊子；實在顆粒無收，
連草不長一根的，才准作荒。(『苦社會』제10회)

　한편 비슷한 시기 한반도, 동남아 등지로 이주하였던 화교들의 기억 속에
는 각자의 개인적 처지와 더불어 의화단사건, 국공내전, 제2차 세계대전, 일
본의 침략과 지배, 국민당 정부의 강제 징집 등 당시 중국의 다양한 역사적
사건들이 배경으로 자리 잡고 있었다. 다음은 그들이 전하는 이야기이다.

　청조말기 많은 사람들이 한국으로 와서 정착을 했는데 대부분은
상업을 목적으로 정착을 한 사람들입니다. 당시 상업에 종사하러 온
사람은 거의 다 남방 사람입니다. 초기에는 광동 상인이 제일 많았
습니다. 그 후에는 역사 원인으로 인해 한국에서의 일본의 세력이
확장되자 많은 화교들이 돌아갔습니다. 현재 한국 화교는 대부분이
산동사람입니다. 가장 많을 때는 10만 명에 이르렀죠. 산동사람들이
많은 이유는 여러 가지입니다. 이주 당시 산동에는 수재 등 천재가
많았고, 의화단사변으로 인해서 아주 혼란스러웠죠. 그때 당시에는
육로를 통해 동북을 돌아서 한국으로 왔습니다. 일부는 동북에 정착
하기도 했고요. 압록강을 통해 한국으로 온 사람도 많았습니다. 따
라서 이전에 북조선의 화교는 한국보다 많았습니다. 그때는 청조 시
기죠.
　내전시기, 많은 화교들은 수로를 통해 한국으로 오게 되었습니다.
방금도 말했다시피 광동상인들은 상업을 목적으로 한국에 왔기 때

문에 그들은 여기에 정주하지 않습니다. 따라서 한국 사람들은 이런 상인들에 대해 이미지가 좋지 않았습니다. 당시 광동 상인들은 중국의 물건을 가져와서 팔고 다시 한국 특산물을 가져가 팔았습니다.

저는 화교 2세입니다. 저의 아버지는 산동에서 이주했는데 그때 중국 국내는 아주 혼란스러웠습니다. 국공내전으로 인해 많은 지주들이 비판을 받아 생존하기도 어려웠습니다. 이런 사람들 중 상당수가 어쩔 수 없이 고향을 떠나 한국에 오게 되었죠. 저희가 이주하기 시작한 것은 20세기 40년대 말인데 49년 전 몇 년간 이주한 사람들이 비교적 많은 편입니다.

清朝末年来韩国的人很少在这边定居，他们大部分是来从商的。当时来从商的大部分都是南方人。刚来的时候是广东商人居多。前几天，朝鲜日报登载了一篇文章，是说朝鲜末的时候在韩国最大的商人是华侨，他姓谭叫谭杰生。他也是南方商人，在上海当的学徒，清朝末年的时候来韩国从商。他当时在汉城哪的税额是整个韩国税额的1/3。后来因为历史的原因，日本人在甲午战争中胜了以后，在韩国日本人的势力就大了起来。后来，到了日本时代很多华侨也都回去了。

现在在韩国的华侨大部分都是山东人，最多的时候达到10万人。山东人多的理由有很多。当时山东有天灾，比如说水灾。还有义和团事变，闹得很厉害，兵荒马乱。当时是通过陆路，就是闯关东的时候，是从东北绕过来的。有一部分留在了东北。经过鸭绿江到韩国来的很多。所以以前北朝鲜的华侨反而比韩国多。那是清末的时候。

到了内战时期，很多华侨就是通过水路来的。我刚才也说过广东商人来韩国是来经商的，都是来赚韩国钱的，他们不会定居在这里。所以，韩国人对这些商人没什么好印象。当时的广东商人主要是把中国的东西带过来，再把韩国的特产带出去。不过，其实韩国也没有什么东西可以卖到中国，除了人参也没有什么了。

我是华侨第二代。我爸爸那一代是从山东过来的，当时国内

太乱了。国共内战，当时地主恶霸都被被批斗，扫地出门，无法生存下去。结果都被逼的背井离乡，这些人来到韩国的很多。所以我们刚开始来的时候都是上个世纪40年代末，49年之前那几年来的比较多。(부산화교협회 총용자叢湧滋 회장 인터뷰 자료, 2012년 3월 8일 녹취)

〈그림 72〉 부산화교협회 총용자 회장

저의 할아버지와 아버지, 삼촌은 모두 항해를 했어요. 고향 천주(泉州) 외곽은 아주 가난한 곳이었어요. 이전에는 채석이나 어업으로 생계를 유지했고요. 그 곳은 참 가난했죠. 따라서 많은 고향 사람들이 항해를 하면서 나오게 되었어요. 그 당시는 제2차 세계대전 때였는데, 저의 할아버지, 아버지, 삼촌은 일본이 중국을 침략했을 때 싱가포르로 이주했죠. 저의 삼촌은 싱가포르에서 일본 비행기에 폭격당해 돌아가셨어요. 할아버지, 아버지, 삼촌이 중국을 떠나게 된 원인은 국민당의 강제 징병이었어요. 저녁에 국민당은 젊은 사람들을 입대시키려고 잡으러 왔는데 저희 할아버지, 아버지, 삼촌은 소식을 듣고 달아났죠. 많은 사람들이 같이 도주를 했는데 육로를 거쳐 나중에 싱가포르로 왔어요.

　　我的祖父和我的父亲，还有叔叔，他们是航海的，我老家泉州郊区呢是个很穷的地方。土地不费沃，以前都是打石头或者捕鱼，那个地方太穷了。所以我们那边有很多都是航海出来的。我的祖父、父亲、叔叔都是航海出来的，一直到了马来西亚、新加坡这些地方。当时是在第二次世界大战，日本侵略中国的时候，我的祖父、父亲、叔叔来到了新加坡。我的叔叔当时就是被日本的飞机轰炸死的，在新加坡。剩下我祖父跟我父亲。当时他们三个男的离开中国的原因是国民党抓壮丁。半夜来抓人，他们三个听到风声呢，半夜三更就跑了，跟很多人一起跑了出来，从陆路一直出来，到了新加坡。(싱가포르 화교(郭挺水) 인터뷰 자료, 2012년 2월 21일 녹취)

〈그림 73〉 자신의 경험담을 들려주고 있는 싱가포르 화교 郭선생

　　1874년 쿠바의 계약화공 1,176명을 대상으로 한 조사에 따르면 이 중 530명이 계약서를 전혀 읽어준 적이 없다고 했고, 43명은 전혀 계약한 적이 없다고 증언하였다. 또 이 가운데 朱箕訓 등 11명은 갇힌 채로, 賀阿先 등 236명은 폭력에 의해, 李阿五 등은 속아서, 黃阿友 등은 남의 이름을 사칭

해서, 吳聯勝 등은 이름을 바꿔서 계약하였으며, 蘇阿海 등 43명은 아예 전혀 계약한 적이 없었다고 밝히고 있다. 이러한 조사 결과들은 이른바 계약 화공들 대부분이 속임을 당하거나 강제적인 방식으로 해외로 나가게 되었음을 증명해준다.

2. 이주과정의 기억 -죽음의 항해, 귀선(鬼船)

계약화공을 운송하는 배는 '귀선' 또는 바다 위를 '떠다니는 지옥'이라고 불렸다. 이 선박들은 원래 아프리카 흑인들을 실어 나르던 노예선이었는데, 마치 감옥처럼 철창과 철문이 설치되어 있었으며 선원들은 대포와 총으로 무장하고 있었다.

점차 투기적 성격을 띠게 된 화공의 매매가 극에 다다르면서 선박회사와 인신매매업자들은 더 많은 이윤을 남기기 위하여 정원보다 훨씬 더 많은 화공들을 동남아, 아메리카, 아프리카 등지의 식민지로 향하는 배에 태웠다, 관련 기록에 따르면 300~700명의 화공을 실은 배는 1회 운항으로 20,000~

〈그림 74〉 배를 타고 바다를 건너는 화공들

50,000만원(元)을 벌 수 있었고, 850톤 배 한 척이면 1년에 임대료만 85,000 원을 벌 수 있었다. 이 때문에 운송 도중 무수한 화공들이 죽어갔지만 선박 회사들은 아랑곳하지 않고 이처럼 막대한 폭리를 취하는 장사에 경쟁적으로 뛰어 들었다.

당시 법령에 따르면 중국의 각 항구에서 출항하는 선박은 배의 중량 1.5 톤당 노동자 1명 이상을 초과하여 싣지 못하도록 규정하고 있었지만,3 대다수 선박들은 1톤당 1명의 비율을 훨씬 초과하고 있었다. 이 같은 심각한 과적이 남발되는 상황으로 인하여 선실 안은 숨쉬기도 곤란할 만큼 비좁았다. 때로는 햇빛을 볼 수조차 없었고 침대와 선실 벽, 그리고 침대 사이의 너비가 가장 넓은 곳이 두 사람도 나란히 서 있을 수 없을 정도였다. 따라서 이런 배들은 사람을 가득 채우지 않더라도 몇 분이 지나지 않아 전신이 땀으로 젖을 수밖에 없었다. 이 같은 상항으로 볼 때 정원을 초과한 선실 안의 참경은 상상 할 수조차 없을 지경이었다. 아프리카나 아메리카 대륙으로 향하는 배 속에서 화공들은 5개월 내지 8개월에 거쳐 이러한 열악한 조건과 급변하는

〈그림 75〉 화공을 실어 나르는 운송선

날씨, 그리고 풍랑을 견뎌내야 했다. 게다가 화공들은 길고 지루한 항해 중 감금, 폭행 등 온갖 학대를 당했고, 이 과정에서 수많은 화공들이 굶주림과 구타에 의해 사망하였다. 또 이를 견디지 못한 일부 화공들은 바다에 투신하여 스스로 목숨을 끊었고, 이에 저항하다가 총살당한 이들도 적지 않았다.

근대소설 『苦社會』에서는 복건, 광동 출신의 노동자들이 매년 몇 백 만원의 양전(洋錢)을 본국으로 송금해온다는 소식을 전해 듣고 기대에 부풀어 쿨리 모집에 응한 두 사람의 눈을 통해 귀선의 참상을 사실적으로 묘사하고 있다. 그들은 배에 오르자마자 칠흑같이 어두운 선실에 감금되어 죄수와 다름없는 취급을 당한다.

> 얼마가 지난 후 갑자기 눈앞이 환해졌다. 저 편의 조그만 가리개가 열린 때문이었다. 거기로 딱딱하고 시커먼 만두 여덟 개가 들어왔다. 막 말을 물어보려 하는데 가리개가 다시 닫혔다. 네 사람은 화가 치밀어 만두를 한 편에 팽개쳐 두었다. 또 얼마가 지난 후 점점 욕하는 소리, 채찍질 소리, 쇠사슬 소리, 울음소리로 한동안 어수선하더니 다시 조용해졌다.
>
> 約過了三四刻, 忽然眼前一亮, 原來那邊開了一塊板, 送進八塊饅頭, 又硬又黑。剛要問, 那板又關上了。四人都氣得撩在半邊。約又過了三四刻, 漸漸有罵人聲, 有鞭子聲, 有鐵索聲, 有哭聲, 拉拉雜雜, 鬧了好一陣, 才算安靜。(『苦社會』 제2회)

이러한 공포 분위기는 이후에 겪게 될 지옥과도 같은 선상생활을 예시하는 서곡이었다. 얼마 후 이들은 쇠사슬에 묶인 채 빛도 들지 않는 선실에 갇혀 딱딱해서 씹히지도 않는 만두 두 개로 하루의 배를 채우고 화장실도 갈 수 없는 감금 생활을 감내해야 했다. 게다가 욕설과 채찍질도 다반사였다. 인간 이하의 대우에 불만을 토로하던 한 동료는 형언할 수 없는 참혹한 징

---

3   1853년 3월 22일 스페인 정부 흠정식민법령. 『匯編』(三), p. 31.

벌을 받는다.

> 胡 두목과 謝 반장 두 사람이 한 사람의 머리채를 잡고 질질 끌고
> 왔다. 페루인 몇 명이 뒤따라오며 끊임없이 발길질을 해대고 몽둥이
> 로 후려쳤다. 이 사람은 머리가 온통 피투성이가 되어 얼굴을 알아
> 볼 수가 없었고 옷도 피로 벌겋게 물들었다. 말은 한 마디도 하지 않
> 고 두 발을 뒤쪽으로 마구 휘저었다. …… 제일 큰 사슬을 가져다 변
> 발을 가로질러 몸과 손발을 함께 기둥에 단단하게 묶었다.
>
> 只見胡老大同謝工頭兩個人，扭住一人的辮，着地拖來，幾
> 個秘魯人押在背後，脚尖、木棒不住的跌打。這人滿頭是血，
> 面目都望不淸，衣服上也泛出紅來，嘴裏不哼一哼，兩隻脚望
> 後亂蹬……拿條頭號的大鏈，穿進辮子，連身連手脚盤在一根
> 株上，扣得緊緊的。(『苦社會』제3회)

쇠사슬에 묶였던 이는 우여곡절 끝에 결국 풀려났지만, 그는 혹독한 매질
의 후유증으로 결국 숨을 거두고 만다. 그러나 선원들은 아무렇지도 않게
그의 시신을 바다에 내던졌고, 그의 아내와 어린 딸도 끝내 가장을 따라 바
다로 몸을 내던진다. 지독한 가난에서 벗어나기 위해 몸부림치던 한 일가족
의 비참하고 허망한 종말은 이들의 목숨을 건 항해가 얼마나 험난했는지를
단적으로 보여준다. 이 외에 배가 목적지에 도착한 후 하선하는 중 발견된
한 무더기의 시신들에 대한 묘사는 더욱 더 충격적이다.

> 아래쪽에 칠팔십 명이 가로누워 있었는데 얼굴이 온통 피범벅이
> 었고 몸은 옷인지 살인지 분간할 수 없었으며 피고름으로 범벅이 되
> 어 있었다. 손발에 채웠던 사슬은 모두 풀려 있었다. 양인들은 몸을
> 숙여보고 비로소 이들이 죽었음을 알았다. 손발의 피부는 벗겨지고
> 뼈가 부러져 있었다. …… 곧장 선원들에게 위로 올라가서 일곱 여
> 덟 개의 큰 대광주리를 가져와 삽으로 썩은 시신들을 퍼 담아 광주

리와 함께 통째로 바다에 던지도록 지시했다.

原來下面七八十個橫趖着，滿面都是血汚，身上也辨不出是衣裳，是皮肉，只見膿血堆裏，手上脚上鎖的鏈子全然卸下。洋人俯身一看，才曉得死的了，手脚的皮是脫了，骨是折了……立刻叫水手到上面，拿來七八個大竹簍，用鐵鏟把這些腐屍鏟下，吩咐連簍丢下海去。"(『苦社會』제5회)

쿠바 계약화공들의 다음과 같은 증언들 또한 이주 과정에서 화공들이 마주해야 했던 지옥 같은 장면들을 단적으로 보여주고 있다.[4]

그들의 증언에 따르면 "선상에서의 상황이 너무 고통스러워 다섯 사람이 바다로 뛰어 들어 죽었다. 船上刻薄, 見五人投海死."(劉阿四) 또 마실 물이 없어 "물을 찾으러 갑판에 올라간 화공들을 소요를 일으켰다는 이유로 선장이 40여 명을 총살하기도 하였다. 上艙尋水喝, 船長說鬧事, 用洋槍打死人."(甄阿林) 심지어 물을 절약하기 위하여 선상의 화공들에게 "더러운 물을 먹이고, 이로 인해 병에 걸려 죽을 상황이 되면 바다에 던져 버리는 경우도 있었다. 吃醜水, 人病將死就抛海."(高阿代) 이 밖에 "50여 명의 화공이 갈증으로 죽었고, 한 중국인이 물을 한 잔 훔쳤다가 선주에게 맞아죽기도 하였다. 渴死五十余人, 親見一中國人偷水一杯, 被船主打死."(李阿寶) 한편 1864년 3월, 마카오에서 쿠바까지 가는 배에 탔던 화공들 중 약 300여 명이 도중에 물이 고갈되어 갈증으로 인해 사망하였다.(陳阿勝)

화공에 대해 선주들은 잔혹하기 이를 데 없어 많은 화공들의 발에 족쇄를 채우거나 옷을 벗긴 채 등나무 몽둥이로 구타하였고, 일부는 이를 견디다 못해 자살을 시도하기도 하였다. (黃阿芳) 또 병이 나서 약을 요구했다가 꾀병이라는 이유로 선주에게 구타당해 죽기도 하였다. (吳聯勝) "동완(東莞)에서 온 사람 한 명은 포박하여 총으로 쏘아 죽였고, 다른 5명은 묶은 채 바다에 던져버렸다. 綁一東莞人, 開槍打死, 又綁五人抛下海."(李惠)

4　吳鳳斌, 『契約華工史』, 南昌 : 江西人民出版社, 1988년 6월, pp. 251~252.

이상과 같은 모든 상황들은 식민지 개척에 동원되어 갔던 화공들이 이동 중 겪었던 고통스런 트라우마를 상징하는 대표적인 경험들이었다고 할 수 있다. 이러한 장면들은 흑인 노예무역이 최고조에 이르렀을 때보다도 더 잔혹한 것들이었다.

운송선에서 갈증과 굶주림, 구타, 그리고 병에 의해 사망하거나 무인도에 버려지거나 자살한 사람들은 그 수를 헤아리기가 어려울 정도였다. 통계에 의하면 1847년부터 1859년 9월까지 중국에서 쿠바로 출발한 배 총 116척, 99,216톤에 총 50,123명의 화공이 승선했는데, 이중 목적지에 도착한 사람은 42,501명에 불과하였고 도중에 7,722명이 사망하여 사망률이 15.2%에 달했다.5 또 다른 통계에 따르면 1856년 한 영국 선박이 332명의 노동자를 싣고 홍콩을 출발하여 쿠바로 향하던 도중 128명이 사망하여 사망률이 39%였고, 페루로 향하던 다른 영국 선박에서는 298명 중 135명이 사망하여 사망률이 45%였으며, 1872년 한 페루 선박은 739명 중 192명이 사망하여 사망률이 25%였다.6 뿐만 아니라 심지어 한 배의 사망률이 50%를 넘은 경우도 적지 않았다. 당시의 법령에 따르면 사망률 6%를 넘을 경우 조사를 실시하도록 규정하고 있었지만 각지의 식민정부는 이들에 대해 아무런 조치도 취하지 않았다.

이상과 같은 극심한 학대에 시달리던 계약화공들의 저항도 거셌다. 1859년 10월 마카오에서 쿠바까지 가는 영국 배에 타고 있던 노동자 850여 명은 자신들이 속았다는 것을 알고 갑판에서 집합하는 기회를 이용하여 폭동을 일으켰다. 선장은 비무장 상태인 화공들을 향해 발포를 명령하였고 이로 인해 수많은 화공들이 부상을 당하거나 사망하였다. 선원들은 살아남은 화공들은 가두고 갑판 입구에 못을 박아 봉쇄해 버렸다. 그로부터 얼마 후 배가 좌초되었고 물이 배 속으로 흘러들어 갇혀 있던 화공들은 선장과 선원들이 버리고 떠난 배와 함께 전원이 익사하였다.

5　『馬利納日報』, 1859년, 『匯編』(六), p. 175.
6　樂水, 「香港曾是販運契約華工的主要港口」, 『八桂僑史』, 1997년 제2기, p. 12.

〈그림 76〉 침몰하는 귀선(鬼船)

또 1872년 8월에는 역시 마카오에서 쿠바로 향하던 스페인 선박에 타고 있던 화공 약 천여 명이 모진 학대에 항의하여 폭동을 일으켰다. 이에 선장과 선원들은 화공들을 향해 발포하여 수많은 화공들을 죽이고 살아남은 자들에게는 손발을 묶고 장형을 가했다. 결국 이로 인해 절반이 크게 다쳤으며 쿠바에 도착했을 때는 모두 백여 명이 사망하기도 하였다.

이 같은 상황은 유럽으로 가는 화공들에게도 마찬가지였다. 화공들이 유럽으로 가는 항로는 여러 가지가 있었는데, 초기에는 주로 수에즈 운하와 지중해를 건너는 항로를 이용하였다. 그러나 1917년 1월 독일 잠수함이 이 항로를 봉쇄하자 총 8,000여 명의 화공을 태운 4개의 선박이 다시 희망봉을 건너 3개월이 걸려 유럽에 도착하였다. 이 과정에서 긴 항해시간과 음식 부족으로 수많은 화공들이 병사하였다. 이후로는 중국 측의 항의로 이 항로를 포기하고 산동 위해위(威海衛), 청도에서 배를 타고 캐나다, 파나마운하를 건너 프랑스로 가는 항로를 택했다. 이 항로를 이동하는 데에는 총 39일이 걸렸다.7

---

7   吳鳳斌, 『契約華工史』, 南昌 : 江西人民出版社, 1988년 6월, p. 453.

항해과정에서 병사하거나 바다로 뛰어들어 자살한 화공들이 적지 않았고, 독일 잠수함의 공격으로 사망한 이들도 있었다. 통계에 따르면 1916년 9월부터 1918년 4월까지 프랑스로 향하던 화공 543명과 중국인 선원 209명이 사망하였다.[8]

범선을 이용하던 시기 홍콩에서 싱가포르까지의 항해 거리는 10월부터 3월까지는 약 20일, 3월부터 9월까지는 약 45일이 걸렸다. 앞에서도 이미 서술하였듯이 인신매매에 종사하는 선주들은 더 많은 이윤을 남기기 위해 화공 운송선의 정원을 초과하기 마련이었고 이는 동남아로 향하는 선박들도 마찬가지였다. 이 같은 정원 초과로 인하여 앞의 모든 경우에서 그랬듯이 장시간 동안 공간의 협소함, 물과 음식의 부족에 시달리는 화공의 처지는 극히 비참하였다. 동남아의 경우는 여기에 찌는 듯한 남양의 날씨가 더해져 혹서와 콜레라 등으로 죽는 이들이 많았다. 이렇게 죽는 이른바 '돼지새끼(豬仔)'들은 아무렇지도 않게 바다에 버려졌다.

중화인민공화국 수립 직후인 1955년 비교적 늦은 시기에 싱가포르로 이민하였던 화교 2세의 기억 속에도 위에서 서술했던 것만큼은 아니지만 바다를 건너면서 겪어야 했던 고통의 흔적이 여전히 남아 있었다.

저는 1955년 어머니와 함께 천주에서 하문으로, 하문에서 다시 산두로 가서 배를 타고 싱가포르로 왔어요. …… 배를 한 7일 동안 탔는데 남태평양을 경유할 때 칠신양(七辛洋)라는 곳을 지났죠. 칠신양이라는 것은 바다 위에서 7일 동안 고생을 해야 된다는 의미에요. 그 때는 배도 작아서 7일을 버틴다는 것은 아주 괴로운 일이었어요. 선창에는 모두 사람들로 꽉 찼는데 방이라는 것도 없이 같이 자고 7일을 버텼어요. 배가 심하게 요동쳐서 견디지 못하고 구토하거나 병이 난 사람들도 많았어요. 선창 한 칸에 수 백 명이 들어갔을 거예요.

---

8   陳達著, 彭家礼譯, 『中國移民 Chinese Migration』, 미국연방 노동부 보고서, 1923년, 제9장.

…… 겨우 7일을 견뎌서 싱가포르에 도착했는데, 그 당시 싱가포르에는 관련 제도가 있었습니다. 즉 새로운 이민 모두는 싱가포르에 도착한 후 우선 한 섬에 가둬서 관리를 해야 하는 제도였어요. 그 섬은 칠장산(七藏山)이라는 섬이에요. 그들은 우리를 동물로 취급했는데 영국식민당국이 관리하고 있었어요. 반드시 소독을 해야 했는데, 상륙하자마자 우리에게 뿌렸어요. 그들은 우리가 질병을 옮길까봐 두려웠던 거예요. …… 저랑 어머니는 약 한 달 정도 갇혀있었어요. 격리된 거죠. 영국인들은 이런 격리, 소독 같은 것들을 대단히 중시했거든요. 한 달 후에야 우리는 석방되었는데 다시 작은 배를 타고 싱가포르에 도착했어요.

我是1955年, 跟我妈妈两个人从泉州到厦门, 从厦门再到汕头, 汕头就是广东的那个汕头, 在汕头我们坐船来到新加坡, 大概7天的时间。我们当时经过南太平洋, 我们当时起个外号叫七辛洋, 就是说起码要7天在海浪上颠簸, 因为那个时候船小, 所以那七天是很痛苦的一件事。整个船舱到处都是人, 也没有所谓的房间, 都睡在总仓里面, 找甲板睡觉。摇来摇去, 很多人受不了, 呕吐啦生病啦。一个舱里面可能是有好几百个人。…… 后来总算捱过了七天到了新加坡。新加坡当时有个制度, 凡是新来的移民都要被关在一个小岛里面, 那个小岛叫七藏山。把我们当成是动物, 那是英国殖民地管的。必须要消毒, 我们上岸要喷的, 他们怕我们这些人带来疾病。…… 我和我妈妈被关了大概一个月, 这个叫隔离。英国人很注重这个隔离消毒等等。关了一个月以后呢, 我们才放出来。后来我们又坐小船上新加坡。(싱가포르 화교 郭挺水 선생 인터뷰 자료, 2012년 2월 21일 녹취)

3. 거주국에서의 기억 -정착과 박해, 그리고 타자의 역사

목적지에 도착한 화공들은 노예와 다름없는 취급을 당하며 또 다시 삶과 죽음의 갈림길을 오가야 했다. 이들을 이처럼 절망의 구렁텅이로 내몬 것은 다름 아닌 식민지 개척을 통한 자본의 팽창을 추구하던 서구 열강의 탐욕과 이에 편승하여 폭리를 취하려던 매인행(買人行, 인신매매업자)들의 사기와 납치, 그리고 감시와 폭력이었다.

이 절에서는 세계 도처로 팔려나가 상상할 수조차 없이 고통 속에 희생되었거나 끝내 살아남아 거주국 현지에 정착한 화공들의 이야기를 살펴보고자 한다. 이를 위해 먼저 각 지역 별, 종사 업종 별 화공들의 피맺힌 노동과 박해의 기억들을 『계약화공사(契約華工史)』(오봉빈, 吳鳳斌)에 인용된 내용을 중심으로 소개하고, 본 연구소에서 인터뷰를 통해 확보한 자료를 통해 20세기 초, 중반 한반도 및 동남아 지역에 정착하였던 화교들의 이야기를 이어서 함께 전할 것이다.

1) 강제된 노예의 삶 -인신매매

다른 지역의 경우도 대부분 마찬가지였지만 말레이반도로 향했던 화공들은 대부분 배에서 내리고 나서야 자신이 속았다는 것을 알았다. 따라서 도착한 이후 기회를 틈타 도주하는 경우가 많았다. 인력중개업자들은 '돼지새끼'들이 도망가는 것을 방지하기 위해 말레이 비밀회당(秘密會黨)의 중국인들을 고용하여 그들을 무장시켜 화공들을 압송하게 하였다. "쿨리들이 도망가지 못하도록 지키는 비밀회당 회원들이 받는 '보호비'는 1인당 3~4원이었다. 이들에게 '보호(감시)'를 맡기지 않는다면 팔려온 돼지새끼들을 감히 살 사람이 없으며, 쿨리들이 도망가는 일이 자주 발생하였다"9. 도망가려는 자에게는 혹독한 형벌이 주어졌으며 심지어는 심야에 사살하는 경우도 있

---

9   潘醒濃, 『馬來亞潮僑通鑒』, 第3篇, p. 31.

었다.

  비밀회당은 이후 계약화공의 밀매매를 조종하는 주요 세력으로 발전하였다. 그들은 화공들을 운송하는 선박과 바라쿤을 소유하고 있었으며 이른바 쿨리매매시장의 가격을 임의로 조종했을 뿐만 아니라 싱가포르, 페낭 등지에서 수많은 쿨리들을 유괴, 매매하였다. 1870년대 중국에서 쿨리 한명을 데리고 오는데 드는 비용은 모집비, 식비, 숙박비, 선박비 등을 합쳐 약 12~13원이었는데, 싱가포르에서의 판매 가격은 약 20원에서 24원이었다. 돈은 먼저 고용주들이 지급했고 쿨리들은 6개월 동안 무상으로 일을 해야 했으며 식사만 제공했다. 혹은 일 년 동안 일을 하되 고용주들은 월급에서 먼저 지급했던 돈을 삭감했다.[10] 1890년대에 이르러서는 화공 한 명이 싱가포르에 도착하는데 소요되는 비용이 14~16원이었고, 보르네오까지는 30원이었는데, 보르네오에서의 판매 가격은 85~90원이다.[11] 인력중개업자들은 계약서를 마음대로 폐기하고 기존의 목적지가 어디였던가에 관계없이 더 비싼 가격을 받을 수 있는 지역으로 화공들을 운반했다. 1876년 영국 특별위원회의 보고에 의하면 원래 싱가포르로 가는 티켓을 가지고 있었던 약 70여 명의 화공들이 중간에 방향을 바꿔 페낭으로 팔려가기도 하였다.[12] 조양현(潮陽縣) 출신 黃武龍, 吳田 등의 증언에 따르면 그들의 친구 중 페낭으로 팔려 간 사람이 있었는데 "늘 학대와 굶주림에 시달리다가 이후 또 다른 곳으로 팔려갔다."[13]

  1870년대 쿠알라룸푸르의 농장 사업이 급속히 발전함에 따라 말레이반도의 쿨리 유괴 및 매매활동은 날이 갈수록 심각해졌다. 말레이반도에서 자유의 몸이 되었던 화공들이 다시 일본으로 납치되어 가는 경우가 있었을 뿐만 아니라 싱가포르와 페낭의 자유 이민들도 술과 도박, 여인, 마취제 등에 의해 유인되어 쿠알라룸푸르로 끌려갔다.[14] 1874년 해협식민지에서 외부로

---

10 F.Swettenham: British Malaya. 瑞天威, 『英屬馬來亞』, p. 233.
11 石楚耀譯, 「中國的移民」, 『南洋研究』, 제5권, 제4기.
12 『1876年英國特別委員會報告』, 『匯編』(四), p. 258, 注1.
13 『三州府文件修集』, 1894年, 新加坡版.

다시 팔려간 화공은 48명이었는데, 1875년에는 1,088명으로 급증하였다.

당시의 이와 같은 상황은 지구 반대편에 있던 아메리카 대륙에서도 마찬가지였다. 쿠바의 아바나에 도착한 계약 화공들은 스페인 군경의 감시 하에 아바나 근교 레글라(Regla)에 있는 이민 회사로 보내졌고, 이들은 다시 인신매매업자들의 손에 넘어갔다. 화공들은 벌거벗겨진 채 상, 중, 하의 세 등급으로 구분되어 경매를 통하여 팔려 나갔다. 쿠바로 실려 간 중국인들은 대부분 이처럼 노예로 팔려 나갔다. 이들의 처지는 흑인 노예와 다를 바가 없었다. 스페인의 식민지 개척자들은 노예제도를 포기하지 않았고, 흑인 노예를 중국인 노동자로 대체하였을 뿐이다.

계약 노동자의 가격은 시장 물건과 같이 품질을 기준으로 결정되었다. 보통 중국 노동자 한 명의 가격은 150페소에 500페소까지 다양했다. 노동자 한 명을 쿠바까지 운송하는 데 비용이 50달러였던 것에 비하면 대단히 많은 이윤을 남기는 장사였던 셈이다. 당시 쿠바는 노동력이 부족한 상황이었기 때문에 농장주들은 비싼 가격에 화공들을 사들였다. 그럼에도 불구하고 농장주들은 큰 이윤을 남길 수 있었다. 예를 들어, 900명의 화공을 구매한 한 회사는 이 노동자를 통해 45만 달러를 벌 수 있는데 노동자들에게 준 돈은 겨우 5만 달러 정도로 이윤이 8배 이상이었다.

2) 말레이반도의 농장 노동자

말레이반도 농장의 계약 화공들은 주로 밀감, 후추, 사탕수수, 카사바(cassava), 고무, 차 등 열대작물 농장에서 일했다.

밀감농장에서 일하던 계약 화공들은 악성 궤양에 걸리는 것을 가장 두려워했다. 처음에는 감귤나무에 찔려 발에 궤양을 앓기 시작하다가 점점 온몸으로 퍼져나갔다. 게다가 농장에는 의료시설이 거의 갖추어져 있지 않았기 때문에 궤양을 앓던 사람들은 아주 고통스럽게 죽어가는 경우가 많았다.

14　石楚耀譯, 「中國的移民」, 『南洋硏究』, 제5권, 제4, 5기.

후추 농장의 개척은 특히 험난한 과정이었다. 가시덤불과 음습한 독기(瘴氣, 瘴气)로 가득한 산 속에서 호환(虎患)과 독사에 시달리며 후추 밭을 개간해야 했다. 한 농장주가 50여 명의 화공을 고용하여 산으로 들여보냈으나 반년도 채 안 되어 단 2명만이 살아남았다. 농장주는 다시 50명을 고용하여 산으로 보냈으나 다시 반년이 지난 후에는 살아남은 이가 14명에 불과하였다. 이는 후추농장의 개척이 얼마나 위험하고 험난한 지를 단적으로 보여주는 예라고 할 수 있다.

윌킨슨(Wilkinson)의 조사에 따르면 말레이반도 개발 초기 노동자의 사망 비율은 매년 50%에 달했다.[15]

다음은 조주(潮州) 사람 呂溪年의 기억에 따르면 그의 아버지 4형제 중 세 사람이 페낭으로 가 계약 노동자로 일했다. 아버지는 주로 나무 베는 일을 했다. 가끔은 아주 높은 나무에 올라가서 나뭇가지를 베야 하기도 했는데, 너무 높아서 나무에서 떨어져 다친 사람이 있었고 죽은 사람도 있었다고 한다. 1년을 계약하면 그 기간 내에는 병이 생겨도 쉬지 못하고 나가서 일을 해야 했는데, 일을 안 하면 1년간 더 일해야 했다. 또 일하는 동안은 1년간 먹을 음식과 옷 두 벌만을 줬으며 돈은 한 푼도 받을 수 없었다. 음식은 주로 깍두기, 검은 콩 따위였고 숙소는 수십 명의 사람들이 집단으로 거주하는 모옥이었다. 많은 노동자들이 힘겨운 노동으로 인해 병들어 죽거나 괴로움을 당하다가 고통 속에서 죽어 갔다.[16]

---

15 「사회경제연구」, 1951년 제2기, p. 12.
16 呂溪年 조사자료, 廈門大學 南洋研究院 所藏.

3) 방카 주석광산 노동자

〈그림 77〉 방카 주석광산

① 개, 돼지의 밥, 우마(牛馬)의 노동

방카 계약화공들을 표현하는 것으로 '개, 돼지에게 먹이는 밥을 먹고 소나 말이 하는 일을 한다.'라는 말이 있다. 이 같은 표현은 화공들이 동남아의 각 식민지에서 겪었던 고초와 압박을 그대로 보여준다.

19세기 주석 채굴은 처음부터 끝까지 모두 직접 사람의 손을 통해 이루어졌고, 도구는 호미, 괭이, 삼태기, 멜대 등이 전부였다. 당시 채굴 작업이 이루어지던 광구는 빽빽한 밀림으로 한 해가 다 가도록 햇빛을 볼 수 없었고, 하늘을 찌를 듯한 나무들로 가득 차 있어서 곳곳이 음습하기 이를 데 없었다. 게다가 독충과 독사가 득실거려 사람이 살기 어려운 환경이었다. 화공들은 이러한 환경에서 닭이 울면 일어나 일을 하고 밤늦게까지 일해야 했으며, 작업량을 완성하지 못하면 결근 처리하거나 임금에서 제외하기도 하였다. 또한 매달 26일의 근무일을 채우지 못한 사람은 끌려가 심한 매질을 당했다.

주석이 보일 때까지 괭이나 호미로 계속해서 땅 속을 파 들어가야 했는데, 얕은 곳이 수척이고 깊은 곳은 십여 장에 이르렀다. 깊이 파내려 갔을 경우 갱도가 무너지지 않도록 3미터마다 말뚝을 박아 하나의 단계를 만들었고 각 단계마다 길이 5미터에, 넓이가 50cm가 채 안 되는 나무사다리를 설치하였다. 화공들은 수십, 수백 근의 주석을 짊어지고 이 한 줄의 사다리를 통해 오르내렸다. 이 과정에서 서로 겹쳐 이동이 약간 느려지면 매를 맞았고, 갱도 안에 떨어져 팔이나 다리가 부러지거나 심하면 죽는 경우도 있었다. 주석 광산 화공들의 노동 상황에 대해 당시의 노동자들은 다음과 같이 증언하고 있다.

담서린(譚書麟)에 의하면 "매일 새벽부터 밤까지 가시덤불을 뚫고 진흙 속으로 들어가 비바람을 무릅쓰고 조금의 휴식도 없이 굶주림과 채찍질에 시달려 살아도 죽은 목숨이나 마찬가지였다."[17]

하루 작업량을 완성하기 위하여 화공들은 모두 목숨을 걸고 일했는데, 1920년 팡칼피낭의 광부 洪佑는 한 번에 약 400근 가량의 주석을 져 나르기도 하였다. 숭아이리앗트에서 일하던 화공 吕昌泰는 몸집이 크고 힘이 셌지만 힘든 노동과 부실한 음식으로 인해 체력이 고갈되어 3개월 만에 사망하였다. 화공들은 날마다 녹초가 되도록 열심히 일해도 하루 작업량을 채우기가 어려웠다. 1906년 문똑에서는 詹四, 陳宏 두 사람이 하루 작업량을 완성하지 못했다는 이유로 심한 구타를 당한 후 내상을 입고 고통스러워 하다가 한 명이 목매어 자살하고 다른 한 명은 스스로 자신의 목을 베기도 하였다.[18]

1920년의 조사 보고서에 따르면 강서(江西) 출신 蔡爕銘과 같은 마을 출신의 한 사람은 평소 책만 읽던 사람으로 방카 광산에 속아 왔다가 힘이 없어 늘 구타와 욕설에 괴롭힘을 당하다가 결국 강물에 뛰어들어 자살하였다. 호남(湖南) 출신 周德發과 鐘明德은 힘든 노역을 피해 도주하였다가 배고픔을

---

17 華工聯名哀告. 清外務部檔. 『匯編』(一), p. 315.
18 華工朱督稟詞, 清外務部檔. 『匯編』(一), p. 324.

견디지 못하고 몰래 광산으로 돌아가 바닥 아래 숨어 밤마다 음식을 훔쳐 먹었다. 이렇게 15일을 버티다가 발각되어 심한 구타를 당한 후 결국 병에 걸려 사망하였다. 또한 베리뉴(Belinyu)의 광부인 호남 출신 황 모 씨는 고향에서의 직업이 교사였는데, 속아서 쿨리가 되었다. 문약한 황 씨는 일을 줄여달라고 간청했다가 오히려 더 심한 구타를 당하자 밤에 절명시(絶命詩) 4수를 남기고 목매어 자살하였다.[19]

② 잔혹한 박해

네덜란드와 인도 정부가 화공을 잔혹하게 박해하였던 사실들은 역사적 기록으로 남아 있다. 네덜란드 식민당국의 박해가 극에 다다르자 청 정부는 1886년에 관료를 파견하여 조사하려고 했지만 거절당했다. 그러나 고통을 호소하는 화공들의 상소가 끊이지 않았다. 1906년 錢恂이 자바지역을 시찰할 때 직접 혹은 문서로 받은 상소문이 헤아릴 수 없을 만큼 많았다. 이 밖에 영사관에 접수된 공문과 개인 편지 또한 백 수십 개가 되었다.[20] 이 같은 경로와 역사적 기록들을 통하여 알려진 화공들의 참상은 차마 말로 형언하기 어려운 것들이었고 듣기조차 고통스러운 내용들이었다. 여기서 그 참상의 일부를 전하면 다음과 같다.

문뜩 화교 陳其願 등 10여 명이 상소하여 말하기를, "쿨리에 대해 네덜란드 관리들은 극히 잔인합니다. 혹서에 차(茶, 물) 마시는 것을 금하고, 조금만 쉬어도 폭행을 가하고 거기에 공형(公刑)[21]까지 가했습니다. …… 노동자에게 대소변을 먹이는 경우도 있었고, 난장형으로 때려죽이는 경우도 있었으며 변발(辮髮)을 마차 뒤에 묶은 후 말을 달리게 하여 팔다리가 모두 부러져 죽는 경우도 있었습니다. 또 사지를 밧줄로 묶어 공중에 매달았다가 떨어뜨려 죽이는 경우도 있었습니다. 각종 참혹한 경우가 이루 헤아릴 수조차 없

---

19 國務院僑工事務局,『南洋和屬网甲島華工情形調査書』, 1920년 5월, pp. 35~36.

20 錢恂,『和居僑狀疏』, 光緒34年12月初1日,『二二五五疏』, 券上.

21 큰 밧줄로 기둥에 묶은 채 등나무 채찍으로 피부가 찢어지고 유혈이 낭자할 때까지 심하게 때리는 형벌.

을 정도였습니다."[22]

한편, 네덜란드 식민정부는 '이화제화(以華制華)'의 방식으로 화공을 관리하였다. 네덜란드 관리가 고용한 중국인 감독관들은 네덜란드 관리의 명령만을 따르며, 동포들을 핍박하였다. 黃光賢이나 陳安盆 등과 같은 감독관들은 모두 그 형벌이 지독하기 그지없었으며, 이로 인해 참혹하게 죽어간 사람들이 백여 명이 넘었고, 물에 뛰어들어 자진하거나 병으로 죽어가는 이들도 부지기수였다.[23] 다음은 이 같은 횡포에 의해 희생된 사람들에 대한 기록이다.

1902년 북해에서 범선에 실려 문똑에 도착한 화공 약 80여 명이 속았음을 알고 상륙하지 않자, 林阿八이라는 자가 네덜란드 군대를 동원하여 포격을 가해 십여 명의 화공이 사망하였다. 또 林阿八은 쇠못을 박아 화공을 매달아 놓고 구타하기도 하였다. 1905년 2월에는 그의 관리 하에 있던 周四, 陳元 등 화공 수 명이 네덜란드 병사들에 의해 목이 잘리거나 맞아 죽었고, 30여 명이 부상당하고 40여 명이 바다로 뛰어들어 자결하였다.

바투루사 지역의 陳安盆, 陳夢丁 부자가 1906년 약 1년여의 시간 동안 광서 출신 廖保 등 수 명을 때리거나 핍박하여 죽게 하였다.

1905년에서 1906년까지 黃光賢이 관리하는 바투루사의 광구에서 顔松郎, 黃武, 廖光甫, 朱阿明, 陳二, 李七 등 여섯 명이 맞아 죽었고, 楊廣安은 자살하였으며, 羅大는 포탄을 맞아, 陳三은 몽둥이에 맞아 죽었다. 廖八, 杜錫 등에게는 인분을 먹게 하였고, 이밖에 부상으로 불구가 된 사람도 백여 명이 넘었으며 머리를 마차 뒤에 묶은 후 말을 달리게 하여 손발이 다 부러져 죽는 사람도 있었다.

현지 식민당국자들은 기본적으로 화공을 인간으로 대하지 않았다. 1907년 문똑에 당도한 광동 가웅(嘉應) 출신의 의사 梁柘軒이 방카 돼지새끼, 화공들의 고통을 보고 이를 비통해하며 다음과 같은 시를 남겼다.[24]

---

22 荷屬文島僑民陳其願等叩稟, 光緒32年.
23 『淸季外交史料』, 第213券, 農工商部侍郎楊士琦奏稿, 光緒34年3月.

고통스러워라 내 동포들 머나먼 타향에 와
반은 불구가 되었고 반은 세상을 떴구나.
누구를 만나도 문뜩 얘길랑 꺼내지 말라
마디마디 참상이 되살아나노니.
피와 살이 난무하는 전쟁터처럼
저 멀리 시산혈해 눈물이 가득하구나.
언제나 인간세상의 종이를 모두 사
이들의 백만 가지 원한을 다 적으랴.
……

痛煞同胞到此鄉,　半歸殘斃半消亡。
逢人莫再談文島,　一度重來一慘傷。
血肉橫飛類戰場,　屍山遙指淚洋洋。
幾時買盡人間紙,　為寫民冤百萬張。
……

　　1911년 신해혁명 이후에도 네덜란드 식민당국의 화공에 대한 박해가 계속되었다. 20세기에 들어와 당시 중국 정부는 조사단을 파견하여 방카 화공의 박해 실태에 대한 조사를 실시하고 관계 당국과의 교섭을 진행한 후에야 주석 광산에서의 구타가 비로소 감소하였다. 그러나 제명, 축출, 그리고 임금 및 기타 생활 조건 방면에서의 박해는 여전히 계속되었다.

③ 열악한 생활 조건

　　네덜란드 식민정부는 원래 계약 화공들에게 이른바 임금제를 실시하고, 일당을 지급하기로 하였다. 그리고 이 일당을 해마다 인상하기로 하였다. 그러나 이 같은 약속은 지켜지지 않았고, 화공들이 받는 일당은 기본적인 생활을 유지하는 데 필요한 최소한의 생활임금에도 미치지 못하였다. 사실 계약화공들의 이른바 임금은 극히 질 낮은 단체 급식과 집단 천막숙소라는

24　光緒33年, 趙爾巽檔.

조건 하에서 별도로 지급하는 것이었지만 실제로는 소소한 용돈에 불과하였던 것이다.

이를 통해 볼 때 네덜란드 당국은 광부들을 이용하여 막대한 이익을 취했을 뿐만 아니라 노동자에게 지불해야 할 임금의 일부분을 빼내서 그 돈을 다른 화공의 추가모집 비용 및 광구 복지비용으로 사용하였다. 게다가 화공들의 임금은 그나마도 항상 체불되었고 공제되는 경우도 많았다. 빚을 갚거나 외상으로 샀던 술과 고기 값을 제하고 나면 실제로 받는 월급은 명목상의 액수보다 훨씬 적었다.

또한 화공들의 노동 강도에 비해 제공되는 음식은 형편이 없었다. 매일 쌀겨와 모래흙이 섞여 있고 항상 설익은 밥이었다. 이는 고의적인 것이었는데, 그 이유는 식량을 남겨 돼지 먹이로 이용하기 위해서였다. 한 사람에게 제공되는 쌀은 원래 규정에는 한 달에 25kg이었으나 실제로는 한 달에 15kg 정도에 불과하였다. 체력 소모가 심한 육체노동자들에게 하루 500g의 쌀은 턱없이 부족한 것이었다. 따라서 항상 고구마, 옥수수 등 잡곡을 추가하였고, 1920년대 초에는 쌀 가격이 오르자 심지어 밥을 지을 때 카사바를 함께 넣어 짓기도 하였다. 카사바에는 독성이 있는 시안화수소산이 포함되어 있어 장기적으로 섭취하면 중독될 위험이 있었다.

많은 화공들은 객두들의 "하루 세 끼 중 두 끼는 생선과 고기가 있어 아주 좋다."고 하던 거짓 선전에 분노를 느꼈다. 다음과 같은 한 문똑 화공의 증언은 당시 화공들의 심정을 대변하고 있다. "나는 조국에서 강제로 방카에 팔려 왔다. 그런데 날이 갈수록 음식이 나빠졌다. 처음 객점에 있을 때의 음식은 좋았는데, 배에서 내리자마자 나빠졌다. 문똑에 도착하니 더욱 나빠졌다가, 광구의 음식은 최악이었다."

당시에 화공들 사이에 유행했던 다음과 같은 비통한 노래 한 곡이 화공들의 비참한 생활을 그대로 반영하고 있다.

> 남양주부(동남아)에는 좋은 집이 없어.
> 조금만 잘못하면 감옥에 갇혀야 하고.
> 낮에는 세 끼 밥을 배불리 먹을 수 없네.
> 밤에는 천막도, 이불도 없다네.
> 南洋州府唔(不)好居,
> 一有沙拉(过失)坐古里(牢狱),
> 日里三餐食唔饱。
> 夜里无帐又无被。

한편, 화공들은 처음 방카에 왔을 때 기후와 풍토, 그리고 비인간적인 대우에 의해 병에 걸리는 사람이 적지 않았다. 질병 중 더위, 학질, 발의 부패, 원인모를 부종과 중독, 위장병, 폐병 등이 가장 많았다. 특히 열병은 일단 걸리면 치료가 불가능하며 즉시 사망하였다. 1902년 코바(Koba) 지역에 도착한 화공 48명 중 20명이 채 한 달이 못되어 이 병으로 사망하였다.[25] 규정에는 화공들이 병에 걸리면 치료를 받을 수 있게 하였지만, 실제로는 병에 걸렸다는 사실을 얘기하면 오히려 꾀병으로 몰려 구타당하거나 감금되어 죽는 경우가 많았으므로 아파도 참고 일하거나 병이 심하면 죽음을 맞이하는 수밖에 없었다.

④ 끝없이 연장되는 노예의 삶

계약서상의 규정에 따라 중국인 노동자는 360일을 일하면 기한이 만료되어 자유의 몸이 될 수 있었다. 그러나 일반 광구에서는 3년을 기한으로 삼았다. 1920년대 이후로는 일반적으로 2년을 기한으로 삼았고, 3년을 기한으로 하는 경우도 있었다. 1931년 네덜란드 식민 당국은 "노동계약은 2년을 넘으면 안 된다."고 규정하였다.

---

25 鑛工楊奉才的調査材料.

화공들은 광구에서의 참혹한 생활을 견디지 못해 기한이 만료된 후 떠나고 싶어 했다. 하지만 네덜란드 식민당국은 다음과 같은 수단들을 동원하여 기한을 연장시켰다. 첫째, 계약 기한을 우선 3년 또는 5년으로 연장시키는 것이다. 네덜란드 당국은 거의 대부분 계약기한을 이행하지 않았는데, 통계에 따르면 1913년부터 1922년까지 이십 년 동안 중국인 노동자가 기한이 만료되어도 불법구류를 당하여 제출한 청구서만도 500여 장 정도였다. 둘째, 온갖 방식으로 화공들의 재물을 갈취하여 빚을 지게 함으로써 그들을 영원한 노예로 전락시켰다. 셋째, 술, 마약, 도박, 매음 등으로 화공들을 유혹하여 타락시킴으로써 그들이 가진 돈을 모두 탕진하게 하였다.

네덜란드령 인도 식민 당국과 광산주들은 만일 화공들이 이 같은 유혹에 넘어가지 않으면 노동, 생활, 임금 등에 어려움을 줘서 곤경에 빠뜨렸다. 주석광산 노동자 何德은 "나는 원래 도박을 할 줄 모르는데 그들이 도박하지 않고 아편을 피우지도 않은 사람을 좋아하지 않으니 할 수 없이 결국 배웠다"고 증언하였다. 상당수 화공들은 식민당국과 광산주들의 이 같은 반강제적인 수단에 의해 계약기간이 끝없이 연장되면서 평생 노예의 삶을 벗어나기 어려웠다.

4) 노예로 전락한 쿠바 화공

쿠바로 팔려간 계약화공들은 90% 이상이 사탕수수 농장이나 설탕공장으로 보내졌으며, 나머지는 다시 담배 농장, 커피 농장, 야채 농장, 담배 가게, 구두 가게, 모자 가게, 숯 가게, 빵 가게, 석공소, 목공소, 세탁소, 벽돌 기와 공장 등 다양한 곳으로 팔려갔다.

스페인 식민당국은 화공들에게 노예제도와 맞먹는 혹독한 관리 규정을 적용하여 화공들을 감시, 통제하였다. 이 규정은 채찍과 족쇄, 그리고 벌금으로 이루어진 것이었다. 이 같은 규정 하에서 중국인들은 노예로 전락할 수밖에 없었다.

계약 노동자는 철조망이 있는 농장에서 총이나 칼, 채찍을 가지고 있는 감독관의 감시 하에 일했다. 농장주들은 늘 생산량을 늘리기 위해 화공들을 가차 없이 다루도록 감독관을 독려했다. 농장주와 감독관의 이 같은 잔혹한 착취로 수많은 화공들이 무고하게 죽어갔다. 梁百勝이라는 화공의 경우 늑골을 맞아 다치자 말꼬리에 묶여 끌려 다니다가 사망하였고, 阿來는 쇠사슬에 묶여 갇힌 채 몽둥이와 칼에 의해 살해되었다. 이 밖에 劉百忍, 周若蘭, 林阿發, 劉阿秀, 黃阿養, 李阿求, 朱梅香, 楊阿坤, 李阿二, 李阿三, 陳阿四 등 수 많은 화공들이 구타에 의해 사망하였다. 이들은 나이가 들었다는 이유로 죽임을 당하기도 하였다.[26]

중국 노동자는 학대를 받아 죽은 사람이 아주 많았다.

文長泰의 신고에 의하면, 노동자 9명이 목매달아 죽었고, 1명이 설탕 끓이는 가마에 뛰어들어 죽었으며, 12명이 맞은 상처에 기생충이 생겨 죽은 것을 직접 목격하였다.[27] 또 紀阿樂에 의하면 상해에서 온 7명의 노동자 중 2명이 아편을 먹고 죽었고, 3명이 우물에 뛰어들어 죽었으며, 2명은 스스로 목을 베었다. 또 복건에서 온 6명 중 4명은 동시에 목을 매어 죽었고 1명이 약을 먹어 죽었으며, 나머지 1명은 가마에 뛰어들어 죽었다. 이 외에도 감독관에게 처형당하거나 스스로 목숨을 끊는 이들에 대한 증언과 기록이 헤아릴 수 없을 만큼 많았는데, 식민지의 잔혹함과 화공들의 비참한 운명을 구체적으로 보여주는 실례들이다.

1874년 1월 청 정부는 출국 학생 인솔위원회 주사 陳蘭彬과 江漢關 세무사 馬福臣, 天津關 세무사 吳秉文 등 세 명을 쿠바로 파견하여 현지조사를 실시하였다. 이들은 조사를 통하여 총 1,665명의 화공으로부터 85장의 진술을 확보하였다.

조사 결과, 쿠바 화공들은 속아서 팔려간 경우가 80~90%를 차지하며, 일이 너무 힘들고, 음식이 부족하며, 일하는 시간이 너무 긴데다 극심한 학대

---

26 『古巴華工事務各節』第1冊,『匯編』(二), 第39條.
27 앞의 책, 第38條.

를 당하고 있다는 사실이 확인되었다.

조사단은 직접 이하의 사람들에 대해 탐문 조사를 진행하였다.

손발이 부러진 李河, 온 몸을 구타당한 阿穆, 손가락 4개가 잘린 劉阿林, 다리가 부러지고 귀를 베인 黃阿盛, 왼쪽 귀를 베인 梁阿有, 눈을 다쳐 시력을 잃은 李阿達, 눈 한 쪽을 다친 梁阿華, 이가 빠진 陳佩長, 발을 다쳐 썩어들어 가는 吳阿光, 다리가 부러진 盧盛保, 팔이 부러진 陳少岩, 李阿會 등 4명 등등. 이 밖에 黃阿章, 陳阿養 등은 구타를 당한 후 계속 피를 토했고, 郭阿榮 등은 혈변이 있었다.[28]

광동 귀선(歸善) 현에서 온 張定加 등 130명의 화공들은 이렇게 증언하고 있다. "우리는 중국에서 태어나 착실하게 살았는데 咸豊년간에 악당들에게 속아 팔려왔다. 다시 설탕공장에 팔려와 짐승과 같이 살았다. 감독관은 말을 타고 채찍과 총을 가지고 일을 잘하든 못하든 멀리에서는 채찍을 휘두르고 가까이에서는 몽둥이로 때려 근육이 찢겨나가고 뼈가 부러졌으며 피를 토했다. …… 공장 안에 감옥이 있는데, 안에는 여러 가지 형구가 있다. 족쇄 중에 가장 무거운 것이 25kg이고 가벼운 것도 10kg이나 된다. 매일 조 한 봉투만을 먹을 수 있었다. 소와 개도 배불리 먹고 쉴 수가 있는데, 우리는 정말 소나 개만도 못하구나."[29]

화공들의 노동 시간은 원래 하루 12시간으로 규정되어 있었고 계약서에도 이 같은 조항이 들어 있지만 실제 상황은 달랐다. 화공들은 하루에 최소 18시간에서 21시간까지 일을 했다. 해가 뜨기 전에 일어나고 밤 12시가 지나서야 잘 수 있었다. 특히 사탕수수의 수확 기간에는 하루 한두 시간만 잘 수 있었다. 일하다가 졸면 감독들은 채찍질을 하고 잠을 못 자게 하기 위해 설사약까지 먹게 했다. 唐建 등 293명의 중국 노동자들은 설탕 공장에서 아침 4시부터 저녁 12시까지 일했다고 증언했으며, 正阿敬은 매일 아침 3시부터 저녁 12시까지 일하고 굶주림과 구타에 시달려 많은 사람들이 죽어 처

---

28 앞의 책, 陳蘭彬等致總理衙門呈件.
29 앞의 책, 第2冊, 3月14日, 張定加等稟詞.

음 200여 명 가운데 80여 명만 남았다고 증언하였다.[30]

　혹인 작가 후안 프란시스코 만자노(Juan Francisco Manzano)의 아래 시는 사탕수수 농장 노예의 비참한 운명을 사실적으로 묘사하고 있다.[31]

농장주만 돈을 벌 수 있다면 몇 명의 생명을
노동 중 잃은들 이게 무슨 상관이란 말인가
참으로 기쁜 건 Pozal 노예시장이 아주 가깝다는 거지
그곳에서는 새로 공급되는 놈들을 찾을 수 있지
새로운 노예들은
계속 쥐어 짜 지치고 약해빠진 또는 늙은 것들 보다도 훨씬 싸다던데

×　×　×

우리는 노예를 사서 우리 벌판을 개간할건데
…… 바라는 건 그의 살과 뼈
힘이 세야지 머리는 필요 없어
……
장년기가 지나면 죽어줘야지
……
넌 상상할 수 없을 거야. 수면 부족으로
그들의 체력이 얼마나 빨리 다 닳아 없어지는지
그럼 그들이 얼마나 돈이 안 되는지
수확기에는 하루 4시간만 쉬는데
어느 누가 5, 6개월을 건강하게 버텨낼 수 있겠어
20시간을 쉬지 않고
12시간은 밭에서, 8시간은 실내에서
사탕수수를 끓이고 누르고, 날 믿어, 늙을 때까지 살아 있을 자는

30　앞의 책, 第1冊, 第15條.
31　馬登, 『一个新解放的古巴奴隶的詩集』, 1840年, 倫敦版, pp. 33~49.

거의 없어

하지만 생명이란 하잘 것 없는 거지. 설탕, 선생—중요한 건 돈인
거야.

이 시는 쿠바 사탕수수 농장 노예의 비참한 생활상을 그리고 있는데, 중
국인 쿨리의 삶을 이 시 속의 흑인 노예의 삶과 비교해보면 중국인 쿨리의
삶이 더 고통스러웠다는 것을 알 수 있다. 화공들은 수확기가 되면 하루 한
두 시간만을 쉬며 22시간 내지 23시간을 일했으니 그 고통을 상상하기 어
려울 지경이다.

陳蘭彬과 함께 조사차 쿠바에 갔던 청조의 관원 容曾祥은 쿠바 화공의 생
활상을 '猪仔'란 시를 통해 다음과 같이 묘사하고 있다.

살과 피부가 닳고 찢기도록 밤낮으로 바빠도,

굶주린 창자 속엔 음식이라곤 닿질 않는구나.

죽은 후에도 상한 해골이나마 남겨 둬야지,

잘 조제하여 설탕 제련하는 데 써야 하니까.

……

쿠바만 풍조가 좀 독특하지,

집집마다 몰래 설치한 감방이 있으니.

肉破皮穿日夜忙, 並無餐飯到饑腸。

剩將死後殘骸骨, 還要燒灰煉白糖。

……

獨有古巴風氣異, 家家私自設監房。

이 시가 1875년 『중서견문록(中西見聞錄)』[32]에 발표되자 스페인은 이 시의
내용 중 "중국 노동자의 백골로 사탕을 만든다."는 내용이 거짓이라고 주장

32　丁韙良, 『中西見聞彔』, 第28號, 金山新報, 美國近事, 1875年.

하고 이 시를 쓴 작가를 조사하여 처벌해야 한다고 요구하였다. 그러나 이 시의 내용은 사실을 근거로 한 것이었다. 당시의 여러 증언이나 보도에 의하면 사람의 유골을 설탕 제조에 이용하였다는 것은 공공연한 사실이었다고 알려져 있다.

1858년 쿠바로 팔려간 중국인 노동자 羅阿巳의 다음과 같은 증언에서도 이 같은 사실을 확인할 수 있다. "나와 함께 온 80명의 동포들 중 몇 년 동안에 목매어 죽은 사람이 4명이 있었고, 고약 모양으로 만든 아편을 먹고 죽은 사람이 3명이 있었다. 하지만 주인은 그들이 모두 병에 걸려서 죽었다고 관에 신고하였고, 관에서는 더 이상 묻지 않았다. 시신을 끌어다 얕게 묻었다가 시간이 한참 지나자 뼈를 다시 파내서 쌓아 두었다. 비에 젖고 볕에 마르면서 점차 사라져 갔다. 사탕의 윤기를 내려면 가끔 짐승의 백골을 태워서 재로 만들어 섞기도 하고 인골을 섞기도 했는데, (이렇게 하면) 설탕이 더욱더 새하얘진다." 또 任世貞, 戴仁捷, 梁興照 등도 화공이 죽으면 "관이나 묘조차 없었고, 시간이 지나면 해골을 소나 말의 뼈와 섞어 제조하여 설탕을 제련하는 데 사용하였다."고 증언한 바 있다.

5) 사지를 넘나드는 호주 화공의 처참한 삶

초기 호주 화공들은 주로 목장에서 양을 방목하거나 농경지를 관리하거나 또는 하인으로 일했다. 목장의 화공들은 영국에서 귀양 온 범죄자로 간주되어 극심한 노역에 시달렸다. 그들 중 나이가 많은 사람도 있고 어린 사람도 있었지만 모두 비인간적인 대우와 매우 적은 월급을 받으며 살았고 고용주와의 분쟁도 많았다. 당시 양의 방목은 열 명이 수천 마리의 양을 방목해야 했기 때문에 대단히 힘든 일이었다. 이들은 파리똥이 가득하고 벼룩이 무리를 지어 돌아다니는 천막에 살며 계속 양떼를 따라 이동해야 했고 야수와 강도의 위험에 항상 노출되어 있었다. 게다가 술 취한 백인들의 극심한 학대에 시달려야 했다. 이 같은 환경에서 대부분의 화공들이 죽거나 금광을 찾아 도주하였다.

하지만 금광 계약화공의 생활도 비참하기는 마찬가지였다. 음식 공급은 늘 부족했고 물도 부족하여 쉽게 마실 수 없었다. 화공들이 대규모로 금광에 들어갔던 1855년에서 1856년까지의 기간은 지표면의 금광 개발이 거의 끝나가던 시기였다. 따라서 금광 채굴을 위해서는 땅 속 깊이 파들어 가야 했으며, 이에 따라 위험성도 이전에 비해 훨씬 커질 수밖에 없었다. 또한 화공들은 호주의 유색인종 차별 정책으로 인한 극심한 학대에 시달렸다. 빅토리아주 화공들이 의회에 제출한 청원서에는 다음과 같은 내용이 들어있다. "우리는 유럽 사람이 버린 곳에서 일하면서 목숨만을 부지해왔다. …… 수천만 명이 여기에 왔지만 다시 돌아가는 사람은 불과 몇 명밖에 없다. …… 우리 화인들 모두 가난하다. 많은 이들이 이로 인해 굶주리고, 아프며, 죽은 자도 있다. …… 금광 채굴은 너무 힘들어 살아나가기가 어렵다. 매달 1파운드의 세금을 내버리고 나면 (돈이 없어) 끼니를 걱정해야 한다."[33]

해남(南海) 출신 화공 譚仕沛은 1877년 가족들과 함께 쿡타운(Cooktown)에서 금광을 채굴하면서 화공들의 고통스런 처지를 몸소 경험하였다. 그에 의하면 당시 화공들은 기후와 풍토가 맞지 않아 병에 걸리는 경우가 비일비재하였다. "길가에 보이는 華工들은 안색이 좋지 않았고, 모두가 가난하거나 병에 걸려 있어, 탄식소리가 끊이지 않았다." 여기 와서야 황금을 "마음대로 채굴할 수 있고, 금광이 고갈되지 않는다."는 소문이 사실이 아님을 알고 희망을 잃었다. 그러나 이왕 왔으니 어쩔 수 없이 광산에 가기로 했다. 팀을 만들어 산으로 들어갔는데, 한 달 정도 지나 너무 배고파서 빵을 팔고 있는 영국인의 노점에서 빵을 구걸하여 먹었다. 풍찬노숙을 거듭하며 혹 야인(野人)들에게 당할 까봐 맘대로 쉴 수도 없었다. 세 달이 걸려 광구에 도착하여 아무리 땅을 파보았지만 금을 발견할 수가 없어, 모두가 힘들어했다. "郭良이라는 사람의 도움으로 금 캐는 법을 배웠으나, 캐는 양이 많지 않아 겨우

---

33   沈已堯, 『海外排華百年史』, 海峽學術出版社, 1993年12月, pp. 74~75.

호구지책에 불과하였다." "걷다가 발을 헛디뎠는데 봐줄 의사가 없었다." 또 화공들은 생계조차 어려워 귀국하지 못하는 이들이 많았기 때문에 중국에 구원편지를 보내 중국에서 보내준 돈으로 배표를 사서 돌아간 사람들이 많았다. …… "나도 작은 아버지에게 우리집을 저당 잡히고 160元을 얻어 쿡타운에 보내 영국 돈으로 바꿔 우리 가족 귀국 배 삯으로 쓰려고 했으나 아버지 병이 도지는 바람에 돈을 다 썼다." "금광채굴은 가능성이 없어 영국인의 농장에 고용되어 사탕수수를 재배했다."

이상과 같은 한 노화교의 이야기는 당시 금광채굴 노동자들의 삶과 처지를 비교적 상세하게 전해준다.[34]

6) 차별과 배척

중국인의 해외 진출이 확대되고 이들의 값싼 노동력이 경제위기 상황 하의 현지 노동자에게 생계 위협 요소로 대두되자 미국, 호주 등지에서는 백인들을 중심으로 인종 차별 의식과 배화의 분위기가 날로 확산되었다.

화공은 미국에 도착한 지 얼마 지나지 않아 곧 제재의 대상이 되기 시작하였다. 캘리포니아 주는 1850년에 『외래 광부 세금 규칙』을 제정하여 1인당 매월 20~30원의 세금을 내도록 하였으며, 1852년에는 중국인의 광물 채굴을 금지하고 새로 들어오는 중국인은 500원의 보증금을 내야 한다고 규정했다. 또한 1854년 중국인은 법정에서 백인을 반대하는 증언을 하지 못하도록 하는 규정을 통과시켰고, 캘리포니아 주지사 죤 빅러(John Bigler)는 1853년 연설에서 화공의 출·입국을 금지해야 한다고 호소하였다. 1870년대 이후 태평양 철도의 완성은 미국 동부의 과잉생산과 실업문제를 서부로 확대시켰다. 이로 인해 캘리포니아 주는 실업자가 넘쳐났고 은행의 부도가 잇따르면서 회사들이 줄줄이 도산하였다. 이에 따라 노동력 과잉 상태에 처한 캘리포니아에 마침 중국인의 입국도 절정을 이루고 있었다.

---

34 譚仕沛著, 『閱歷遺訓』, 1925年. 劉渭平, 『澳洲華僑史話』, pp. 26~28.

이상과 같은 상황으로 인하여 중국인들은 경제위기에서 벗어나려는 미국 인종주의자들의 공격대상이 되었으며, 일부 정치인들도 자신의 정치적 이익을 위하여 이 같은 상황을 이용하였다. 그 영향으로 이후 극단적인 인종주의자들의 폭력행위가 계속되었는데, 이러한 활동의 최선봉에 선 것이 사지당(沙地黨; Sandlots)이었다. 이들은 토요일 밤마다 샌프란시스코 시청 앞에서 군중을 모아 폭동을 일으키는 것으로 유명했다.

1877년 7월 23일은 캘리포니아 노동당의 '폭동의 밤'이었다. 이들은 길거리에서 폭탄을 던지며 재물을 약탈하고 사람들을 죽였다. 이를 시작으로 캘리포니아 주 각지에서 화공을 배척하는 분위기가 확산되면서 곳곳에서 화공들이 쫓겨나거나 해고당했고, 중국으로 송환되거나 죽임을 당했다. 이 밖에 콜로라도 주, 워싱턴, 오리건, 와이오밍 등지에서도 수천 명의 백인들이 중국인의 주택을 약탈하거나 불태웠고, 그 과정에서 수많은 중국인이 다치거나 죽었다.

1880년 결국 미국국회는 법안을 통과해서 모든 화공들의 강제등록을 명령하였고, 1882년 『배화법안(排華法案; Chinese Exclusion Act)』을 통과시켜 화공의 입국을 금지하였다.

미국 화공은 미국 서부 개발과 미국 정치, 경제 통일의 완성이라는 두 가지 필요에 의해서 이용되었을 뿐이었다. 화공들은 미국 경제발전과 미국 통일에 이바지했지만 이후 결국 미국 국내 정치와 경제의 희생양이 되었다.

호주의 화공에 대한 배척은 미국의 영향으로부터 비롯되었다. 호주의 배화(排華) 사건은 1854년 처음 발생하였다. 이 해 6월, 빅토리아의 백인 노동자들이 집회를 열어 7월 4일 벤디고(Bendigo)에서 투쟁을 일으켜 화공을 쫓아내기로 결정했지만 제지되었다. 1855년 6월 빅토리아 의회는 화공 제한법안을 통과시켜 입국 선박은 10톤당 1명의 화공만을 태울 수 있고 화공은 1인당 10파운드의 입국인두세를 내야 한다고 규정하였다. 이후 남 호주와 뉴사우스웨일스도 1857년과 1861년에 각각 같은 법안을 통과시켰다.

1857년 5월부터 7월 사이 빅토리아 주에서 연이어 반 중국 소요가 발생

하였고, 1860년 12월 뉴사우스웨일스 주의 래밍(Lambing)에서 반 중국 폭동
이 일어났다. 이런 사건은 9개월 동안 계속되었는데, 이 과정에서 화공들이
죽거나 다치고 재산을 강탈당했다. 이 밖에도 북부 퀸즐랜드, 멜버른, 시드
니 등 지역에서 잇달아 화공의 입국을 금지하거나 제한하는 법령이 통과 되
었고, 화공의 입국이 거부되는 사건이 발생하였다. 이에 청 정부가 항의 각
서를 제출하여 금령(禁令)의 취소와 손해 배상을 요구했으나 무시되었다.

7) 중화인민공화국 수립 전후 동남아 화교의 이주와 정착

제2차 세계대전 이후 거의 중단되거나 일정정도 소강상태를 보이던 화교
의 출국은 중화인민공화국 수립 전후, 즉 1940년대 말에서 1950년대 초까
지에 걸쳐 중국 국내의 사회, 정치적 혼란과 서민들의 극심한 빈곤 등으로
인해 다시 한 번 일시적인 고조기를 이룬다. 당시 싱가포르, 말레이시아 등
동남아 각지로 이주하였던 화교들 중 아직 생존해 있는 이들의 목소리를 통
해 근대에서 현대로의 전환기라고 할 수 있는 이 시기 화교들이 거주국에
정착하면서 겪게 되었던 경험들을 들여다보기로 한다.

해외로 진출한 화교들은 대부분 각 방언지역 별로 구성된 방파(幫派) 조직
에 소속되어 이를 통해 현지에 적응하였다. 이러한 상황은 동남아 화교들에
게도 보편적인 현상이었다. 먼저 말레이시아의 한 대학에서 동남아지역 화
교 연구에 종사하는 화교 3세의 다음과 같은 이야기를 통해 현재의 동남아
화교 특히 말레이시아 화교의 전반적인 상황을 이해하는데 유익한 정보를
얻을 수 있다.

> 나는 이름이 안환란이다. 1968년생이고 화인 3세이며 원적은 해
> 남이다. 대남(臺南) 해남. 우선 우리 화인사회의 방파 조직에 대해
> 이야기해보자면, … 우리의 이주는 사실 방언의 영향이 컸다. 같은
> 방언을 쓰는 사람들끼리 자주 모이게 된다. 조주(潮州) 사람들이 가장

일찍 말레이시아에 왔는데, 그들은 오늘날 조호바루 지역의 중요한 경제 분야를 독점하게 되었다. 그들은 밤과 고추 등 농작물 재배 이외에 시내에서 잡화점이나 부식품 시장을 장악했다. 즉 사람들이 생활하는 데 필요한 생필품들을 조주 사람들이 장악한 것이다. 조주 사람들이 시장이나 잡화점을 장악하게 된 것은 그들의 글로벌 네트워크의 힘 때문이다. 잡화가게에서 취급 안 하는 것이 없어 보이지만 사실 가장 중요한 것은 쌀이었다. 지금은 슈퍼에 가서 쌀을 살 수 있었지만 예전에는 지금과 달리 잡화점에 가서 사야 했다. 그런데 동남아지역의 쌀은 대부분이 태국이 장악하고 있다. 말레이시아에서 태국으로부터 쌀을 수입해야 했는데, 태국에서의 쌀은 조주 화인의 손에 장악되어 있었다. 따라서 이러한 네트워크에 의해 조주 사람들이 싱가포르나 말레이시아에서 잡화점을 차린 경우가 많았다. 이는 일종의 방언 네트워크라고 할 수 있다.

그리고 두 번째 중요한 방언집단은 민남(閩南) 사람들이다. 이들 민남 사람들은 대부분 중국의 장주(漳州), 천주(泉州)에서 온 사람들이었다. 그들은 초기에는 말라카와 페낭에 거주하였다. 그들은 아마 정성공(鄭成功) 시절에 이미 이주해왔을 것이다. 따라서 그들은 토착 화인들의 특유한 생활양식을 형성했고 말레이시아인과 사이가 친밀했다. 그들은 대부분이 영어를 쓰는데 말레이시아와 서양세계를 연결하는 가교역할을 했다. 따라서 이러한 사람들은 대부분이 말레이시아 토산품 판매의 중간 대리상인 역할을 수행해왔다. 그들은 부자들이었다.

그리고 19세기의 신객 즉 민남 또는 복건의 신객들은 우문청(宇文青)이나 진가경(陳嘉庚)과 약간의 관련성이 있었다. 이들은 최초에 고무재배에 종사했다. 아시다시피 말레이시아의 고무 생산은 세계 1위를 차지하고 있다. 이는 이들 민남 신객들 덕분이었다. 따라서 이후 말레이시아의 토산품이나 고무 등 관련 업종은 대부분 민남, 복건 사람들에 의해 장악되었다.

이외에 산지 출신인 객가(客家) 사람들은 약초에 대해 잘 알기 때문에 현재 대부분의 한약방을 장악하고 있다. 그리고 전당포나 대장간 등 역시 대부분 객가인들이 종사하고 있다. 또한 객가인들은 근면한 성격 때문에 초기에 양품점을 많이 차렸다. 이러한 양품점에서 그들은 슬리퍼나 와이셔츠 등 옷을 팔았다. 초기에 이익을 조금밖에 누리지 못했지만 후에 다들 부자가 되어서 농무회사까지 설립했다.

또 다른 일부는 복주와 비교적 가까운 복청(福淸)인들이다. 복청과 신화(新化) 사람들은 규모가 작았다. 초기에 그들은 인력거를 끌다가 후에 자동차 판매, 중고차 판매, 그리고 자동차 부품 판매업 등에 종사하게 되었다. 그들은 자기 고향에 있는 친구들을 한명씩 데려와 점차 규모가 커졌다. 지금은 대부분이 다 부자가 되었다.

복주 사람들은 재배업이나 이발업에 종사했다. 그들이 재배하는 것은 대부분이 경제적 작물들이었다.

나와 같은 해남 사람은 중국에서도 적은데 말레이시아에 와서 기타 좋은 업종은 대부분 기타 방언종족에 의해 장악된 상황 이었다. 해남사람들은 힘이 약해서 그들은 서양 사람에 의지해서 살게 되었다. 우선 그들은 서양 사람들 집에서 하인으로 있다가 요리를 잘하게 되어 후에 커피점이나 빵집, 과자점, 중국요리 또는 레스토랑을 차리게 되어 음식업을 장악했다. 그리고 또 한 가지는 서양 사람들의 집에서 과학기술을 접하게 되어 후에 과학기술직에 종사하는 사람들이 많았다. 우리 집도 이 유형에 속한다. ……

우리 가족은 대부분이 엔지니어나 이공계 출신이었다. …… 우리 아버지는 전기엔지니어이다. 우리 할아버지의 형이 최초 말레이시아에 온 분이었다. 그는 2차 대전 전에 이주해왔는데 그때 말레이시아는 영국의 식민지이었는데 내륙지역의 철도 건설에 힘쓰고 있는 중이었다. 철도를 건설하는데 한편으로는 노동력이 필요했는데 대부분 노동력이 인도인이었다. 다른 한편으로는 건설하는 과정 중에 케이블 등에 대해 아는 자가 필요하다. 그때 마침 해남사람들이 서양 사람들의 집에서 일하면서 전기에 관한 지식을 많이 배우게 되었다. 따라서 그 때 우리 할아버지의 형은 철도국에서 일자리를 배치 받았다. 그 후에 할아버지의 형은 할아버지 및 동생을 이어서 다 데려왔다. 그들은 모두 이렇게 건너 왔다. 우리 가족은 필사적으로 전기 일을 배웠다. 우리 할아버지는 초기에 전기케이블 운반하는 일을 했는데 후에 전문가가 되었다. 전체 말레이시아에서 신안 사람이면 대부분이 이런 업종에 종사했는데, 주로 철도국에서 전기케이블을 운반하는 일이었다. 우리 아버지 역시 자라면서 관련 지식을 배우게 되었고 후에 다시 공부하고 시험 봐서 오늘날의 전기 엔지니어가 되었다. 따라서 전기, 기계 및 전력 등에 관련된 분야에는 해남 방언을 쓰는 사람들이 많았다. 우리 조상들은 이렇게 대를 이어 살아왔다.

我是安焕然，1968年，我是海南的。但是台南海南，也就先谈一下我们华人社区里的几个帮群，然后呢，刚才已经说到了我们怎么迁过来，主要其实是因为我们这里面方言群的影响是比较大的，同一种方言就把同乡讲同样话的人一个一个的就把他迁过来。那也因为是这样子，那种方言群这样格局，就以我们这个新山为例的话就是，因为潮州人是最早来，所以潮州冷来到了新山、罗佛，他们就占领了一些重要的经济的领域。除了他们在种植那个甘栗和红椒之外呢，其实在市区里面，就掌握了这个杂货店，菜市场，就是这民生的必需品就由这些潮州人所掌控。掌控的一个原因，除了这个菜市场，那杂货店为什么是他们掌控呢，其中一个原因就牵扯到潮州人的一个世界网络的问题。因为杂货看起来什么都系都卖，实际上最重要的要卖的东西就是米，现在我们不像很多超市里面卖，以前买米都要去杂货店，那真正的米掌控在谁手中呢，世界上的米在东南亚是掌握在泰国，现在我们马来西亚的米不够自给自足，要从泰国进来。泰国的米掌控在华人手中，而这个华人是潮州人，潮州人是这个网络，所以呢，杂货店很多是泰国米，新加坡很多做杂货店的有很多也是潮州人，而我们这一带，这一区跟新加坡的关系还很近，所以呢潮州人米的取得网络上是很方便的，所以从事杂货业有他的一种优势。这是一种方言群网络的问题。第二个比较大的方言群呢，就是闽南人，其实是属于漳州和泉州的这一批人。那这一批人主要做些什么呢，以马来亚来说的话呢，他们早期是在马六甲跟冰城，他们早就移民过来了，郑成功的时候他们可能已经就有了，所以呢，他们就形成了一种⋯土生华人的一种方式，然后他们这一批人由于跟西方人跟马来人的关系密切，所以他们很多人也说英语交际，所以呢在这里面就变成了马来亚的一个土产跟西方人交往的重要的桥梁，所以这样的一种土产买卖的中介商就由这些人来做，所以这些人很有钱。另外一批就是19世纪的新客，是闽南人的新客，是福建人的新客，就是多多少少跟宇文青啊跟陈嘉庚啊有着密切的关系，因为他们这一批是比较早从事橡胶种植的，马来西亚哦成为橡胶种植的世界第一，产量很高，就跟这批陈嘉庚闽南人有关，因为这一层的关系，所以后来我们的树胶商，土产买卖就被闽南人所谓的福建人所掌控，所以这种好的行业不是潮州人就是闽南人啦。就是这一批掌控了。然后剩下的呢，就由其他的方言群就来强化了。比如客家人，你说哪里来的，他们就是从山里出来的，山里出来的他们就对草药有一定的认识，所以现在几乎所有传统的中药店，都是客家人。所以他们有一些特定的行业被这些方言群所控制。中药店啦、当铺啦、还有就是打铁，打铁也是客家人，打白铁，就是打水桶啊，打刀啊这些东西，这些都是客家人。然后呢还有一些就是蝇头小利的东西，因为客家人很节俭，所以零售商里面呢，我们叫做洋服，洋货店。洋货店就是卖拖鞋啊、卖衬衫啊、卖衣服啊等等这些东西。早期他们赚的是蝇头小利，但是后来他们都发达了，他们都开劳务公司的都是这些客家人。还有一批就是跟他们福州比较接近的一些是福清人。福清和新化人，他们也是小族群，慢来，可是他们也是勤劳做工，早期是拉人力车，可是后来人力车又被认为不人道，后来他们转型。可是因为他们就是这一批人一个牵着一个的，牵着同乡来，来了之后因为他们对车子的零件很熟悉，所以这一批福清人，新化人，他们就从事汽车买卖，二手车买卖，汽车零件买卖，还有汽车轮胎的服务，几乎都是这一批人，现在也是赚大钱，他们总是跟他们关系行业有关的。如果福州没有错，就是种植业，种植业他们很强，福州人很会种植。还有就是剪头发，剪头发的他们都是同一批的方言群。他们不是种田，是比较大型的经济作物。像我这种海南人，因为海南人在中国也是很小，然后来到这里也比较慢来，所以基本上比较好的行业，都已经被其它的方言群占领了，所以他们没有一个可落脚的地方，那怎么办呢。海南人来的时候，他们势力很弱，他们就之后寄居在洋人的生活下面，西方人。所以我们有很多人打红毛工，就是打洋人的工，然后因为他们以前是航海，所以在洋人西方人的船员海员里面，还有就是在西方人的经理啊，统治阶层做帮佣，就是做家庭佣人，也因为是这样子，他们就学会了煮东西。这个里面反而变成了海南人的技能，有两个方向，第一个就是后来，在今天比较传统的咖啡店，我们讲海南咖啡，咖啡店、面包店、蛋糕店、中西餐厅，这些百分之九十以上都是海南人，因为他们从西方学到的这些技能，然后又是方言区可以沟通，就是一个带着一个来。还有另外一个层次，就是我们这批的家族，就是我们家的情况，他们在西方人那个地方工作，就是西方人很多都是要强调技术的，…也好，铺铁路也好，就是他们很早就接触了西方的科学科技，所以像我们的家族，除了我我这一家比较特别……

　　这个家族，我父亲那一家全部不是工程师，就是跟理工有关系的东西。……像我爸爸是电气工程师，这是怎么一回事呢，就牵扯到了我公公。我公公是从中国来的。最早的时候，是我公公的哥哥，他先来这里，先来这里的时候，他当时正好是在战前，二次世界大战之前。那个时候马来亚，英国殖民，正好在发展内陆的铁路。铁路要开，一方面铁路建设是由印度人，所以印度人有很多是当铁路工人的。另外一方面，铁路有需要拉电缆，需要有电房等等的东西，当时因为这些海南人他们很早跟西方人工作，他懂得一些电的这些东西。那我公公的哥哥当时就被派到了铁道局的电的地方去工作，然后呢，就一个牵着一个。电房工作，拉电缆。然后就把我的公公带了过来，又把我公公的弟弟带过来，就他们整个家族就这样子过来，我们信安的家族就一直拼命的学拉电，你要问我，我公公就是拉电缆，这些都渐渐的变为专业人士，后来他们都变得很专业。然后呢，整个马来西亚，只要是信安人，就几乎是这一局，就是在铁道局里拉电缆的人。后来，我爸爸他们也从这里学到了他们的技艺，然后也通过考试啊，读书啊就慢慢的变成了，因为大家熟悉，就变成了电气工程师，就是走这一行业了。就是机械啊，电啊，跟这个方言群有密切的关系。就是我们的祖先是这样子过来的，就这样一代代传下来了。(말레이시아 화교 安焕然 교수 인터뷰 자료, 2012년 2월 20일 녹취)

　　싱가포르에서 만난 또 다른 화교들의 다음과 이야기 속에서도 동남아 화교들의 이상과 같은 상황들이 언급된다. 아래는 해남 출신 싱가포르 화교의 인터뷰 내용이다.

　　그들은 초기에 교육수준이 그리 높지 못했기 때문에, 그들이 할 수 있는 일이 대부분 우리 외조부처럼 요리사였다. 초기의 이런 사람들은 모두가 같은 고향 출신의 형제, 친척, 친구들이었다. 이들은

교육을 많이 받지 못했고, 생활범위도 아주 좁았기 때문에 요리사를
하거나 커피숍 같은 일을 했다. 우리 친척 중의 한 명이 이쪽에 와서
다른 사람에게 요리를 배웠는데, 나중에 그 사람이 그만 두자 넘겨
받아 해남닭고기덮밥 가게를 차렸다. 처음 왔을 때는 카페를 열거
나, 아니면 잡일을 해야 했다. 그들은 이런 것부터 시작해서 점차 발
전한 것이다. 그러나 신세대들은 많이 달라졌다. 그들은 의사나 변
호사 등 전문직에 많이 종사한다.

他们在早期，他们本身受教育不是很高，所以他们能够做
工作，都是像我外祖父那样做厨师，　早期这些人，都是同
乡的兄弟啊，亲戚啊，朋友啊，他们因为受的教育不高，生
活圈子很小，不是厨师，就是咖啡店，有一个我的亲戚，他
来这边跟人家学做吃的，人家不做了，他就接手做，他靠做
海南鸡饭，他来的时候要不是开咖啡店，他们早期就是打零
工，他们从那发展。但是新一代就不一样了，他们做医生、
律师。(싱가포르 화교 王相寧 선생 인터뷰 자료, 2012년 2월 21일 녹취)

V

맺음말

화교 네트워크는 하나의 보이지 않는 제국(帝國)이다. 대만, 홍콩, 아세안, 그리고 북미, 호주 등까지 모래알처럼 흩어져 있던 중국인, 국경의 붕괴와 통신망의 발달은 전 세계 화교의 대 융합이란 전대미문의 화학반응을 일으켰다. 형체를 드러내지 않던 화교는 글로벌 시대의 개막과 동시에 선두주자로 나섰다. 일본 후지쓰 연구소의 보고에 따르면 아세안 화교는 상장기업 중 태국, 싱가포르의 81%, 말레이시아의 61%, 필리핀의 50%를 장악하고 있다. 이들은 일명 '환태평양의 제후들'이라고 일컬어진다.

2011년 현재 해외에 살고 있는 화교의 총수는 약 4,600만 명 정도로 추산된다. 이밖에 홍콩, 마카오 약 650만, 대만 약 2,100만 등 약 2,750만 명을 포함하면 중국대륙 이외의 지역에서 생활하고 있는 전체 화교 인구는 약 7,400만 명에 이른다.

이 같은 중국인들의 국제이주는 매우 긴 역사를 가지고 있다. 일부에서는 그 기원을 진한(秦漢) 시기 한(漢)민족의 형성기까지 소급하는 견해도 있다. 그러나 이 연구에서는 기존 연구에 대한 검토를 통해 화교 역사의 출발점을 결정하는 주요 기준으로 다음 두 가지를 제시하였다.

첫째, 해외 이주의 주체가 스스로 중국인으로서의 자의식을 가지고 있었는가의 여부; 둘째, 내적 송출요인과 외적 수용요인이 작용한 지속적이고 대규모적인 이주였는지 여부이다.

이 책에서는 화교 이주 역사의 상한선을 송대(宋代)로 하고, 중국의 사회, 경제적 발전 과정에 의한 송출요인과 유입국의 수용요인 등을 고려하여 크게 네 개의 시기로 구분하였다. 첫 번째 시기는 12세기 초 남송 건염(建炎) 원년부터 16세기 후반 명(明) 융경(隆慶) 연간의 해금(海禁) 해제 즉 '융경개관(隆慶開關)'에 이르기까지 약 4~5백 년 동안이다. 두 번째 시기는 16세기 후반 해금이 해제된 이후 1840년 아편전쟁까지의 약 300년 동안이다. 이 시기는 중국에 자본주의의 맹아가 출현한 시기로 이민 인구가 이전에 비해 대폭 증가하였고, 다음 시기에 본격화되는 강제이민이 발생하기 시작하였으며, 개별적 차원의 이민이 줄고 대규모의 집단적 이민이 늘어났다는 점에서 과도기에 해당한다고 볼 수 있다. 세 번째 시기는 1840년 아편전쟁의 발발로부터 1949년 중화인민공화국 수립 전후까지의 100년이 넘는 기간이다. 아편전쟁은 중국사회가 반식민지반봉건사회로 접어든 출발점이며, 중국 역사에서 근대시기가 시작되는 기점이다. 또 중화인민공화국의 수립은 중국이 근대에서 현대로 전환되는 기준이 되는 시점이다. 이 기간을 전후하여 대량의 화공(華工)이 출현함으로써 중국인의 해외이주가 절정에 달하였고, 현대 화교사회의 주류를 이루는 근대 화교 디아스포라의 형성이 본격화되었다. 네 번째 시기는 1949년 중화인민공화국 수립 이후 현재까지 약 60년이 넘는 기간으로, 이 시기는 거주국에서의 화교의 사회정치적 지위가 변화되어 현지 민족 중의 하나로 성장한 시기이다.

이상 네 시기 중 이 책에서는 주로 세 번째 시기의 이민들, 즉 근대적 이산 배경, 그리고 모국과 거주국 사이의 경계에 놓인 다중정체성으로 대표되는 근대 화교 디아스포라를 주요 연구대상으로 삼았다.

이 연구는 바로 이들 근대 화교 디아스포라의 분산과정에서 형성된 디아스포라의 이주루트를 계보학적 관점에서 지도화 하고, 이 길을 따라 형성된 그들의 경험과 기억을 따라가 보고자 하였다. 이를 위해 본 연구는 국내외의 각종 이주 관련 자료를 활용한 문헌연구, 화교 디아스포라의 주요 집거지에 대한 현지방문조사, 참여관찰을 통한 구술 사료의 발굴, 수집 등의 연구방법을 활용하였다.

"바닷물 닿는 곳에 화교가 있다", "한그루 야자나무 밑에 세 명의 화교가 있다", "연기 나는 곳에 화교가 있다"는 표현에서 알 수 있듯이 화교 디아스포라 이주는 거의 전 지구적 범위에 걸쳐 매우 광범위하고 다발적으로 이루어졌으며 그 분포지역 또한 매우 광범위하다. 따라서 그 이주루트를 분류, 정리하는 일은 매우 복잡한 일이다. 이 책에서는 공간적 요소들에 대한 고려를 통해 근대 화교 디아스포라의 이주루트를 주로 수용지를 중심으로 동북아, 동남아, 아메리카, 오세아니아, 아프리카, 유럽 등 일반적인 지역 범주에 따라 구분하였다.

본 연구에서 구분 정리한 근대 화교 디아스포라의 주요 이주루트는 다음과 같다.

첫째, 동북아 화교 디아스포라의 이주루트는 크게 한반도 이주루트와 일본 이주루트로 나눌 수 있다. 이 중 한반도 이주루트는 주로 '연대烟台 - 인천, 진남포', '청도青島 ― 인천, 진남포', '용구龍口 - 신의주', '압록강, 두만강 월강' 등 네 가지 노선을 이용하였으며, 일본 루트는 주로 '상해上海 - 나가사키 -고베 또는 상해 - 요코하마', '대련大連 ― 오사카', '절강浙江 - 요코하마', '복건성 복청福清 - 나가사키, 고베, 요코하마, 니가타, 하코다테', '복건성 복주福州 - 나가사키 - 고베, 하코다테', '대만 - 고베, 요코하마', '광동 - 고베, 요코하마 노선', '홍콩 - 고베, 요코하마' 등 노선을 이용하였다.

둘째, 세계 화교의 주요 집거지가 밀집되어 있는 근대 화교 디아스포라의 대표적인 이주루트 중 하나인 동남아 루트는 말레이반도 루트, 방카 루트, 보르네오 루트 등 크게 세 가지 루트로 나눌 수 있다. 이 중 방카 루트는 주로 중국의 화남지방에서 싱가포르를 거쳐 방카에 이르는 노선, 화남에서 직접 방카에 이르는 노선, 홍콩과 싱가포르를 경유하여 방카에 이르는 노선 등 세 가지 노선이 주로 이용되었으며, 보르네오 루트는 북보르네오, 서보르네오 루트로 나누어졌다.

셋째, 동남아루트와 함께 근대 화교 디아스포라의 대표적인 이주루트 중 하나인 아메리카 루트는 쿠바, 페루, 미국, 하와이 루트 그리고 캐나다, 멕시코, 파나마, 브라질 루트로 나누어진다. 이 중 초기 이주루트인 쿠바루트는 주로 동, 서 두 항로를 이용하였고, 가장 많은 화교들이 이주하였던 미국 루트는 수용지의 개발 수요에 따라 금광 개발 이주루트, 철도 건설 이주루트, 농업 노동 이주루트, 파나마운하 건설 이주루트 등 크게 세 가지로 나눌 수 있다. 이 중 금광 개발 이주루트는 주로 중국 광동 주강삼각주, 사읍 등지에서 출발, 홍콩을 거쳐 동북 계절풍을 피해 대만 북단을 경유한 다음 서풍을 타고 일본 동쪽을 지나 북위 35°~45°에서 태평양을 횡단하여 샌프란시스코에 도착하였으며, 여기서 다시 센트럴밸리 남·북·동부, 아이다호, 오리건, 몬태나, 네바다, 워싱턴 등지로 퍼져나가는 노선이었다. 철도 건설 이주루트는 주로 '광주, 홍콩, 마카오 - 샌프란시스코 - 새크라멘토, 오마하' 등으로 연결되는 중부태평양 철도 건설 노선, '홍콩 - 오리건 주 포틀랜드 - 워싱턴, 몬태나, 노스다코타, 미네소타' 등으로 연결되는 북태평양 철도 건설, '홍콩 - 루이지애나 주 뉴올리언스 - 캘리포니아 로스앤젤레스, 텍사스 엘패소, 애리조나 주 유마' 등으로 이어지는 남태평양 철도 건설 노선, '홍콩 - 오리건 주 포틀랜드 - 캘리포니아 샌프란시스코 - 로스앤젤레스' 등으로 이어지는 남북태평양 연안 관통 철도 건설 노선 등을 포함한다. 농업 노동 이주루트 주로 광동 주강삼각주에서 출발한 후 홍콩을 경유하여 미국의 루이지애나 주 뉴올리언스, 아칸소 주 등으로 이동하는 노선을 이용하였다. 한편 파나마운하 건설 이주는 주로 중국의 하문, 광주 등지에서 홍콩을 경유하여 뉴욕에 도착한 다음 파나마로 이동하였고, 이 밖에 미국, 쿠바, 가이아나, 자메이카 등 중국이 아닌 다른 지역에서 직접 파나마로 이동하는 경우도 있었다.

넷째, 오세아니아, 태평양군도 이주루트는 주로 오스트레일리아 루트; 뉴질랜드, 타히티, 뉴칼레도니아, 피지 루트; 사모아, 나우루, 뉴기니 루트 등을 포함한다.

다섯째, 아프리카 이주루트는 남아프리카 루트; 레위니옹, 마다가스카르, 세네갈 루트; 모리셔스, 세인트헬레나, 케이프타운 루트; 중부아프리카 루트 등을 포함한다.

여섯째, 유럽 이주루트 크게 프랑스 루트; 영국 루트; 러시아 루트 등을 포함한다.

이 책의 제4장에서는 이상의 이주루트를 따라 자의적이든 외적 강제에 의해서든 삶의 터전을 떠나 낯선 환경에서 '살아내야' 했던 근대 화교 디아스포라의 의식 깊은 곳에 자리 잡은 디아스포라적 경험에 대한 기억을 추적하였다. 이 장은 '원적지에서의 기억-배정이향(背井離鄕)', '이주과정의 기억-

죽음의 항해, 귀선(鬼船)’, ‘거주국에서의 기억–정착과 박해, 그리고 타자의 역사’ 등 세 부분으로 나누어 근대 화교 디아스포라의 이주과정에서의 상징적인 사건과 경험의 기억을 살펴보았다.

그러나 이 책에서 더듬어 간 화교 디아스포라의 궤적과 이야기는 대부분 문헌 기록 또는 기존 연구 성과에 의존하고 있다. 이 연구의 이 같은 한계를 극복하기 위해서는 보다 많은 인력과 충분한 시간적, 경제적 조건을 확보한 상태에서 장기간에 걸친 인류학적 심층 탐구가 이루어져야 한다. 이것이 이 연구를 일단락 지으면서 내내 떨치지 못하는 안타까움이다.

| 참고문헌 |

국사편찬위원회,『한국화교의 생활과 정체성』, 국사편찬위원회, 2007

金慶國, 崔承現, 李康馥, 崔智賢, 「한국의 화교연구 배경 및 동향 분석」,『中國人
　　　文科學』, 第26輯, 2003.

김경학,『국제이주와 인도인 디아스포라』, 서울 : 집문당, 2006.

김승욱, 「20세기 초(1910~1931) 인천화교의 이주 네트워크와 사회적 공간」,『중
　　　국근현대사학회』, 2010.

문미라,『근현대 화교의 제주도 정착과정과 사회적 위상』, 제주대학교 석사학위
　　　논문, 2009.

박정동, 「한국화교(인천화교)의 경제활동 및 사회적 지위에 관한 연구」, 인천발전
　　　연구원, 2005.

설동훈,『노동력의 국제이동』, 서울대학교 출판부, 2001,

오영훈, 「다문화교육으로서 상호문화교육-독일의 상호문화교육을 중심으로」,『교
　　　육문화연구』, 제15-2호, 2009.

이덕훈,『화교경제의 생성과 발전』, 한남대학교출판부, 2002.

이상봉, 「디아스포라와 로컬리티 연구: 재일코리안을 보는 새로운 시각」,『한일
　　　민족문화연구』, 18, 2010.

이재광, 「韓國華僑의 歷史와 文化 正體性-華僑敎育을 中心으로-」,『중국학연구』,
　　　제30집, 571~591쪽, 2004.

전국역사모임,『살아있는 세계사교과서 1』, 휴머니스트, 2005.

전형권. "국제이주에 대한 이론적 재검토: 디아스포라 현상의 통합모형 접근."『한
　　　국동북아논총』, 제13권 제4호, 2008.

최승현, 「〈화교=해외'중국인'〉에 관한 역사적 고찰」,『中國人文科學』, 第48輯,
　　　2011.

최승현,『韓國華僑史硏究』, 香港社會科學出版社有限公司, 2003.

캔디스 고처 · 린다 월튼 지음,『세계사 특강』, 삼천리, 황보영조 옮김, 2010.

홍재현, 「화교사회의 형성과 특성 연구」, 『中國人文科學』, 第34輯, 2004.

Amy Chua, 『Battle Hymn of the Tiger Mother』, THE PENGUIN PRESS, New York, 2011.

Barclay, John M. G., (ed.), Negotiating Diaspora: Jewish Strategies in the Roman Empire, Continuum International Publishing Group, 2004.

British Parliamentary Papers Correspondence Poun the Subject of Emigration from China, 1855, cd-255.

C. Holmes, 『Immigrants and Minorities in British Society』, 1978.

Castles, Stephen/ Miller, Mark J., 『Age of Migration, 4/e : International Population Movements in the Modern World』, Guilford, 2009.01.01.

Cohen, Robin, Global Diasporas: An Introduction, University of Washington Press Seattle, 1997.

Frederik van Heek, 『Chineesche Immigranten in Nederland』, 1936.

Galil, Gershon, & Weinfeld, Moshe, Studies in Historical Geography and Biblical Historiography: Presented to Zekharyah Kalai, BRILL, 2000.

H. A. Popov, 『華工在沙俄』, 『世界歷史譯叢』 第5期, 1979.

J. K. Fairbank, Trade and Diplomacy on the China. Coast, 1842~1854, Vol. 1, p. 217.

JohnGunther, 『奧新內幕』, 上海譯文出版社, 1979.

Jules Davids, The American Diplomatic & Public Paper. The United States and China, Series Ⅰ, The Treaty System & Tiping Rebellion, Vol. 17: Collie Trade The Chinese Emigration. no. 57.

K. C. Tregonning, 「特許公司統治下的北婆羅洲勞工問題」, 『南洋問題資料譯叢』, 1963.

Kantor, Mattis, The Jewish time line encyclopedia: a year-by-year history from Creation to the Present, (New updated edition), Jason Aronson, Northvale NJ, 1992.

Kennedy, Robert E. "The Irish: Emigration, Marriage and Fertility." Berkeley: University of California Press.

P. A. van der Lith, A. J. Spaan en F. Fokkens : Encyclopaedievan Nederlandsch-Indie, vo. 1; vo. 4.

Robin Cohen. 1997. Global Diaspora: An introduction. London: UCL Press.

Shain, Yossi, Kinship and Diasporas in International Politics, Michigan University Press, 2007.

Sudesh Mishra, "Diaspora criticism", Edinburgh University Press.

T. R. H. Davenport, South Africa: A modern History, Toronto: University of Toronto, 1991.

Tetlow, Elisabeth Meier, Women, Crime, and Punishment in Ancient Law and Society, Continuum International Publishing Group, 2005.

Tomas. W. Chinn, A History of Chinese in California, In the Gold mines.

United States, Commercial Department : Netherlands Indies and British Malaya, A Commercial Industrial Handbook, 1923.

W.J.Cator,「中國人在荷屬東印度的經濟地位(續)」,『南洋資料譯叢』, 第4期, 1963

丘進,『華僑華人藍皮書-華僑華人研究報告, ANNUAL REPORT ON OVERSEAS CHINESE STUDY(2011)』, 社會科學文獻出版社, 2011.

國務院僑工事務局,『南洋和屬網甲島華工情形調查書』, 1920년 5월.

樂水,「香港曾是販運契約華工的主要港口」,『八桂僑史』, 1997년 第2期.

譚璐美・劉傑,「新華僑 老華僑」,『文藝春秋』.

梁必承, 李正熙 著, 全敏 譯,『韓國, 沒有中國城的國家—21世紀型中國城的出現背景』, 清華大學出版社, 2006.

李安山,「中國華僑華人研究的曆史與現狀概述」,『華僑華人百科全書・總論卷』, 中國華僑出版社, 2002.

林青青,「論韓國華僑身份保持的原因探究」,『科教文彙』, 安徽省科技協會, 2010.

馬登,『一个新解放的古巴奴隷的詩集』, 倫敦版, 1840.

明達,「"華人""華僑"如何區分」,『先鋒隊』, 2005.

巫樂華,『華僑史概要』, 中國華僑出版社, 1994.

寺井美由紀,「横浜中華街-華人の歴史と商売の変化-」

石之瑜,「海內華人台灣人身份政治中的祖先論述」,『全球政治評論』, 第10期, 2005.

石楚耀 譯,『中國的移民』,『南洋研究』, 第5卷 第4期.

楊昭全, 孫玉梅,『朝鮮華僑史』, 中國華僑出版公司, 1991.

楊應棉, 楊聖祺,「韓國華人華僑社會的特殊性」,『海外縱橫』, 第6期, 2005.

吳鳳斌,『契約華工史』, 南昌：江西人民出版社, 1988.

李長傳,『中國植民史』, 商務印書館, 1937.

張兆理,『韓國華僑教育』, 台北世界文化出版社, 1960.

張泰河,「韓國華僑的過去現在與未來」,『華僑華人歷史研究』, 第2期, 1996.

晁中辰,「旅韓華僑華人的歷史與展望」,『當代韓國』, 中國社會科學院, 17-21쪽, 2000
    年冬季號.

朱杰勤,「十九世紀中棄在印度尼西亞的契約華工」,『東南亞研究』第2期, 1961.

朱國宏,「中國人口的國際遷移的歷史考察」,『歷史研究』第6期, 1989.

周南京, 劉宏副主編,『華僑華人百科全書 · 著作學術卷』, 中國華僑出版社, 2001.

周南京,『華僑華人百科全書』, 中國華僑出版社, 2001.

中國第一檔案館, 外交部, 僑務招工, 第1375號.

中國第二歷史檔案館 編,『南京國民政府 外交部公報』第2卷, 江蘇古籍出版社, 1990.

陣匡民編,『美洲華僑通鑑』, 美洲華僑文化社, 1950.

陳達 著, 彭家禮 譯,『中國移民 Chinese Migration』, 美國聯邦勞動部報告書, 1923.

陳碧笙,「關於華僑史分期的几个問題」,『華僑史』第2期, 1983.

陳碧笙,「華僑的名稱和意義」,『華僑歷史論叢』, 第2輯, 福建華僑歷史學會編, 1985.

陳碧笙,『世界華僑華人簡史』, 廈門大學出版社, 1991.

陳翰笙 等 編,『華工出國史料匯編』, 中華書局, 1985.

詹小洪,「韓國華僑社會的今昔」,『炎黃春秋』, 第7期, 64~67쪽, 2004.

清 · 王錫祺 撰,『小方壺斎輿地叢鈔』, 第12帙, 第9册.

沈已尧,『海外排华百年史』, 海峽學術出版社, 1993.

彭家禮,「十九世紀开发西方殖民地的华工」,『世界历史』, 1980.

彭家禮,「清末英國爲南非金鑛招募華工始末」,『歷史研究』第3期, 1983.

荷倫(R.W.Holland),『英国契约法』, 1943.

『關于華僑權益保護的立法研究』.

『廣東省志 · 華僑志』, 廣東人民出版社, 1996.

『論依法保護華僑的出入境權益』.

『三州府文件修集』, 新加坡版, 1894.

『英國議會文件』, 1868.

『抵制華工禁約文學集』, 臺北：廣雅出版社, 1982.

『中華人民共和國國籍法·第9條』.

『中華人民共和國歸僑僑眷權益保護法·第2條』.

「孫承通-在韓華僑致信李明博呼籲給予雙重國籍待遇」, (2009.10.13.)

　　　http://news.eastday.com/w/20091013/u1a4722661.html

「綜述-韓國華僑提高地位尚需時日」, (2010.7.13.)

　　　http://news.163.com/10/0713/12/6BFN36TM000146BC_2.html

「韓國新國籍法明年1月生效-有條件允許持有雙重國籍」, (2010.12.23.)

　　　http://www.1000plan.org/qrjh/article/11468

新華網上海電(記者 吳宇), 「約5000萬：全球華僑華人總數首次得出較明確統計

　　　數字」, (2011.11.30.)

　　　http://news.xinhuanet.com/fortune/2011-11/30/c_111206719.htm

「四月中에만五千八百여명-중국란리가원인. 仁川으로 온 中人勞働者」, 『東亞日

　　　報』, 1927년 5월 12일 『Weekly News』(영국), 1980年 1月 31日, 제16판

(ㅅ)